中国人民大学科学研究基金项目“部门法的合宪性控制”
（项目号：18XNL013）资助

德国宪法案例选释

第 3 辑

宗教法治

主　编/张翔
副主编/赵真

法律出版社
LAW PRESS·CHINA

主　编：张　翔
副主编：赵　真
撰稿人：（以撰写案例先后为序）
张冬阳　曾　韬　查云飞
张青波　刘　权　赵　真
周　育　张　慰

张　翔

1976年7月生，甘肃张掖人。中国人民大学法学院学士、硕士，北京大学法学院博士，德国柏林洪堡大学访问学者（2009～2010年）。现为中国人民大学法学院副院长，教授、博士研究生导师，兼任中国法学会宪法学研究会秘书长、常务理事。研究领域包括宪法学、法学方法论等。在《中国社会科学》《法学研究》《中国法学》等刊物发表论文30余篇。曾获教育部“高等学校科研优秀成果奖”二等奖、中国法学会“中国法学优秀成果奖”一等奖、霍英东教育基金会第十三届高等院校青年教师基金基础性研究奖、第五届钱端升法学研究成果奖著作类三等奖，入选万人计划第一批青年拔尖人才，获评北京市高等学校青年教学名师、第二届首都十大杰出青年法学家、第八届全国十大杰出青年法学家。

张冬阳

1988年1月生，河南确山人。河南大学法学学士，中国政法大学中德法学院硕士，德国汉堡大学法学院博士。现为中国政法大学法学院讲师，研究领域为行政法学，在《清华法学》《行政法学研究》等刊物发表论文数篇。

曾 韬

1981年9月生，河南潢川人。吉林大学文学院本科、中国政法大学中德法学院硕士，博士阶段就读于德国科隆大学。现为中南财经政法大学法学院教师。以基本权利为主要研究方向，追求在理论、历史、政治和教义学层面就基本权利形成融贯一体的认识，在综合考虑这些因素动态关系的基础上损益基本权利教义学体系及其构成要素，使基本权利规范与生活事实建立全面、具体的关联。

查云飞

1986年3月生，江苏常州人。西南政法大学法学学士，中国政法大学中德法学院硕士，德国汉堡大学LL.M.，德国明斯特大学法学博士。现为中南财经政法大学法学院讲师，中南司法案例研究中心研究员。研究领域为宪法与行政法、网络与信息法，参与多项国家社科基金项目，发表多篇期刊论文，致力于推广公法鉴定式案例研习。

张青波

1979年11月生，祖籍河南洛宁，长于甘肃兰州。中国政法大学法学学士、硕士，德国法兰克福大学法学博士。现为中南财经政法大学法学院副教授。研究领域为公法释义学和规制理论。在国内外学术期刊上发表论文10余篇，著有*Juristische Argumentation durch Folgenorientierung*、《理性实践法律：当代德国的法之适用理论》《法学理论：多维与整合》。

刘　权

1982年9月生，湖北随州人。中南财经政法大学法学学士、硕士，北京大学法学博士，德国汉堡大学访问学者（2012～2013年）。现为中央财经大学法学院副教授、硕士研究生导师，兼任最高人民法院诉讼服务咨询监督专家、教育部全国青少年普法网法治教育专家库成员。在《中国法学》等期刊发表论文20余篇，在《人民日报》等媒体发表评论10余篇。曾获北京市优秀毕业生、蔡定剑宪法学教育基金优秀论文二等奖、中国法学会行政法学研究会30周年“优秀成果奖”、第一届“方德法治研究奖”三等奖等荣誉，2017年入选北京市法学会首批“百名法学英才”培养计划。

赵　真

1984年3月生，山东泰安人。山东大学法学学士，中国政法大学法学硕士，中国人民大学法学博士，德国柏林洪堡大学访问学者（2010～2012年）。现为中央财经大学法学院副教授、硕士研究生导师，兼任中国法学会立法学研究会理事、《财经法学》编辑。主要研究领域为宪法学、国家理论。在《政法论坛》《读书》等刊物发表论文数篇，出版译著《德国基本法：历史与内容》《民主：苛求与承诺》。主持国家社科基金、北京市社科基金、司法部等科研项目多项。曾获第七届中青年宪法学者优秀成果奖论文类三等奖、许崇德宪法学发展基金首届优秀宪法学博士论文二等奖，入选北京市法学会百名法学英才。

周　育

1983年4月生，江苏镇江人。南京大学法学院硕士，柏林洪堡大学法学院博士候选人。研究兴趣为法哲学、宪法与政治理论、西方法律思想史。发表论文数篇，即将出版译著《消失的利维坦》。

张　慰

1977年9月生，浙江义乌人。南京大学法学院本科、硕士，德国图宾根大学博士候选人，德国联邦宪法法院访问学者（2015年6～9月）。现为南京大学法学院暨中德法研究所副教授。主要研究领域为宪法学，尤其是德国基本权利的释义学以及与文化（权）相关的宪法理论。先后在《法制与社会发展》《法学》《政治与法律》《人大法律评论》《德国研究》等刊物发表论文多篇，多篇论文被中国人民大学书报资料中心《复印报刊资料》全文转载，多次参与国家社会科学基金、教育部课题等海内外科研项目。

编写说明

一

《德国宪法案例选释》(第3辑)的主题是“宗教法治”,主要涉及的条款是《德意志联邦共和国基本法》(以下简称《基本法》)第4条:

> 信仰和良心的自由以及宗教和世界观表达自由不可侵犯。
>
> 不受干扰地从事宗教活动受到保障。
>
> 任何人不得被迫违背其良心携带武器服战争役。具体由联邦法律予以规定。

第1款以信仰和良心自由来保护思想,即宗教(信仰)和道德(良心)信念的内在方面,以宗教和世界观的表达自由来保护外在的宗教和非宗教的意义表达和意义解释。第2款和第3款保护由信仰和良心引导的行为。世界观是对人或世界的宗教或非宗教的(无宗教或反宗教的)意义解释。良心是一种道德态度,它构成人的人格身份,是主观上对他有约束力的规定,在具体情况下做出善的或正义的行为,不做恶的或不正义的行为。不过,联邦宪法法院并不很在意这种文本上的区分。在其裁判中,第1款和第2款被理解为一个统一的领域,旨在保护形成、拥有、表达信仰和良心、宗教和世界观的自由以及照此行为的自由。第3款并不具有独立的意义,出于良心理由拒服战争役可以被第1款所包括。联邦宪法法院认为,第3款是第1款的特别法,它在兵役领域保护良心自由的结果。[1]

此外,在学理和实务上,《基本法》第4条与《基本法》第140条具有紧密的联系。《基本法》第140条规定:

> 1919年8月11日的德国《宪法》第136条、第137条、第138条、第139条和第141条是本基本法的组成部分。

该条款将1919年8月11日《魏玛宪法》中的部分规定引入《基本法》。对此,本书将在巴哈伊案和柏林基督降临节期间的礼拜日案中具体说明。

二

第3辑的编写延续前两辑的思路:选择该主题下最重要的案例,翻译裁判要点、描述论证过程、突出重点理论,介绍理论背景和后续影响,阐述宪法解释与论证的方法。第3辑也继续沿用之前的体例,每个案例介绍大概由以下7部分组成:

1. 案例名称;
2. 关键词;
3. 案情;
4. 裁判要旨;
5. 裁判理由与论证;
6. 涉及的重大理论问题;
7. 后续影响。

这里,就编写体例问题稍加说明:

1. "案例名称"包括对该案例约定俗成的德语名称及其中译、案例号以及裁判作出的时间,如十字架案(Kruzifix – Beschluß,

---

① Pieroth / Schlink, Staatsrecht Ⅱ, 26. Aufl., 2010, S. 130 ff.

BVerfGE 93, 1,1995 年 5 月 16 日)。

2. 案例号的结构和含义如下：以“BVerfGE 32, 98”为例，BVerfGE 是指《联邦宪法法院裁判集》,32 代表该案例在第 32 卷，98 是该案例的起始页码。在引用案例时常常会使用如 BVerfGE 32, 98(106)的样式,106 是引文所在页码。

3. 针对每个裁判,德国联邦宪法法院一般都会概括出“裁判要旨”,置于裁判正文之前。裁判要旨集中体现了法院的核心论证和主要观点,是理解该裁判的重要导引。这种概括“裁判要旨”的做法也是德国司法裁判的特点。

4. 凡文中用仿宋体标出的部分是对裁判原文或法条的直接翻译。

5. 案例的排列以时间先后为序。

三

第 3 辑选择了德国联邦宪法法院 13 个涉及《基本法》第 4 条的重要裁判进行译介。这里,对这 13 个案例的要点加以说明：

1. 废物间活动案。在该案中,联邦宪法法院延续了“吕特案”的判决,强调在解释普通法律的概括条款(《反不正当竞争法》第 1 条)时要注意到基本权利(《基本法》第 4 条第 2 款)的辐射效力。此外,联邦宪法法院对“宗教活动”的概念进行了扩大解释,将《基本法》第 4 条第 1 款和第 2 款理解为“统一的”基本权利,认为不受干扰地从事宗教活动是信仰和表达信奉自由的组成部分。在判断个案是否为宗教活动时,必须考虑宗教团体的自我理解。

2. 祈祷治疗案。该案涉及宗教信仰自由的限制。联邦宪法法院认为,对宗教信仰自由的限制并不来源于《基本法》第 2 条第 1 款(对一般行为自由的限制),也不来源于《基本法》第 5 条第 2 款(对言论自由的限制),而来源于宪法内在的限制,即在权衡中与冲突的宪法法益达成实践调和。即使引入《基本法》第6条承认的夫妻照顾义务和儿童福利,也不影响宗教信仰自由对刑法的辐射效力。

3. 并轨学校案。该案涉及州立法者对学校类型的安排。联邦宪法法院认为,州立法者行使其在学校类型方面的决定权必须与父母的宗教教育权相协调。州立法者负责调和学校领域中积极的宗教自由和消极的宗教自由之间的冲突。因此,宗教可以在学校领域发挥影响,但在决定采取何种学校类型时必须尽量排除世界观和宗教的强制性。

4. 学校祷告案。该案涉及公立学校的祷告是否为宪法允许的问题。联邦宪法法院指出,学校祷告不属于国家承担的教育任务(《基本法》第7条第1款)范围内一般学校课程的一部分,而属于宗教信奉表达行为(《基本法》第4条第1款)。在平衡积极的表达信奉自由与消极的表达信奉自由时,"自愿参与"是关键性标准。

5. 第二次拒服战争役案。该案涉及出于良心理由而拒绝服战争役的问题。联邦宪法法院认为,对拒服战争役的法律规定应当尊重《基本法》第4条第3款保障的基本权利,同时要考虑宪法支持有效的国家军事保护这一基本决定。属于某个信仰群体的拒服战争役者承担说明其良心决定的负担。《基本法》第4条第3款只保护免于从事根据不同的技术状况与武器使用处于直接关联的活动。

6. 巴哈伊案。该案涉及宗教结社问题。联邦宪法法院认为,《基本法》第4条第1款、第2款保障的宗教自由包含宗教结社自由。这一点是通过《基本法》第140条引入的《魏玛宪法》第137条实现的。根据组织自治原则,宗教组织可以设立并管理分支机构,分支机构也可以申请成为独立的注册宗教社团。

7. 十字架案。该案涉及公立学校的教室是否允许安放十字架。联邦宪法法院认为,宗教自由也保障远离自己所不赞成的信仰的文化行为。在区分有塑造作用的文化教育要素和基督教信仰真理的基础上，联邦宪法法院认定十字架是基督教特定的信仰象征。国家在宗教和世界观上的中立义务要求国家平等地对待不同的宗教和信仰。在公立学校的教室中安放十字架未能协调地解决消极的宗教自由和积极的宗教自由之间的冲突。

8. 耶和华见证人法人团体地位案。该案涉及宗教团体的公法团体地位问题。联邦宪法法院认为，具有公法社团地位的宗教团体不执行任何国家任务，不是国家组织的组成部分。一个宗教团体成为公法团体的条件包括遵守法律、维护宪法的基本原则、尊重第三人的基本权利、遵守宗教自由和国家宗教法的基本原则。同时，联邦宪法法院不认为对国家忠诚是授予宗教团体公法团体地位的条件。

9. 牲畜屠宰案。该案涉及是否允许伊斯兰教的屠宰商不经麻醉屠宰动物。联邦宪法法院认为，对外国人职业自由的保护来源于《基本法》第 2 条第 1 款（一般行为自由），而非《基本法》第 12 条第 1 款（德国人的职业自由）。联邦宪法法院认为，屠宰商作为穆斯林已经将屠宰本身视为宗教义务并借此表达了基本的宗教态度。即使不认为屠宰属于宗教活动，对职业自由的保护也应当因其宗教信仰自由而得以加强。

10. 第一次头巾案。该案涉及公立学校的教师是否被允许佩戴头巾。联邦宪法法院认为，佩戴头巾属于源自宗教信念的宗教行为。国家应当在宗教和世界观方面保持中立性。各州立法者要考虑容忍的要求，解决积极的信仰自由与消极的信仰自由以及父母的教育权之间的紧张关系，在公共意见的建构过程中寻找一条所有人都能接受的规则。

11. 柏林基督降临节期间的礼拜日案。该案涉及在基督降临节期间的周日是否允许商店开门营业。联邦宪法法院认为,《基本法》第140条结合《魏玛宪法》第139条属于对周日和国家确定的节日的制度性保障,其保障的核心领域主要体现在休息与工作关系上的“一般与例外关系”。周日和节日制度应当被视为实施宗教自由的外部条件,这为衡量相关立法是否合宪提供了最低保障标准。

12. 第二次头巾案。该案涉及公立学校的教师是否被允许佩戴头巾。联邦宪法法院认为,北威州的立法者有权在评估具体的事实情况与事态发展的基础上,判断是否普遍禁止教师穿戴宗教服饰。此项禁令必须与教师的宗教自由保持适当的权重关系,在整体衡量时考虑合理的限制。仅仅因为对校园安宁或国家中立性造成的抽象危险而在全州范围内发布普遍的禁令是不适当的,违反比例原则。

13. 游泳课案。该案涉及穆斯林少女能够免除男女混合的游泳课。联邦宪法法院认为,子女不能主张父母教育权。诉愿人没有说明穿着布基尼无法维护穆斯林教义。诉愿人没有反驳联邦行政法院提出的学校教育所具有的融合功能。宪法诉愿人忽略了联邦行政法院提出的通过自身防范不与男性学生有身体接触。

四

第三辑的编写分工如下:

张冬阳:废物间活动案、游泳课案

曾　韬:祈祷治疗案、并轨学校案

查云飞:学校祷告案、牲畜屠宰案

张青波:第二次拒服战争役案

刘　权:巴哈伊案、耶和华见证人法人团体地位案

赵　真:十字架案

周　育:第一次头巾案、第二次头巾案

张　慰:柏林基督降临节期间的礼拜日案

感谢各位作者耐心细致的工作。感谢慕尼黑大学斯特凡·科里奥特(Stefan Korioth)教授和柏林洪堡大学迈克尔·冯·兰登伯格-罗贝格(Michael von Landenberg-Roberg)对案例选择提供的建议。感谢中国人民大学、慕尼黑大学博士研究生田伟对书稿的修改建议。

还要特别感谢法律出版社财经分社沈小英社长对这套丛书的大力支持。感谢刘晓萌编辑为本书的辛苦付出。

宗教问题是各国国家治理都必须面对的问题。德国是宗教传统深厚的国家,其宗教法治的规范、原理与实践有独特之处,而其因应全球化和宗教多元化的趋势而进行的调整也良可借鉴。希望这本书能为中国宗教法治的发展完善做一点微小的贡献。限于编写者的水平和视野,本书可能存在我们未能认识到的问题,欢迎各方面的专家、老师、同学和其他读者朋友提出批评建议。联系我们请发邮件到 verfassung@163.com。

编　者

2018 年 6 月 18 日

目录 *Catalogue*

废物间活动案

张冬阳

案例名称 废物间活动案（Aktion Rumpelkammer-Beschluss，BVerfGE 24，236，1968 年 10 月 16 日）

关 键 词 宗教活动自由　宗教团体　慈善活动　不正当竞争　基本权辐射效力

案 情

宪法诉愿人,是一个以无权利能力的社团形式所组建的德国天主教乡村青少年协会。该协会内部以性别划分,不同教区建立相应的地方团体。协会章程表示要致力于服务教会,把农村地区的青年教会成员培养成职业的天主教信徒。协会的活动和人员设置与天主教教会在机构层面上相互联系。根据其章程,主教为乡村青少年工作所任命的神父,是协会的领导机构。分支社团在联邦层面的指导则由乡村青少年神父选举且由主教任命的神父负责。各教区章程也需要教区主教的批准。宪法诉愿人认为自身的一项重要职责是对传教士和发展援助人员的物质支持,以帮助消除世界上的精神和物质的贫乏,以及将使用募捐的收益用于"被饥饿和灾难笼罩"的地区。

1965 年年初,诉愿人在整个联邦地区举办了"废物间活动"。该协会收集了旧衣物、废布料和废纸后将其出售给批发商,从中取得了数百万马克的收益,用于支援欠发达地区的乡村青少年。该活动通过天主教教堂的布道坛和媒体新闻广而告之。

巴伐利亚州讷德林根市有一家原材料加工厂,有17名员工从事废品收集工作。天主教乡村青少年协会举办收集活动后,这家原材料加工厂因缺乏废旧布料且市场饱和而一度几乎无法运营。因此,该厂要求天主教乡村青少年协会承担损害赔偿责任且停止收集活动。一审法院驳回了诉讼请求。加工厂上诉至州法院,州法院判令该协会不得在教堂布道坛上对举办废物收集活动做广告,并驳回了加工厂的其他诉讼请求。

1966年4月19日,天主教乡村青少年协会提起宪法诉愿,声称州法院的判决损害了其受《基本法》第2条和第4条所赋予的基本权:即使是无权利能力的社团,也有权利在所有领域自由地发展和活动。州法院错误地认为,协会的行为自由应受《反不正当竞争法》第1条或者公序良俗的限制;州法院并没有意识到,协会所从事的活动并不是以商业竞争为目的的。宪法诉愿人在广义上是天主教教会的分支,在机构层面上从属于天主教,从而享有不受干扰地进行宗教活动的权利。举办慈善活动使用布道坛公告来获取支持也属于此。

《基本法》第2条规定:

(1)人人享有个性自由发展的权利,但不得侵害他人的权利,不得违反宪法秩序或公序良俗。

(2)人人享有生命和身体不受侵犯的权利。人身自由不可侵犯。只有依据法律才能对此类权利予以干涉。

《基本法》第4条规定:

(1)信仰和良心自由、宗教和世界观信奉自由不可侵犯。

(2)保证宗教活动不受干扰。

(3)任何人不得被迫违背其良心服兵役并使用武器。具体由联邦法律予以规定。

裁判要旨

1.《基本法》第 4 条第 1 款和第 2 款所规定的基本权不仅只有教会、宗教和世界观团体能够享有,而且是非全方面、只是在个别方面维护社团成员宗教和世界观生活的协会。

2.《基本法》第 4 条第 2 款还保障出于教会或者宗教目的举办收集活动的权利。这同样适用于正常宗教生活范围内的辅助行为,如布道坛上的广告。

裁判理由与论证

德国天主教乡村青少年协会提起宪法诉愿后,原材料加工厂也随即向德国联邦宪法法院表示要参与到诉讼之中,接着请求法院拒绝受理此案,后来又请求将该协会的募捐行为认定为违宪。在宪法诉愿的合法性分析中,联邦宪法法院认为加工厂的申请没有翔实地阐述自身基本权是否受损,后面的申请已经超出了提起宪法诉愿的期限要求,所以其宪法诉愿是不合法的。天主教乡村青少年协会的宪法诉愿则满足受理条件。

德国联邦宪法法院在裁定的理由部分,肯定了乡村青少年协会不受干扰地进行宗教活动的基本权(《基本法》第 4 条第 2 款)受损,因为州法院在"解释和适用竞争行为'违反公序良俗'这个概念时并没有充分地考虑不受干扰地进行宗教活动基本权的存在和保护范围"。其论述主要分为三个部分:第一部分指出州法院忽略了基本权的辐射效力;第二部分则对《基本法》第4条第1款和第2款的保护范围做出扩大解释;第三部分则分析是否损害了《基本法》第2条保护的基本权。

一、基本权的辐射效力

德国联邦宪法法院认为,自己无须对州法院将宪法诉愿人举办的收集活动和随后的出售界定为商业竞争这一问题做出判断。只要普通法院对宪法规范的效力和范围认识正确且没有损害当事人的基本权,对《反不正当竞争法》第1条的解释就只应由普通法院来负责。

《反不正当竞争法》第1条[①]规定:

> 商业交易中违反公序良俗实施竞争行为的人可以被要求停止行为和赔偿损失。

仅仅将收集活动认定为商业竞争行为并不一定导致基本权受损,更何况州法院还将其认定为合法行为。不过,州法院仅以商业交易为由禁止在布道坛上投放广告,“没有考虑到宪法诉愿人作为宗教协会出于慈善目的而享有的不受干扰地从事宗教活动权利的辐射效力”。

二、《基本法》第4条第1款和第2款的保护范围

从德国联邦宪法法院对基本权辐射效力的强调可以看出,州法院只从商业竞争角度来判断募捐是存在缺陷的。接下来的问题是,《基本法》第4条第2款基本权的享有者都有哪些?慈善募捐满足什么条件才受《基本法》第4条第2款的保护?募捐辅助行为,如布

---

① 该概括条款在2004年《反不正当竞争法》修订中被新规定取代,立法者将“公序良俗”改为“不正当商业行为”。

道坛广告,满足什么条件时才不“违背公序良俗”?在回答这些问题之前,德国联邦宪法法院首先应对《基本法》第4条第2款和第1款之间的关系做出抽象论述。

1. 基本权的扩大解释

德国联邦宪法法院认为:“不受干扰地从事宗教活动的基本权(《基本法》第4条第2款)已经包含在信仰和表达信奉自由(Glaubens-und Bekenntnisfreiheit)概念中(《基本法》第4条第1款)。信仰和表达信奉自由——无论其是宗教表达还是无宗教的世界观——不仅包括内心信仰和不信仰的自由,还有进行宗教仪式活动、广告和宣传的自由。就这方面而言,不受干扰地从事宗教活动的基本权是个人和宗教世界观团体享有的信仰和表达信奉自由的组成部分。至少《魏玛宪法》就将宗教活动自由放入表达信奉自由中来保护。”历史地看,对宗教活动的特别保障也是从纳粹时期压迫宗教活动中所吸取的教训。因此,《基本法》第4条第2款起到了澄清作用,其基本权主体可以是社团,只要该社团不违背当今文化民族的基本道德观念,那么无论什么形式和内容的宗教活动都应当受到保护。

“由于‘宗教活动’在任何一种信仰中都起着核心作用,相比其历史内涵,这个概念要做扩大解释。原因在于,宗教自由不再像《魏玛宪法》第135条那样有着明确的法律保留限制,且不再与国家教会间关系的相关规定存在联系,该基本权不能按照《基本法》第18条丧失,此外由宪法特别规定保护。宗教活动自由的享有主体可以是基督教教会,还可以是其他的宗教和世界观团体。”这是国家在世界观宗教上的中立要求使然,因此,将宗教仪式自由解释得比信仰和表达信奉自由更狭窄是站不住脚的。

基于扩大解释,德国联邦宪法法院认为,宗教活动不仅包括从事宗教仪式以及注重宗教习俗,如礼拜、教堂募捐、祈祷、迎接圣事、鸣钟,还包括了宗教教育、无宗教和无神论者的庆祝以及其他宗教或者世界观生活的表达。

2. 乡村青少年协会的基本权主体地位

在保障个人自由的同时,"《基本法》第4条第1款和第2款的基本权享有主体不单纯是教会、宗教和世界观团体,亦可以不是全方面,只是在个别方面维护社团成员宗教和世界观生活的协会。但前提条件是,协会的宗旨是为了实现上述目标"。这可以是在组织上与教会紧密相连的协会,如以强化教会职能履行为目的的修会;亦可以是其他独立或者非独立的协会,只要它们设立的目的是促进宗教信仰或者宣示自身信仰。判断上述条件是否满足,主要看其与宗教团体的机构联系程度或者其实现目标的行为。

具体到本案,德国联邦宪法法院认为,乡村青少年协会虽然在组织上没有编入天主教教会,但在机构上紧密相连,领导层由天主教神父担任,教区主教的批准对其产生直接影响。其章程也明确表示致力于消除世界上的精神和物质的贫乏。因此,该协会也应被赋予不受干扰地从事宗教活动的基本权。

3. 宗教活动的判断标准

认定该协会的基本权主体地位后,德国联邦宪法法院继续对何为宗教活动进行解释:"判断个案是否为宗教活动时,必须顾及宗教团体的自我理解(Selbstverständnis)。虽然一个宗教中立的国家必须对宪法概念作出中立、普适而非带有宗教信仰的解释。但在一个多元社会中,法律秩序恰恰以宗教或世界观的自我理解——如宗教仪式自由——为前提。如果在解释出于特定信仰或世界观的宗教活动时忽略其自我理解,国家就会损害《基本法》赋予教会、宗教团体在其自身事务上的自主和独立。"[①]而按照天主教和福音派的自我理解,宗教活动不仅包括信仰和礼拜,还有践行宗教任务的自由。根据《新约圣经》的记载,行善是基督徒的一项重要任务,被理解为教会的基本功能,第二次世界大战后慈善活动就已经成为教会的一项正当任务。

不过,宗教团体的自我理解可能范围极为广泛,其界限何在?对于这个问题,德国联邦宪法法院并没有回答:"至于宗教自由的界限何在,特别是在多元社会中不受干扰地从事宗教活动的界限在哪里,在这里并不重要。无论如何,从对宗教自由本质的权衡上可以认为,慈善募集只有在特定条件下才具有宗教特征,才可受到《基本法》第4条第2款的保护。"

这些特定条件如下:在客观上,物品的捐出是无偿的。在主观上,捐赠必须出于捐赠人的特定宗教态度,可以是怜悯、同情,也可以是仁慈、博爱;基督徒的慈善与社会普通的慈善存在区别,后者只是出于社会安定原因,前者则是传统的宗教自觉行为。此外,捐赠者必须了解所捐赠物品的使用目的和方式,防止发生认识错误和对公众的欺骗。"无关紧要的则是这些募捐是直接转交给急需者还是将从中取得收益用以财政扶持,因为对于宗教慈善募捐来说,决定性的标准是出于善行目的交出特定的牺牲。这亦适用于一开始就计划和广而告之的出售。募捐和使用不可分割。"

4."废物间活动"的判断

基于上述论述,德国联邦宪法法院对乡村青少年协会举办的"废物间活动"进行了判断,即募捐活动和借助布道坛宣传是否符合上述要求。"募捐用于帮扶急需人士是教会慈善活动的传统形式,

① BVerfGE 18,385(386).

本案中因捐助接收方远在海外,出售捐赠品换取收益比起长途运输废旧衣物更划算。加之发展中地区严重贫困,将收集范围从旧衣物扩展到废布和废纸也是正当的。而且这些捐赠具有宗教慈善的目的。"虽然商业收集废布料也无须支付报酬,不过原材料加工厂自己也表示,募捐活动收集的多是旧衣物。从中可知,这些物品在一般情况下不会交给原材料加工厂,是出于宗教慈善目的才捐给宪法诉愿人的。本案中也看不出募捐者实施了欺骗公众的行为。

原材料加工厂辩称,协会的募捐活动导致90%的废布收购商无法继续经营。德国联邦宪法法院则认为:"在一个自由竞争的经济体中,商人没有主观宪法权利来要求维持商业范围和保障营业机会",其必须忍受募捐行为导致的产业领域的框架改变。

5. 慈善活动的辅助行为

德国联邦宪法法院再次指出,州法院在判定布道坛广告"违反公序良俗"时忽略了宗教活动自由的基本权辐射效力。"募捐因其宗教慈善目的从而享受特殊的保护,这也应当适用于宗教生活范围内的辅助行为,如布道坛的广告。唯一重要的问题是,该协会是否被允许在布道坛上投放广告。"这在本案中是没有疑问的。"州法院在解释竞争行为'违反公序良俗'时,应当从不受干扰地从事宗教活动这个更高的法益上来判断商业经营者和宗教活动'竞争者'之间竞争的特殊形式。"

三、一般行为自由

最后,德国联邦宪法法院对是否损害了宪法诉愿人《基本法》第2条第1款所赋予的一般行为自由做出简短判断。由于宪法诉愿人的行为特别地被宗教自由所正当化,德国这里就不再考虑一般行为自由基本权。对于不受《基本法》第4条第2款保护的社会福利组织所做的募捐是否受一般行为自由保护,德国联邦宪法法院认为这个问题在本案中无关紧要。

涉及的重大理论问题

废物间活动案是德国联邦宪法法院对《基本法》第 4 条第 1 款和第 2 款保护范围做出分析论证的早期判例,成为相关基本权判例的“经典”。[①] 因其在基本权保护范围上的扩大解释,对该裁定的评价从一开始便毁誉参半,时至今日,越来越多的学者要求放弃过于“慷慨”的解释。[②]

在本案中,德国联邦宪法法院延续了吕特案判决,强调在解释普通法概括条款时要注意到基本权的辐射效力,[③]即《基本法》第 4 条第 2 款对《反不正当竞争法》第 1 款的辐射效力。除此之外,其重点论述了《基本法》第 4 条第 1 款和第 2 款之间的关系,将其作为一个统一的基本权利来处理;扩大了基本权主体的范围;判断是否为宗教活动,教会和世界观团体的自我理解起着重要作用。

一、统一的基本权利

《基本法》第 4 条规定了多种不同的基本权:第 1 款规定信仰和良心自由来保护人的宗教信仰和道德信念(思想层面),同时也规定宗教和世界观的表达自由来保障向他人表明自身信仰宗教和不信仰宗教的权利(表达层面);第 2 款保护不受干扰地从事宗教活动;第 3 款则保障个人不违背其良心服兵役并使用武器。良心自由和

---

① Friedhelm Hufen, Staatsrecht Ⅱ, Grundrechte, 5. Aufl. 2016, § 22 Rn 11.

② Volker Epping, Grundrechte, 6. Aufl. 2015, Rn. 310; Maunz/Dürig/Herzog, Grundgesetz-Kommentar, 78. EL 2016, Art. 4 Rn. 103; Gerhard Czermak, Religions-und Weltanschauungsrecht, 2008, Rn. 127.

③ 基本权的间接第三人效力,参见《德国宪法案例选释》第 1 辑“吕特案”。

信仰自由虽联系紧密,同为人类思想的呈现方式,但"良心"有着更加强烈的个人内心指向,通过《基本法》第140条纳入的《魏玛宪法》第136条以下规定无法适用,故主流学说往往将良心自由作为单独的基本权来处理。①

《基本法》第4条第1款信仰和表达信奉自由与第2款规定的不受干扰地从事宗教活动很难区分,在今天几乎成为同义词,缺乏实践层面的信仰自由亦是无法想象的。② 如果依其字面规定分开保护,则会产生保护漏洞:第4条第2款的宗教活动自由只是言明"宗教",没有提及"世界观",分开保护会造成宗教的特权化。③ 在1960年的劝诱改宗案中,宪法诉愿人在监狱中以香烟诱惑狱友退出教会,因此被主管当局拒绝有条件释放。德国联邦宪法法院认为:"信仰自由不仅容许个人对所信或者不信进行表达,也允许对此做出隐瞒。信仰自由还应当扩展到个人为自身信仰所作宣传以及对持有其他信仰人的招徕,这正是《基本法》规定信仰自由的意义所在。"④ 在废物间活动案中,德国联邦宪法法院则确认,《基本法》第4条第1款的信仰和表达信奉自由已经包括了第2款不受干扰地进行宗教活动的基本权。信仰和表达信奉自由不仅包括内心信仰和不信仰的自由,还有进行宗教仪式活动、广告和宣传的自由。因此,不受干扰地从事宗教活动是个人和宗教世界观团体享有的信仰和表达信奉自由的重要组成部分。至此,联邦宪法法院放弃了宪法文本的

① Helge Sodan/Jan Ziekow, Grundkurs Öffentliches Recht, 7. Aufl. 2016, § 31 Rn. 21.

② A. Frhr. von Campenhausen in: Isensee/Kirchhof (Hrsg.), Handbuch des Staatsrechts, Bd. VII, 3. Aufl. 2009, § 157 Rn. 51.

③ Bodo Pieroth/Bernhard Schlink/Thorsten Kingreen/Ralf Poscher, Grundrechte, Staatsrecht Ⅱ, 31. Aufl. 2016, Rn. 569.

④ BVerfGE 12, 1(3).

分别规定，将《基本法》第 4 条第 1 款和第 2 款作为一个统一的基本权利来理解。由于信仰和表达信奉自由与宗教活动自由被作为统一的基本权利予以保护，联邦宪法法院在废物间活动案中对“宗教活动”概念做出的扩大解释也在客观上扩大了《基本法》第 4 条第 1 款和第 2 款基本权的保护范围。[①]

如果说德国联邦宪法法院在废物间活动案中所列举的宗教自由从表现形式上来看还算“中立”，[②]在祈祷治疗案中联邦宪法法院则更进一步，信仰自由还赋予“个人将自身所有向信仰教义看齐和遵从内心信念行为的权利”。[③] 在确定保护范围时，起决定性作用的是宗教团体的自我理解和个人的主观信念。[④]

《基本法》第 4 条第 1 款和第 2 款所列基本权被作为整体保护，宗教自由概念被扩大解释，一方面实现了对宗教信仰自由的全面保护，另一方面也存在严重的不足。首先，《基本法》第 4 条第 2 款完全成为“摆设”，沦为宣示性条款。[⑤] 其次，宗教自由保护范围变得“漫无边际”，难以确定。真正的宗教行为（如宗教仪式）与其他的宗教相关活动（如在人行道上出售宗教书籍）实际上是存在区别的，联邦宪法法院的扩大解释很容易使二者受到同样的保护。[⑥] 最后，扩大的保护范围使得宗教自由易与法律秩序所保护的其他价值产生冲突。由于立法者在《基本法》第 4 条第 1 款和第 2 款并没有作出允许法律保留的规定，这导致解决基本权冲突的难度加大，宗教

---

① 为行文方便，除判决原文引用和特别指明外，《基本法》第 4 条第 1 款和第 2 款所保护的统一基本权被称为宗教自由。

② Gerhard Czermak, Religions-und Weltanschauungsrecht, 2008, Rn. 109.

③ BVerfGE 32, 98 (106). 参见本辑祈祷治疗案和十字架案。

④ BVerfGE 33, 23 (28).

⑤ Maunz/Dürig/Herzog, Grundgesetz-Kommentar, 78. EL 2016, Art. 4 Rn. 99.

⑥ Kristian Fischer/Thomas Groß, Die Schrankendogmatik der Religionsfreiheit, DÖV 2003, 932, 933.

自由也就成为一个经常要求例外的基本权。①

二、宗教自由的基本权主体

《基本法》第4条第1款和第2款并没有明确基本权主体的范围。没有争议的是,宗教自由是人的基本权利之一,任何自然人,不分国籍,都可享有并主张。② 根据《基本法》第19条第3款,基本权利依其性质也可适用法人的,亦可适用,因此,法人也可享有宗教自由基本权。③ 宗教自由同时也是团体基本权(Korporative Freiheit),即宗教和世界观团体也可以享有并主张。④《基本法》第140条结合《魏玛宪法》第137条对宗教和世界观团体的地位作出了特别规定。

《基本法》第140条规定:

1919年8月11日的《魏玛宪法》第136条、第137条、第138条、第139条和第141条是《基本法》的组成部分。

《魏玛宪法》第137条第1款至第3款规定:

(1)不立国教。

(2)宗教团体设立之自由,应保障之。在联邦领土内,宗教团体之联合不受限制。

(3)在所有现行法律的限制内,宗教团体独立地规定和管理自身事务。不受国家或地方之干涉,自行委用职员。

---

① Volker Epping, Grundrechte, 6. Aufl. 2015, Rn. 310; Bodo Pieroth/Bernhard Schlink/Thorsten Kingreen/Ralf Poscher, Grundrechte, Staatsrecht Ⅱ, 31. Aufl. 2016, Rn. 570. 宗教自由的法律保留问题,参见本辑祈祷治疗案。

② Maunz/Dürig/Herzog, Grundgesetz-Kommentar, 78. EL 2016, Art. 4 Rn. 33.

③ BVerfGE 46, 73(83).

④ Gerhard Czermak, Religions-und Weltanschauungsrecht, 2008, Rn. 108.

宗教和世界观团体是自然人以共同宗教世界观信念为基础建立，全面向外展示自身信念并以其他方式来践行的协会组织。[①] 基于该特别规定，宗教和世界观团体无须借助《基本法》第19条第3款的规定即可成为基本权主体。宗教和世界观团体的基本权主体资格并不取决于其本身的组织形式和权利能力。[②] 对于取得公法社团法人地位的团体是否丧失基本权主体资格，联邦宪法法院认为，宗教和世界观团体"并非广义上的'国家间接'组织或者行政机构。他们的基本任务、权限和职责是天然而来的，并非从国家取得。在不损害其本身特质的前提下，其可以像每个自然人一样向国家主张自身基本权"。[③]

本案中的天主教乡村青少年协会只是从事青少年工作，并不满足宗教和世界观团体概念中"全面实现宗教信仰"的要件。[④] 德国联邦宪法法院在废物间活动案中赋予"在个别方面维护照顾组织成员宗教和世界观生活"的协会与宗教和世界观团体同等的宗教自由基本权，只要协会致力于实现上述目标。从具体案情上来看，由于乡村青少年协会在机构上与天主教教会联系紧密，因此，将其解释为权利主体并无太大问题。[⑤] 在1977年的基金会案中，一家天主教医院登记为私法形式的基金会，德国联邦宪法法院延续了废物间活动案的解释："《魏玛宪法》第137条第3款赋予教会规定和管理自身事务的权限，这不仅体现在自身组织形式和职员任命上，还体现

---

① Michael Sachs, Verfassungsrecht Ⅱ-Grundrechte, 3. Aufl. 2017, S. 346.

② BVerfGE 102, 370(383). 参见本辑耶和华见证人法人团体地位案。

③ BVerfGE 42, 312(321).

④ Bodo Pieroth/Christoph Görisch, Was ist eine Religionsgemeinschaft", JuS 2002, 937, 939.

⑤ Raape Bußmann, Anmerkung zu BVerfG, Beschluß vom 16.10.1968 – 1 BvR 241/66, GRUR 1969, 140.

在个别方面维护组织成员宗教生活的协会上。""在这个意义上,本案中的天主教医院从属于天主教教会(废物间活动案中虽使用协会一词,但却不限于协会这一种组织形式;适用于协会的,也以同样方式适用于基金会运营的医院)。"[1]

赋予宗教团体的"卫星协会"以基本权利能力的做法值得商榷。[2] 判定一个组织是否为宗教团体,一般要满足"同质性""组织化""全面性"三个特征。[3] 在实践中,有一些"卫星协会"客观上涉及宗教或以宗教信仰为名,但却主要从事政治或者经济活动。直接赋予其与宗教团体相同的基本权,抹杀二者的区别会导致这些"卫星协会"滥用宗教自由的权利。联邦宪法法院在2014年的天主教主治医师案中有所收敛并强调:"当然并不是每一个与教会有关的组织或者机构都能享有自我决定权。享有特权的前提条件是,该组织或者机构参与到教会事务处理中、与教会表达的信仰相一致、该组织或者机构与教会公务员和机构成员以特别方式紧密相连。"[4]"一个组织和机构主张教会自主决定权(《基本法》第4条第1款和第2款结合第140条和《魏玛宪法》第137条第3款)时不可缺少的是,其宗教目标是自身活动的重要组成部分。主要服务于营利的组织和机构不能享有自主决定权,因为它与信仰要求的自我理解不再具有紧密联系。特别是下列机构,他们与其他经济主体一样参与市场经济行为,整体上看以营利为主业,使《基本法》第4条第1款和

---

① BVerfGE 46,73(85).

② Gerhard Czermak,Religions-und Weltanschauungsrecht,2008,Rn. 378.

③ Bodo Pieroth/Christoph Görisch,Was ist eine „Religionsgemeinschaft",JuS 2002,937,939.

④ BVerfG,Beschluss vom 22. 10. 2014 – 2 BvR 661/12,NZA 2014,1387,Rn. 93.

第2款所保护的教会或者宗教团体的宗教职责明显退居其次。"[1]

三、宗教自由的实体保护范围

在废物间活动案中,德国联邦宪法法院明确列举了受宗教活动自由保护的事项,其不仅包括了行使宗教仪式以及注重宗教习惯,如礼拜、教堂募捐、祈祷、迎接圣事、鸣钟,还有宗教教育、无神论者的庆祝等其他的宗教表达。[2] 在这里,联邦宪法法院原本可以通过对"宗教活动自由"进行历史解释而将乡村青少年协会的行为纳入上述列举的事项中,从而实现宗教自由的保护。[3] 但联邦宪法法院并没有止步于此,在分析具体的募捐行为时要求,判断个案是否为宗教活动必须考虑宗教团体的自我理解。这就意味着,除了传统的宗教仪式,宗教自由还涵盖了以宗教和世界观团体的自我理解为支撑所从事的行为。联邦宪法法院还在"信仰拒绝宣誓案"中认为,即使个人的主观信念偏离宗教和世界观团体的教义,也依然受到宗教自由的保护,因为宗教自由是对《基本法》第1条第1款所保障的人性尊严的特殊表达。[4] 由此可以看出,无论是宗教团体还是自然人,宗教自我理解对于基本权解释都起着基础作用。[5] 宗教自由基本权

---

① BVerfG, Beschluss vom 22.10.2014 – 2 BvR 661/12, NZA 2014, 1387, Rn. 94. 有学者指出,如果教会医院主要是依靠公立保险资金(90%德国民众使用公立保险)来运营,为民众提供医疗服务,那么是否可以就此认为教会医院在履行国家任务,从而丧失基本权主体地位。Stephan Rixen, Anmerkung zu BVerfGE 137, 273, JZ 2015, 202, 205.

② 父母对孩子的宗教教育不属于宗教自由,而是父母权的一部分,即《基本法》第6条第2款。参见本辑"游泳课案"。

③ Maunz/Dürig/Herzog, Grundgesetz-Kommentar, 78. EL 2016, Art. 4 Rn. 103.

④ BVerfGE 33, 23(29).

⑤ Martin Heckel, Der Rechtsstatus des Religionsunterrichts im pluralistischen Verfassungssystem, 2002, S. 9.

内涵呈现出过度主观化倾向。①

1. 宗教自我理解

(1)宗教自我理解的三重作用

基本权主体的宗教自我理解作为基本权解释的关键点,使《基本法》第4条能够充分保障基本权主体在思想和实践层面的自我决定权,国家对其信仰的自我表达必须予以尊重。② 联邦宪法法院主要将宗教自我理解用于判断宗教自由的保护范围,但基本权主体的宗教自我理解也对基本权干预和基本权限制的处理具有影响作用。

是否存在对宗教自由基本权的干预,这个问题的回答离不开对宗教自我理解的考察,因为基本权主体认为某行为是否触及自身权利,主要取决于宗教教义和基本权主体的宗教态度和感受;基本权主体自身的主观信仰具有重要作用,而非行政机关、法院和专家的"客观"决定。③ 对宗教自由的限制虽要从优先的公共利益来探寻,但按照相互影响学说(Wechselwirkungslehre),也必须考虑到基本权主体的自我理解。④

(2)宗教自我理解与教会自治保障

从废物间活动案起,宗教自我理解成为宗教宪法的核心概念,⑤

---

① Kristian Fischer/Thomas Groß, Die Schrankendogmatik der Religionsfreiheit, DÖV 2003, 932, 933.

② Martin Heckel, Gesammelte Schriften: Staat-Kirche-Recht-Geschichte, Band V, 2004, S. 318, S. 327.

③ Martin Heckel, Der Rechtsstatus des Religionsunterrichts im pluralistischen Verfassungssystem, 2002, S. 10.

④ Martin Heckel, Der Rechtsstatus des Religionsunterrichts im pluralistischen Verfassungssystem, 2002, S. 11.

⑤ Martin Heckel, Gesammelte Schriften: Staat-Kirche-Recht-Geschichte, Band V, 2004, S. 318, S. 328. 宗教宪法的法律框架参见[德]Eva-Maria Ehemann、田伟:《2015年德国宪法学发展概述》,载韩大元、莫纪宏主编:《中国宪法年刊》(2015·第11卷),法律出版社2016年版,第161页。

影响到《魏玛宪法》第137条第3款赋予宗教团体的自主决定权(Selbstbestimmungsrecht)的行使,宗教团体的自主决定权构成了经过扩大解释的宗教自由的一部分。[1] 在1980年的宗教医院案中,德国联邦宪法法院认为:"只要宗教团体的自我理解属于《基本法》第4条第1款信仰自由和表达信奉自由所保障的对象且通过第4条第2款的所保护的宗教活动来实现,宗教团体的自我理解就应当在利益权衡时具有更重的分量。"[2]因此,立法在缺乏实质理由时不得侵害宪法赋予教会的组织和人事权。在1985年的忠诚义务案中,天主教运营的机构以违背忠诚义务为由解雇了员工。德国联邦宪法法院指出,《魏玛宪法》第137条第3款规定的"自治保障不仅由教会和教会下的法律独立体享有,还可以是任何法律形式并以特定方式从属于教会的机构,只要这些机构按照教会自我理解符合自身目的地完成教会的委托。在天主教教会的自我理解下,宗教活动不只是信仰和做礼拜,还有根据自身的宗教事务在所有领域充分发挥自身效用的自由。慈善行为即属于此。帮助他人和行善是基督徒和基督教会的基本功能"。[3] 联邦宪法法院就此肯定,教会对其所属机构工作人员是否施加忠诚义务原则上为教会的自身事务。在天主教主治医师案中,联邦宪法法院总结道,《魏玛宪法》第137条第3款赋予的教会自我决定权不仅"保障教会自我理解意义下宗教领域的活动,还保护从事与教会基本职能直接相关的活动"。[4]

此外,德国联邦宪法法院还认为:"当法律秩序以基本权主体的宗教或者世界观自我理解为前提,如宗教自由,而国家在解释宗教

---

① Stephan Rixen, Anmerkung zu BVerfGE 137, 273, JZ 2015, 202.

② BVerfGE 53, 366(401).

③ BVerfG, Beschluß vom 04.06.1985 – 2 BvR 1703/83, 2 BvR 1718/83, 2 BvR 856/84, NJW 1986, 367.

④ BVerfG, Beschluss vom 22.10.2014 – 2 BvR 661/12, NZA 2014, 1387, Rn. 95.

活动时忽略其自我理解,那么就会损害教会的独立性和《基本法》第140条结合《魏玛宪法》第137条第3款赋予的自治。教会专属性表达归属于教会,是《基本法》第4条第1款和第2款保障的团体宗教自由的基本组成部分。”[①]德国联邦宪法法院的这个观点造成《基本法》第4条第1款和第2款保障的团体宗教自由,与《基本法》第140条结合《魏玛宪法》第137条第3款赋予的教会自我决定权在范围上相互重叠。[②] 虽然《魏玛宪法》第137条第3款作为特殊规范,将宗教团体的自我决定权置于法律保留之中,从而优先于《基本法》第4条第1款和第2款适用,但“权衡不同利益时要考虑《基本法》第4条第1款和第2款对集体宗教自由没有法律保留地予以保障,给予宗教团体的自我决定权和自我理解较重的考量”。[③]

(3)对宗教自我理解的批评

将宗教活动和自治保障的判断设定在宗教自我理解上虽能保证国家在宗教上的中立性,但也会使任何以宗教信念所表现出来的外在行为都置于宗教自由的保护中。即使要求宗教动机和外在表现之间存在客观可理解的关系,也很容易导致《基本法》第4条的保护范围变得漫无边际。[④] 如果基本权主体的宗教信念只是其自由构想而来,那么,从外在很难辨别是宗教活动还是普通的社会行为,也很容易保护到那些对社会有害的活动。[⑤] 联邦宪法法院的扩大解释进而使宗教活动自由成为《基本法》第2条第1款一般行为自由的特别规定。更为严重的是,在当前所谓的新兴宗教和世界观团体层

---

① BVerfG,Beschluss vom 22.10.2014 – 2 BvR 661/12,NZA 2014,1387,Rn.101.

② BVerfG,Beschluss vom 22.10.2014 – 2 BvR 661/12,NZA 2014,1387,Rn.85.

③ BVerfG,Beschluss vom 22.10.2014 – 2 BvR 661/12,NZA 2014,1387,Rn.106.

④ A. Frhr. von Campenhausen, Religionsfreiheit, in:Isensee/Kirchhof (Hrsg.), Handbuch des Staatsrechts,Bd. VII,3. Aufl. 2009, § 157 Rn.95.

⑤ Michael Sachs,Verfassungsrecht Ⅱ-Grundrechte,3. Aufl. 2017,S.343.

出不穷的年代,只是依据基本权主体的自我理解来判断是不是宗教活动,还会导致现代国家对社会治理权限的转移。特别是当一个所谓的宗教团体打着宗教自我理解的旗号从事经济或者政治活动,还被赋予宗教自由的保护时,就无形中增加了宗教和世界观团体不受监管的空间,"消减"了国家管理权限,最终损害了个人和社会的发展空间。[①]

2. 宗教自由保护范围扩张的后果

以宗教自我理解来确定宗教自由保护范围的观点,在实践中影响了个别问题的合法性判断,有争议的是宗教团体的慈善行为和经济活动。[②]

(1)慈善行为

20 世纪 90 年代,东欧剧变、伊拉克和阿富汗战争等区域动荡,导致大量政治避难者和战争难民涌入德国。面对难民潮,很多非政府组织积极采取帮助措施,提供捐赠、免费药品和治疗等。现实中的情况是,很多难民已经被拒绝承认避难权而必须被遣返回国。问题在于,避难权被拒绝后的人道主义救扶措施是否触及法律的底线?引发讨论的还有"教会避难"(Kirchenasyl),即避难申请人在面临遣返时被教会活动中心暂时接纳。按照德国《居留法》第 48 条第 2 款的规定,未持有有效居留证的人员不得在德国居住,违反者会按照《居留法》第 95 条第 1 款处以 1 年有期徒刑。而人道主义救助行为可能构成违法居留的帮助犯。[③]

对此,有学者认为,德国联邦宪法法院一系列判例承认,积极从事慈善活动是基督教教会的自我理解,这构成了《魏玛宪法》第 137

---

① Maunz/Dürig/Herzog, Grundgesetz-Kommentar, 78. EL 2016, Art. 4 Rn. 104.

② Friedhelm Hufen, Staatsrecht Ⅱ, Grundrechte, 5. Aufl. 2016, § 22 Rn 12f.

③ Joachim Kretschmer, Die Straflosigkeit humanitären Handelns, ZAR 2013, 278.

条第3款的"自身事务",因此,基督教所允许的"教会避难"应当受到宗教团体自我决定权的宪法保障。[①] 亦有学者认为,按照废物间活动案的宗教自我理解和祈祷治疗案的扩大解释,提供"教会避难"亦是基督教教徒善行信仰的行为,从而受《基本法》第4条第1款和第2款的保护。[②]

当国家要求基督教教会及信徒停止提供"教堂避难"或对其进行制裁时,即构成对宗教自由的干涉,因为基督教教会及其信徒无法再从事行善活动。[③] 但问题在于,国家对宗教自由的这一干预如何正当化?由于德国联邦宪法法院坚持《基本法》第4条第1款和第2款是不受法律保留的基本权,它只受到宪法内在限制(verfassungsimmanente Grundrechtsschranke)的制约。这些宪法的内在限制和宗教自由之间的冲突通过实践调和实现妥善的衡平。[④] 主流观点认为,由于宗教自由基本权的辐射效力,如果提供"教堂避难"这一行为可被证明是出于严肃和坚定的信仰所为,且负有出境义务的外国人是出于自身意思决定继续非法居留德国,那么该行为在个案中可以不受法律制裁。[⑤]

---

① Max-Emanuel Geis, Kirchenasyl im demokratischen Rechtsstaat, JZ 1997, 60, 62; Bertold Huber, Sanctuary: Kirchenasyl im Spannungsverhältnis von strafrechtlicher Verfolgung und verfassungsrechtlicher Legitimation, ZAR 1988, 153, 155.

② Max-Emanuel Geis, Kirchenasyl im demokratischen Rechtsstaat, JZ 1997, 60, 63; Kathleen Neundorf, Kirchenasyl-Verfassungsrechtliche Aspekte und ausgewählte administrative Handlungsmöglichkeiten, ZAR 2011, 259, 263.

③ Kathleen Neundorf, Kirchenasyl-Verfassungsrechtliche Aspekte und ausgewählte administrative Handlungsmöglichkeiten, ZAR 2011, 259, 264.

④ 实践调和原则的具体运用参见本辑"游泳课案"。

⑤ Bertold Huber, Sanctuary: Kirchenasyl im Spannungsverhältnis von strafrechtlicher Verfolgung und verfassungsrechtlicher Legitimation, ZAR 1988, 153, 155; Kathleen Neundorf, Kirchenasyl-Verfassungsrechtliche Aspekte und ausgewählte administrative Handlungsmögli-chkeiten, ZAR 2011, 259, 264.

提供"教堂避难"无论是通过宗教团体的自治保障还是宗教自由来正当化,其问题在于行政机关拒绝避难申请并遣返的决定是一个行政行为,在行政行为生效的情况下利用宗教信仰对其效力进行否定,无形中会造成宗教信仰高于行政机关已经做出的遣返决定的局面。[①] 从"教堂避难"也可以看出,过度强调宗教自我理解很可能会挤占国家在法律领域内的决策权限,限制国家的行为空间。[②]

(2)经济活动

德国联邦宪法法院在废物间活动案中肯认,宗教团体的经济活动也同样受《基本法》第 4 条的保护,只要其出于宗教信念而为。在奥修案中,德国联邦宪法法院对上述观点加以重申:"从奥修运动的目标和内容看,它属于《基本法》第 4 条第 1 款言及的世界观这个结论是正确的。奥修运动组织同时从事经济活动并不和这个结论相矛盾。正如初审法院所确认,奥修运动的精神目标并不只是其从事经济活动的借口。"[③]在天主教主治医师案中,联邦宪法法院要求,一个组织主张教会自主决定权必须具备下列条件:[④]首先,宗教目标对表达信奉和相关团体的活动起到核心作用;[⑤]其次,该组织是否和其他经济主体一样参与市场竞争,以追求经济利益为主,宣称的精神目标只是起到掩饰作用。[⑥]

有争议的是一个称为"山达基"(Scientology)的组织,它自称是一套信仰与修行活动的体系及宗教。山达基向其组织成员出售一系列所谓个人成长训练课程,这些个人提升课程到中后段,费用极

---

① Ludwig Renck, Bekenntnisfreiheit und Kirchenasyl, NJW 1997, 2089, 2090.

② Ludwig Renck, Bekenntnisfreiheit und Kirchenasyl, NJW 1997, 2089, 2091.

③ BVerfG, Beschluss vom 26.6.2002 – 1 BvR 670/91, NJW 2002, 2626.

④ BVerfG, Beschluss vom 22.10.2014 – 2 BvR 661/12, NZA 2014, 1387, Rn. 94.

⑤ BVerwG, Urteil vom 14.11.1980 – 8 C 12/79, NJW 1981, 1460.

⑥ BVerwG, Urteil vom 27 – 03 – 1992 – 7 C 21/90, NJW 1992, 2496, 2498.

为高昂。但尽管如此,联邦行政法院仍认为其信徒可以主张《基本法》第4条第1款赋予的宗教或者世界观自由的保护。[①] 对于山达基教会从事的经济活动,德国联邦行政法院认为,一个协会为了实现自身精神目标而向成员提供服务并非(商人参与市场的)企业活动,但如果一个协会提供的有偿服务在通常情况下也被其他组织——无论是否拥有宗教成员身份而提供时,其不再受宗教自由的保护。[②]

3. 宗教自由保护范围的限定

(1)可信性审查

德国联邦宪法法院对宗教自由的一体保护、扩大解释和将宗教自我理解作为宗教自由解释的核心,使宗教自由与宪法保障的其他价值和秩序产生了更多冲突。但仅仅宣称自身行为是信念所驱使不足以享受宗教自由保护,德国联邦宪法法院在巴哈伊案中强调:"如果一个团体只是单纯地宣称自认信奉特定宗教且为宗教团体,并不能允许该组织和其成员主张《基本法》第4条第1款和第2款的自由保障",则基本权主体必须具体且合理地说明其行为确实是宗教信仰使然。[③] 回答是否为《基本法》第4条第1款和第2款所保护这个问题时,要结合宗教团体的自我理解,进行可信性审查:[④]国家法院要看,争议行为是否客观明显的是信仰教条的一部分或者目标;起着重要作用的是否为教会官方所代表的"典型形象"和信仰所要求的自我理解。[⑤]

---

① BVerwG, Urteil vom 15.12.2005 – 7 C 20/04, NJW 2006, 1303, Rn. 12.

② BVerwG, Urteil vom 6.11.1997 – 1 C 18/95, NJW 1998, 1166, 1167.

③ BVerfGE 104, 337(355),参见本辑牲畜屠宰案。

④ BVerfG, Beschluss vom 27.01 2015 – 1 BvR 471/10, Rn. 96. 参见本辑第二次头巾案。

⑤ BVerfG, Beschluss vom 22.10.2014 – 2 BvR 661/12, NZA 2014, 1387, Rn. 118.

德国联邦宪法法院指出:“在司法保护义务范围内,法院对教会雇主方的陈述只能进行可信性审查。当存有疑问时,法院必须向教会机构询问相关规定,若仍不能得出结论,可借助教会法或者神学专家。”[①]德国学者质疑这种做法会造成“教会所信,即为可信”的局面,法院从而沦为教会自我理解的“执行工具”。过于倚重宗教自我理解使法治原则在宗教法领域内不断消减,宗教团体不受管控的空间不断增大。[②]

(2)学者主张

德国学者同时提出应当对宗教自由的保护范围进行限定,并非任何行为都可主张宗教自由的保护。[③] 德国联邦宪法法院在劝诱改宗案中认为,《基本法》只保护“当今文化民族在历史发展过程中所形成的基本道德观念”的宗教信仰活动。[④] 废物间活动案中联邦宪法法院虽然也有提及,但在后来的并轨学校案中却又放弃了这种观点。[⑤] 有学者主张重新使用这种观点来限定保护范围:《基本法》第4条第1款和第2款完全保护基督教,对非基督教只在特定形式上予以保护。[⑥] 但是这种观点会对新的宗教产生歧视效果,违反平等原则和国家中立义务。[⑦]

另一种观点则主张,将《基本法》第4条第1款和第2款所列基

---

① BVerfG, Beschluss vom 22.10.2014 – 2 BvR 661/12, NZA 2014, 1387, Rn. 117.

② Stephan Rixen, Anmerkung zu BVerfGE 137, 273, JZ 2015, 202, 203.

③ Stefan Muckel, in: Detlef Merten/Hans-Jürgen Papier (Hrsg.), Handbuch der Grundrechte in Deutschland und Europa, Band IV, 2011, § 96 Rn. 78.

④ BVerfGE 12, 1(4).

⑤ BVerfGE 41, 29(50).《基本法》的中立性,参见并轨学校案。

⑥ Stefan Muckel, Religionsfreiheit und Sonderstatusverhältnisse-Kopftuchverbot für Lehrinnen?, Der Staat 40(2001), 96, 102.

⑦ Bianca Petzhold, Die “Auffassungen” des UN-Menschenrechtsausschusses zum Schutze der Religionsfreiheit, 2015, S. 90.

本权分为单独基本权来保护,这样宗教活动自由只被解释为宗教仪式自由。[①] 但是《基本法》第4条存在的最大价值在于,在国家命令与宗教信仰要求发生冲突时,避免个人陷入两难境地。[②] 产生这种两难境地的不只是宗教仪式,还可能是其他因宗教信仰产生的行为。在一个世界观中立的宪法秩序中,为了维护《基本法》第1条第1款所保障的人的尊严,[③]应当承认这部分行为受宗教活动自由的保护。单独基本权的保护模式最终会削弱宗教自由的保护力度。[④]

更多的学者则是在坚持联邦宪法法院原有的一体保护时,主张在解释宗教或者世界观等构成要件时尽量客观化,以缓和宗教自我理解造成的保护范围"主观化"。[⑤] 只有宗教团体及其成员所从事的活动是践行自身宗教所必需的,且相应的组织和事务与之存在关联时,才能主张《基本法》第4条的保护,仅仅具有表面联系是不够的。[⑥] 而且出于宗教动机所从事的活动有多种表现形式,没有必要将每一种活动都置于宗教自由保护范围之中,宗教团体从事经济活动时可以考虑援引其他基本权。[⑦] 对于一些虽为宗教认可但对社会有害的行为,必须将其排除出宗教自由的保护范围。[⑧]

---

① Gerhard Czermak, Religions-und Weltanschauungsrecht, 2008, Rn. 111.

② BVerfGE 33, 23 (32); Bodo Pieroth/Bernhard Schlink/Thorsten Kingreen/Ralf Poscher, Grundrechte, Staatsrecht Ⅱ, 31. Aufl. 2016, Rn. 580.

③ BVerfGE 33, 23(29).

④ Winfried Kluth, Die Grundrechte des Art. 4 GG, Jura 1993, 137, 139.

⑤ Karl-Hermann Kästner, Hypertrophie des Grundrechts auf Religionsfreiheit?, JZ 1998, 974, 979.

⑥ Bodo Pieroth/Bernhard Schlink/Thorsten Kingreen/Ralf Poscher, Grundrechte, Staatsrecht Ⅱ, 31. Aufl. 2016, Rn. 578.

⑦ A. Frhr. von Campenhausen, Religionsfreiheit, in: Isensee/Kirchhof (Hrsg.), Handbuch des Staatsrechts, Bd. VII, 3. Aufl. 2009, § 157 Rn. 96.

⑧ Kai Zähle, Religionsfreiheit und fremdschädigende Praktiken, AöR 2009(134), 434, 449.

总的来说,只有行为人充分合理地证明外界对他的要求或者禁止和其宗教信仰产生冲突,方可主张宗教自由的保护。① 如果特定宗教信条不是必须被遵守的,那么按照该信条所从事的行为就不再受宗教活动自由的保护。②《基本法》第4条只保护个人在宗教和世界观上的身份认同。③

不过,限缩宗教自由保护范围的观点并没有得到采用,德国联邦宪法法院在2014年的案件中沿用了废物间活动案对宗教自由的扩大解释。④ 但是,联邦行政法院肯定了"宗教身份认同"(religiöse Identität)这个概念。在2013年的一起案件中,信奉阿赫迈底亚教派的巴基斯坦公民因惧怕伊斯兰教派的迫害而申请难民身份,德国联邦行政法院认为,并不是每个对宗教自由的干预都能使申请人获得难民身份,"禁止(特定形式的宗教活动)只有在下列情形中才具备必要的主观严重程度,即从事被禁止的宗教活动对于维护个人宗教身份认同极其重要而不可或缺"。⑤ 2015年一名伊朗人在避难申请被拒后皈依基督教,声称遣返后会遭受宗教迫害而申请难民身份,一审法院以皈依基督教的洗礼行为属于宗教团体的核心事务、受教会自主决定权保护为由,而没有审查皈依行为的严肃性。德国联邦行政法院在本案中区分了宗教身份认同审查和宗教自由保护审查。"按照联邦宪法法院的司法判例,法院只是在《基本法》第4条保护范围的确定上降低审查强度。判断个案能否视为集体或个

---

① Christian Walter, Religionsverfassungsrecht: In vergleichender und internationaler Perspektive, 2006, S. 512.

② Kristian Fischer/Thomas Groß, Die Schrankendogmatik der Religionsfreiheit, DÖV 2003, 932, 938.

③ Bodo Pieroth/Bernhard Schlink/Thorsten Kingreen/Ralf Poscher, Grundrechte, Staatsrecht Ⅱ, 31. Aufl. 2016, Rn. 580.

④ BVerfG, Beschluss vom 22.10.2014 – 2 BvR 661/12, NZA 2014, 1387, Rn. 98.

⑤ BVerwG, Urteil vom 20.02.2013 – 10 C 23.12, NVwZ 2013, 936, Rn. 29.

人行使《基本法》第4条第1款和第2款的宗教和世界观,要充分考虑宗教活动概念的扩大解释;其中也包括相关宗教团体和个人的自我理解。在个人层面,国家机关只能审查当事人是否充分具体地证明,个人视为宗教要求的行为从精神内涵和外在表征上确属《基本法》第4条的保护范围,也就是说确实是出于宗教动机。在个案中确定《基本法》第4条第1款和第2款保护范围时,对基本权主体宗教自我理解的顾及义务应当区别于确定保护范围之前的事实调查,后者考察个人是否以及在多大程度上将践行个人宗教信仰作为维护个人宗教身份认同不可缺少的组成部分来对待。"宗教身份认同作为一个内在事实,"法院对它的审查不能局限在可信性标准之上,即充分具体的说明,而是要以通常证明程度(Regelbeweismaß)为准,使法官获得完全的确信(volle Überzeugung)"。[①]

后续影响

作为20世纪60年代的经典判例,废物间活动案短小精悍,其创立的《基本法》第4条第1款和第2款基本权的一体保护、宗教活动自由的扩大解释和国家对基本权主体宗教自我理解的顾及义务等理论一直被德国联邦宪法法院沿用至今。在2016年的耶稣受难日舞会案中,因基督徒要在耶稣受难日纪念耶稣去世,巴伐利亚州法律禁止在公众场合举办任何音乐活动。一个秉承无宗教信仰的世界观团体向当局申请在耶稣受难日举办舞会,舞会是否作为世界观表达方式受《基本法》第4条第1款和第2款保护?巴伐利亚州

① BVerwG, Beschluss vom 25.8.2015 – 1 B 40/15, NVwZ 2015, 1678, 1679.

高等行政法院认为任何人都可以参加舞会,因此持否定态度。[①] 在废物间活动案中,“无宗教和无神论者的庆祝”已经被作为宗教活动保护。联邦宪法法院在耶稣受难日舞会案肯定举办舞会受信仰和表达信奉自由的保护,要求立法者必须考虑到这一基本权的重要地位,允许存在例外情形。[②]

废物间活动案所形成的宗教自由保护范围在今天越发受到质疑,宗教自由与其他基本权的冲突越发明显。一方面,法院不断使用实践调和原则来处理相关案件,过多的利益权衡可能危及法律适用的安定性;[③]另一方面,人们开始反思是否应该在一定程度上限制宗教自由保护范围,特别是宗教团体自治权,以维护法治和人权保障。2014 年的天主教主治医师案即为一例:一名在天主教医院工作的主治医师按天主教仪式结婚,婚姻破裂后再婚,院方以再婚违背劳动合同中规定的忠诚义务将其解雇。联邦劳工法院虽然肯认宗教团体可以根据自我理解来决定自身内部事务,但在将其与雇员的私生活和家庭生活受尊重权利权衡之后,认为解雇是不正当的。[④]德国联邦宪法法院则不认同联邦劳工法院的权衡,在多次引用废物间活动案后强调,《基本法》第 140 条结合《魏玛宪法》第 137 条第 3 款虽然允许法律保留,但并不是任意的国家立法都能直接干涉宪法赋予教会的自治权。在适用相关法律权衡双方利益时,“要考虑到《基本法》第 4 条第 1 款和第 2 款对集体宗教自由没有法律保留地

---

① VGH Bayern, Urteil vom 07.04.2009 - 10 BV 08.1494, BeckRS 2009, 32968, Rn. 45.

② BVerfG, Beschluss vom 27.10.2016 - 1 BvR 458/10.

③ Joachim Rückert, Abwägung-die juristische Karriere eines unjuristischen Begriffs oder: Normenstrenge und Abwägung im Funktionswandel, JZ 2011, 913, 923.

④ BAG, Urteil vom 08.09.2011 - 2 AZR 543/10, NJW 2012, 1099.

予以保障,给予宗教团体的自我决定权和自我理解较重的分量”。[①] 具体到国家劳动保护和教会劳动关系上,联邦宪法法院认为:“将教会劳动关系纳入国家劳动法之中并没有消除教会管理自身事务这一属性。应当按照宪法有利于教会自我决定(权)的价值判断来解释劳动和解雇保护法。这不只意味着宗教团体可以充分利用任意性法律所允许的构建空间。强制性条款的适用,凡是必要,对解释空间的处理也要有利于宗教团体,赋予教会自我理解较重分量。”[②]

对于如何处理宗教团体所属机构的雇员的忠诚义务,德国联邦宪法法院主张进行两个层次的审查。首先要审查忠诚义务是否作为教会信条确实存在以及其分量。如果教会方面的雇主有说服力地证明忠诚义务确实为其信条,那么“国家必须将(教会自我理解)作为自己判断的基础,只要教会自我理解不违背宪法的基本保障。国家必须克制在此之外对宗教信条的判断,因为不仅《魏玛宪法》第137条第3款规定了地位特权保障,《基本法》第4条第1款和第2款也保护宗教自由”。[③] 其次则是通过开放的整体权衡来解决雇员基本权和教会自决权之间的利益冲突,“给予教会自我理解较重分量,但教会利益并不总是高于雇员权益”。[④] 因联邦劳工法院在利益权衡时对教会自决权的范围和效力没有给予足够的考量,德国联邦宪法法院撤销其判决,要求重审。对此,联邦劳工法院并没有“屈服”,而是在2016年的决议中将本案提交给了欧盟法院,希望借此了解教会在信教员工和非信教员工的忠诚义务上区别对待,是否违反了欧盟法的雇员平等对待要求。[⑤]

---

① BVerfG, Beschluss vom 22.10.2014 – 2 BvR 661/12, NZA 2014, 1387, Rn. 106.

② BVerfG, Beschluss vom 22.10.2014 – 2 BvR 661/12, NZA 2014, 1387, Rn. 110.

③ BVerfG, Beschluss vom 22.10.2014 – 2 BvR 661/12, NZA 2014, 1387, Rn. 118.

④ BVerfG, Beschluss vom 22.10.2014 – 2 BvR 661/12, NZA 2014, 1387, Rn. 125.

⑤ BAG, Beschluss vom 28.7.2016 – 2 AZR 746/14(A), BeckRS 2016, 112856.

有疑问的是,何时教会的自我理解才能视为违背宪法的基本保障?德国联邦行政法院在一起判决中指出:“在宗教团体自我决定权的核心领域,国家应当注意,宗教团体的行为不能危及《基本法》第79条第3款所规定的宪法基本原则。通过《基本法》第79条第3款,《基本法》将第1条的人的尊严条款、紧随其后的基本权核心和其他在第20条规定的保障解释为神圣不可侵犯。”[①]因此,法院在个案中必须审查宗教团体的内部行为是否逾越了宪法基本原则所划定的界限。[②] 而联邦宪法法院在这一点上缺乏相应的审查,特别是《基本法》对婚姻自由无保留的高度保障。[③]

或许是为了弥补基督教在现代国家地位的丧失,[④]德国联邦宪法法院在废物间活动案中对宗教自由,特别是宗教团体自治权上做出了“慷慨”解释。但时过境迁,[⑤]在宗教林立的多元社会,宗教自由的扩大解释也给其他的宪法基本保障带来了挑战,这是否能通过将天主教主治医师案提交给欧盟法院得到改变?这一点值得期待。宗教自由保护范围的界定关系到国家在社会事务上的治理权限、公民基本权行使和宗教团体自治权领域,过于扩大解释宗教自由不仅会缩减国家的治理权限,最终还会损害公民个人其他基本权的行使。

---

① BVerwG, Urteil vom 27.02.2014 – 2 C 19.12, NJW 2014, 2810, Rn. 23.

② BVerwG, Urteil vom 27.02.2014 – 2 C 19.12, NJW 2014, 2810, Rn. 23.

③ Michael Sachs, Anmerkung zu BVerfGE 137, 273, JuS 2015, 665, 667; Claus Dieter Classen, Anmerkung zu BVerfGE 137, 273, JZ 2015, 199, 201.

④ Hans-Peter Schneider, Anmerkung zu BVerfG, Beschluß vom 16.10.1968 – 1 BvR 241/66, NJW 1969, 1342.

⑤ 联邦宪法法院在天主教主治医师案中认为这种变化无足轻重。BVerfG, Beschluss vom 22.10.2014 – 2 BvR 661/12, NZA 2014, 1387, Rn. 104.

祈祷治疗案

曾 韬

案例名称 祈祷治疗案（Gesundbeter-Beschluss，BVerfGE 32，98，1971 年 10 月 19 日）

关 键 词 宗教信仰自由 无保留地保障基本权利的限制 刑法规范 辐射效力 信仰犯

案 情

诉愿人成长于宗教氛围浓厚的家庭。其先天疾病的治愈，被其归于祈祷之功，遂加入某一教会。其在教会活动中结识的妻子也笃信教义，二人在婚姻生活中严格依照宗教信条行事，感情甚笃。诞下第四子后，诉愿人之妻健康情况逐渐恶化。医生三赴其宅施治，根据恶化的情况，分别告知不入院治疗的后果和相应的治疗建议，但诉愿人之妻始终拒绝入院。医生指出死亡可能后，诉愿人请其妻自行决断是否入院治疗。诉愿人还提示其妻，请教友来此共同祈祷也可以治愈。其妻选择了后一种方法，最终死去。从险情出现到死亡，诉愿人之妻始终意识清醒。

因此，盖斯林恩/斯泰戈刑事法庭以过失杀人罪判处诉愿人 8 个月的自由刑。基于诉愿人的上诉，乌尔姆州上诉法院通过判决撤销了这一判决，并宣告诉愿人无罪。然而，斯图加特州高等法院基于检察官的再审申请，撤销了乌尔姆州上诉法院的判决，并将此案发回重审。依据刑事诉讼法的规定，乌尔姆州上诉法院在重审中受斯图加特州高等法院的判决意见的拘束，该院依据《刑法典》第330c条，以救助不作为的罪名，判处诉愿人200马克罚金，或者10天的自由刑。诉愿人针对此判决提出的再审申请被斯图加特州高等法院裁定驳回。

针对斯图加特州高等法院、乌尔姆州上诉法院的上述相关判决和裁定，诉愿人向联邦宪法法院提起宪法诉愿，认为它们侵犯了其依据《基本法》第4条第1款(良心和信仰自由)和第2条第1款(一般行为自由)享有的基本权利。

相关法律条文：

《刑法典》第330c条(旧版)规定：

"在不幸情形、共处危境或者困境之中，尤其是在提供帮助不会给自身造成显著的危害和不会违反其他重要义务的情形中，有必要且就具体情况而言可期待其提供帮助而不提供帮助者，处一年以下自由刑或者罚金刑。"

裁判要旨

宗教信仰自由还包含以信仰教谕为全部生活的导向、以内心宗教信仰为行为指针的权利。不仅以强制性律令为基础的信仰受到信仰自由的保护，即便具体的生活情景中不存在宗教上的强制性应对方法，但若从遵从信仰克服生活遭遇的角度出发，认为宗教上的应对之举是最好的和最适宜的手段，这也在宗教信仰自由的保护范围之内。

判决理由与论证

本判决涉及《基本法》第4条第1款保障的良心与信仰自由对刑法规范的辐射效力。由于本案的诉愿对象——刑事判决——所处理的案情为罕见的伦理悲剧,故德国联邦宪法法院在处理辐射效力的各个具体技术环节上均面临新的解释问题。首先,刑事案件中诉愿人的行为并非典型的关涉宗教的行为,其行为是否落入宗教信仰自由的保护范围有待解释;其次,如果此种罕见的行为被纳入宗教信仰自由的保护范围,则既有的处理该基本权利的限制问题的观点就有更新或细化之必要;再次,业已认定的宗教信仰自由的保护范围、决定价值的意义与刑法规范关系如何有待阐明;最后,将此种关系适用于本案,亦需详加论证。联邦宪法法院的论证围绕上述四个问题次第展开。

一、宗教信仰自由的保护范围

《基本法》第4条第1款规定:“信仰和良心自由、宗教和世界观信奉自由不可侵犯。”从字面来看,落入此条文保护范围的自由为“信奉”的自由。信奉是一种内在的心理事实,而本案诉愿人的不救助行为是一种外在的行为,因此,从文义解释的角度来看,诉愿人的行为不属于宗教信仰的范畴。此外,《基本法》第4条第2款规定:“保障宗教仪式不受妨碍。”尽管这一款规定涉及外在的行为,但其一般被理解为宗教仪式和习俗。[①] 而本案诉愿人的行为不仅不能被涵摄入宗教仪式和宗教习俗,而且斯图加特州高等法院和联邦宪法法院均认为,诉愿人的行为并非其所在宗教组织的教义的强制性要求。因此,如果严格按照文义解释,则诉愿人的行为不受宗教信仰

① Vgl. Kokott/Sachs, Art. 4, Grundgesetz-Kommentar, 5. Aufl. 2009, Rdn. 54.

自由保护。在本案中,联邦宪法法院继续贯彻先前判决中确立的立场,对于宗教概念进行扩张性的解释,从而将诉愿人的行为纳入宗教信仰自由的保护范围。

首先,该院重申了在先前的判决中确立的《基本法》第4条第1款和第2款保障的基本权利为一个统一的基本权利的观点。自"劝诱改宗裁定"(Glaubensabwerbung-Beschluss)[①]起,该院就突破了这两个条款的字面意思所呈现的体系。在此裁定中,该院认为:"根据《基本法》,信仰自由赋予个人依据其个人信仰自由安排其生活式样的权利领域,无论涉及的是宗教信仰还是非宗教——反宗教的或者宗教无涉的——的世界观。宗教信仰自由因而不仅仅局限于宗教宽容,即容忍宗教的、不信宗教的信仰和信仰的公开。"[②]在这一内容之外,该院认为这一自由还包含宣传自己的宗教和从其他信仰群体中招徕信徒的自由。由此,第4条第1款的保护范围就由宗教和世界观的持有这一内在的活动(forum internum)扩展到由宗教或者世界观激发的行为(forum externum),第4条第1款和第2款之间的保障对象的分野由此消失。在废物间活动裁定(Rumpelkammer-Beschluss)中,该院依据历史解释(《魏玛宪法》中宗教自由的含义和纳粹时代的惨痛历史)进一步明确指出,第1款和第2款共同构成了一个统一的基本权利,第2款的宗教活动自由包含于第1款的宗教信仰自由之中,宗教活动自由只是个人或者宗教、世界观群体所享有的宗教信仰自由的构成部分。[③] 在该院看来,第2款的立法目的只在于突出群体或者社团也能成为这一基本权利主体的可能

① BVerfGE 12,1.

② BVerfGE 12,1(3).

③ BVerfGE 24,236(245).

性。[①] 这种扩张性的解释使宗教信仰自由成为涵盖与宗教有关的思想、言论和行为的范围广泛的基本权利。

其次,该院对上述裁判中确立的扩张性解释路线进行了补强论证。通过指出在联邦德国人的尊严是最高的价值、个人的自我决定同时也是共同体的构成性价值,前述两个判决中针对宗教信仰自由的扩展性解释原则获得了人的尊严条款和价值观念的支撑,从而具备了更大的拓宽保护范围的潜力。随后,该院根据本宪法诉愿中诉愿人行为的特殊性,对宗教信仰自由的保护范围进一步予以明确化。该院于此处进行的明确化首先是前述扩展性解释的必然结果。该院就此指出:"(宗教信仰自由)还包含个人将其信仰的教谕作为其全部生活的导向,并依据内心宗教信仰行为的权利。受信仰自由保护的不仅包括以强制性律令为基础的信仰,还包括这种信仰:它在具体的生活情景中并非强制性要求而仅为宗教上的应对之举,但就遵从信仰克服生活困境而言,此种宗教上的应对之举是最好的和最适宜的手段。"该院于此处进行的明确化也以基本权利的实效原则(Effektivität der Grundrechte)为依据,[②]故该院在进行上述明确化后指出,"非此,信仰自由这一基本权利就无法完全实现"。此种具体化恰恰使宗教信仰自由的保护范围能够涵盖本案诉愿人的行为。

二、宗教信仰自由的限制

德国联邦宪法法院在劝诱改宗裁定、废物间活动裁定和本案中对于宗教信仰自由的保护范围一再进行扩张性解释,该院接下来对

---

① BVerfGE 24,236(245).

② "基本权利的实效原则"的内容为,在多种基本权利可能的解释结果中,应该优先考虑最能发挥基本权利的规范效果的解释。Vgl. Thoma, zit. aus Pestalozza, Kritische Bemerkungen zu Methoden und Prinzipien der Grundrechtsauslegung in der Bundesrepublik Deutschland, Der Staat, 1963, S. 425(443).

于宗教信仰自由的限制问题进行全面讨论的原因也就显而易见了。这三个裁判逐步将宗教信仰自由发展成涉及思想、言论和行为的范围广泛的自由权，其与其他基本权利之间界限的模糊化使相关行为受到何种限制亟待清楚说明。

首先，在本案中，宗教信仰自由获得了一种超乎寻常的拓展，通过《基本法》第2条第1款意义上的三种限制途径对其进行限制，是一种可能的选项。[①] 个人在具体生活情景中基于个人对教义的理解所从事的行为亦属于其保护范围，宗教信仰自由在行为的表现形式上就越发与传统的、在群体中有共识的宗教行为的认知脱钩。换言之，宗教信仰自由成为一种难以预料其表现形式，因而没有明确范围的自由。如此范围的自由权至少受到《基本法》第2条第1款意义上的三种限制，就显得颇有必要。宪法法院在本判决中援引其关于《基本法》第2条第1款与其他基本权利关系的观点，认为第4条相对于第2条第1款而言是特殊法（lex specialis），并明确指出："认为信仰自由受到他人的权利、合宪性秩序和道德法则的限制的观点不符合联邦宪法法院一贯奉行的第2条第1款的辅助性与其他基本权利的特殊性之间的关系的观点。"

其次，此种保障范围的宗教信仰自由与《基本法》第5条第1款意义上的言论自由有竞合的可能，是否采用第5条第2款意义上的"一般性法律"对宗教信仰自由进行限制，有解释之必要。该院在劝诱改宗裁定中就指出了这一问题，但并未深入分析以及给出明确结论。[②] 在本案中，宪法法院对言论自由和宗教信仰自由进行了区分，以之否定通过"一般性法律"限制宗教信仰自由的可能性。在该院

① 关于《基本法》第2条第1款意义上的三种限制，参见张翔：《艾尔弗斯案》，载张翔主编：《德国宪法案例选释》（第1辑），法律出版社2012年版，第1页以下。

② Vgl. BVerfGE 12,1(3).

看来,“发表意见是任何自由的主观性表达和价值判断,也就是一种主观的和评价性的关于事实、行为方式或者情况的看法。与之相反,信仰是一种与个人本身紧密相连的关于特定对象的存在以及相关内容的真理性确信。在可能出现的重叠情形中,此种根本性的区别以及适用于二者之间的专门性原则使这是不被允许的”。

在否定了上面两种限制基本权利的途径之后,德国联邦宪法法院援用其在梅菲斯特裁定(Mephisto-Beschluss)①发展出来的基本权利的“宪法的内在限制说”(die Lehre von den verfassungsimmanenten Schranken),作为限制宗教信仰自由的途径。该法院据此指出:“如同所有基本权利,《基本法》第4条第1款的基本权利保障以基本法上的人的形象为基础,即自我负责的、在社会共同体中自由发展人格的人。这一由《基本法》确立的共同体对个人的约束使无保留保障的基本权利也能受到特定的极为例外的限制。然而,信仰自由的限制——像艺术自由一样,仅能由宪法自身决定。”

这个观点确定了限制宗教信仰自由的理由、方式和形式要求。首先,对宗教信仰自由的限制只能出于宪法自身,立法者不得通过立法对信仰自由进行建构式的规制。其次,限制宗教信仰自由的方式为“实践调和的达成”(Herstellung der praktischen Konkordanz)。这就要求,当宪法中法益(Verfassungsgüter)陷于冲突且均不能得到彻底实现之时,应该尽可能地使冲突的法益均获得充分的维护(schonender Ausgleich),而实现的途径就是法益权衡(Güterabwägung),《基本法》中的“价值体系”(Wertsystem)是法益权衡的尺度。最后,立法者出于“宪法的内在限制”对信仰自由进行规制,必须基于明确具体的宪法法益冲突,不得仅仅以“危害国家共同体存

① Vgl. BVerfGE 30,173(193).

续所必要的法益”这种泛泛的理由为根据。

基于宗教信仰自由的“内在限制”的观点，宪法法院围绕本案进一步指出，立法者不考虑行为在信仰层面的动机而对特定行为课予的惩罚不能无限制地适用于出于特定信仰的行为或者行为方式，是否适用以及如何适用，需要通过考察宗教信仰自由的辐射效力来解决，这一辐射效力能够影响国家惩罚的种类和程度。

三、宗教信仰自由对刑法的辐射效力

在本案中，宪法法院通过细致分析法益冲突的特点，进一步阐明了宗教信仰自由对于刑法的辐射效力。在该院看来，“在某一具体情形中认为自己应该遵从自己的宗教信仰为或不为某种行为的人，有可能违背社会中占据主导地位的道德观念以及以此为基础的法律义务。如果此人的行为符合传统解释方法理解的某一犯罪行为的构成要件，那么，鉴于《基本法》第 4 条第 1 款，就应该考虑刑罚在此案件的特殊情形中的适用是否能够实现国家刑罚的意义。此类行为人并非由于缺乏法制观念而抗拒国家法制，他也希望保护刑事惩罚所欲保护的法益。他认为自己陷入一种边缘处境，在此处境中，法律秩序与其个人信仰律令发生冲突，且感觉自己应该履行信仰这一位阶更高的律令所设定的义务。尽管依据社会中占主导地位的价值观念在客观上应否定这一决定，但不足以动用刑法这一社会中最严厉的武器对其进行处理。刑事惩罚，无论轻重，在此种情形中无论基于何种角度（报复、预防、行为人的再社会化）都不是一种合适的惩罚。至少当以一般观念为基础的法律义务与行为人的信仰律令之间的具体冲突使行为人陷入一种灵魂上的困境，且将其打上犯罪人烙印的刑事惩罚在此困境中表现为一种过分的、损害其人的尊严的社会回应，公权力源于《基本法》第 4 条第 1 款的在最大范围内，尊重严肃信仰的义务，必然导致刑法的让步”。

四、辐射效力在本诉愿中的体现

将上述原则适用于本案,宪法法院认为州法院和州高等法院都错误理解了《基本法》第4条第1款的辐射效力在解释和适用《刑法典》第330c条时的影响。诉愿人没有劝说其妻子放弃本意、接受治疗,在该院看来,是基于这对夫妻共同的信仰和对祈求上帝是更好方法的确信。在此情形中,刑法不能要求有共同观念的人相互影响对方改变对方的意志。在此情形中,将自身意志强加于妻子在该院看来也不是刑法可以要求履行的义务,因为诉愿人之妻始终具有意思能力,其拒绝接受医院治疗的意志受《基本法》第2条第1款意义上的行为自由的保护,必须予以尊重。

将其他法益引入考量,上述辐射效力在宪法法院看来也不受影响。《基本法》第6条承认的夫妻相互照顾义务之所以不能影响这一辐射效力,是因为这一照顾义务必须以尊重夫妻双方均为意思独立、人格自治的人为前提。《基本法》第6条第2款保护的儿童福利之所以不能影响这一辐射效力,乃是因为行为人主观上并不存在从子女那里剥夺其母亲的意图,相反,祈求上帝在其看来是救助母亲的更好途径。该法院最终指出,尽管就社会的主流道德观念来看,期待诉愿人在祈求上帝的同时也让其妻接受医院救治是合理的,但这不足以令诉愿人的行为接受刑事处罚。

涉及的重大理论问题

从教义学发展的角度来看,宗教信仰自由的保护范围在本案获得了极大的扩展,但其论证主干在先前的判决中业已形成,故这一扩展不具有独立的开创性意义。然而,这一扩展使宪法法院获得了全面深入讨论宗教信仰自由的限制的契机,德国宪法学也因此在更加宽广的背景中对这个问题进行了不懈的讨论,且至今尚无共识。从宪法政策来看,这个问题可以表述为宗教信仰自由是否赋予信众在法秩序中优于其他公民的特权地位?从基本权利教义学来看,这个问题可以表述为宗教信仰自由是否基于《基本法》的规定受制于法律保留(Gesetzvorbehalt)?这个问题基于基本权利的辐射效力在德国刑法上形成了一个特殊的问题——信仰犯(Überzeugungstäter)。

一、宗教信仰自由的限制

假如人们接受宪法法院以及德国宪法学的主流观点,将《基本法》第4条保障的涉及宗教的基本权利理解为一个统一的基本权利,那么,这个统一的基本权利的限制,具有如下问题:(1)这个统一的基本权利不仅涉及思想,也涵盖言论和行为,那么宗教信仰在言论和行为上的体现是否因基本权利竞合问题而受其他基本权利的限制机制的限制,或者可以借用其他基本权利的法律保留?(2)这个统一的基本权利是否受《基本法》第2条第1款上的保留限制?(3)《基本法》第140条将《魏玛宪法》第136条纳入《基本法》,此条文是否设立了宗教信仰自由的普通的法律保留(einfacher Gesetzvorbehalt)?(4)如果宗教信仰自由仅受内在限制的限制,此种限制如何确保法的明确性,以及如何确保国家法秩序与宗教信仰自由之间的调谐。由于德国宪法学界在前两个问题面向上普遍地接受了宪法法院的观点,此处仅针对后两个问题面向稍作介绍。

(一)《魏玛宪法》第136条第1款的含义

孤立地看《基本法》第4条第1款、第2款,宗教信仰自由不受制于任何法律保留,若将其与《基本法》第140条、《魏玛宪法》第136条第1款放在一起解释,则会产生此项自由是否受普通的法律保留的限制问题。《基本法》第140条规定:“1919年8月11日的

《德意志宪法》[①]第136条……是基本法的构成部分。”《魏玛宪法》第136条第1款规定:“市民的和公民的权利和义务既不为宗教自由的行使决定,也不为其限制。”按照德国通行的理解,“市民的和公民的权利和义务”即为“一般法律秩序”(allgemeine Rechtsordnung)。[②] 体系地解读上述规定,《基本法》第136条第1款可能在两种意义上被理解为一个普通的法律保留。如果严格依照《基本法》第4条各款的字面意思,将第1款和第2款保障的基本权利理解为相互并行的基本权利,那么《基本法》第136条第1款可以被理解为针对《基本法》第4条第2款中的宗教行使自由的普通的法律保留;如果将《基本法》第4条第1款、第2款中的宗教信仰自由理解为保护范围统一的基本权利,那么宗教信仰自由可能在总体上受《基本法》第136条第1款规定的普通的法律保留的限制。

这两种可能的理解方式,被宪法法院明确排除。在该法院看来,尽管基于《基本法》第140条的规定,《魏玛宪法》第136条已被纳入《基本法》之中,与《基本法》构成有机整体,[③]但其规范性意义为《基本法》第4条所覆盖。这个观点主要基于目的论解释:“《基本法》将宗教信仰自由从《魏玛宪法》的教会条款的背景中抽离,不附加任何法律保留地将其规定于处在宪法的首要位置的有直接约束力的基本权利的清单中。因此,对《魏玛宪法》第136条的解释应该依据比先前范围显著加强的信仰和良心自由。就其在《基本法》中的意义和重要性而言,这个规定为《基本法》第4条第1款所覆盖。《魏玛宪法》第136条第1款意义上的何种国民义务在面临《基本法》第4条第1款的自由权可以凭借国家强制获得实现,在《基本

---

① 即《魏玛宪法》。

② Vgl. Epping, Grundrechte, Kapitel 7, 4. Aufl., Berlin 2010, Rn. 577.

③ Vgl. BVerfGE 19, 226(236).

法》的统辖之下仅仅取决于《基本法》第4条第1款之中的价值决断。”[①]此种观点，是当下德国宪法学界的主流观点。

然而，无论是在支持者还是反对者那里，这个观点的论证都是被批评的。批评的焦点，集中于如何理解《魏玛宪法》第136条第1款被纳入《基本法》之后的规范性意义。宪法法院显然继续沿用了魏玛时代的理解，将该条文的内容理解为一项普通的法律保留，因而在否认此种法律保留时采用了覆盖说。这样理解的问题在于，《魏玛宪法》第136条第1款在《基本法》中变得毫无意义。围绕这个问题，文献中存在两种较有创建性的观点。

在格尔曼（Germann）看来，这两个条文均不可相互覆盖，宪法法院的问题在于没有看到《魏玛宪法》第136条第1款的内容在《基本法》中已经不能被理解为法律保留。其理由主要以《基本法》中基本权利的限制体系为依据。在他看来，如果将《魏玛宪法》第136条第1款理解为一项普通的法律保留，宗教活动自由所受的保护将不如良心自由、宗教信仰自由乃至言论自由。从法律史的角度来看，宗教自由在《魏玛宪法》中基于第135条的规定，其法律保留为严格的法律保留（qualifizierter Gesetzvorbehalt）。若是将纳入《基本法》的《魏玛宪法》第136条第1款理解为普通的法律保留，则宗教自由所受的保护还不如魏玛时代。[②] 相较于宪法法院的观点，格尔曼意识到了“覆盖说”在解释上的问题，也为宗教信仰自由无保留的保障提供了更强的论据，但其观点并没有解决其提出的问题。其观点只是证明《魏玛宪法》第136条第1款不是法律保留，但没有说明其规范性意义究竟为何。因而《魏玛宪法》第136条第1款在此种

---

① BVerfGE 33,23(30).

② Vgl. Germann/Epping; Hillgruber (Hrsg.), Grundgesetz-Kommentar, München 2009, Rdn. 47.3.

观点中还是毫无意义的。

尽管在思路和术语的使用上存在很大差异,但马格(Mager)[①]和科科特(Kokott)[②]的观点在本质上是一样的。在论证的出发点上,二者与格尔曼(Germann)一致,均认为被纳入《基本法》的《魏玛宪法》第136条第1款不能理解为法律保留的规定,二者有创建的地方在于将此条文理解为反歧视条款或者国家的中立义务条款。然而令人惊诧的是,二者均认为,《魏玛宪法》第136条第1款的此种意义不妨碍市民和国民义务相对于宗教信仰自由的优先性。这样一来,二人虽然解决了"覆盖说"的论证问题,但却使其支持的宗教信仰自由受制于普通的法律保留的观点失去了任何文本上的依据。

从马格的论证来看,其观点主要基于裁判的逻辑一贯性和目的性考量。在其看来,宪法法院认为《魏玛宪法》第136条第1款被覆盖,但在其他判决中认可了《魏玛宪法》第136条第3款第2句中的限制。为何第1款中的保留被排除,第136条第3款第2句中保留不被排除?此外,虽然宪法法院认为宗教信仰自由仅受宪法法益的约束,但是,宪法法院在裁判中认可的对此项自由的限制并不总是具有宪法法益上的直接依据。如果承认《魏玛宪法》第136条第1款是普通的法律保留,上述两种自相矛盾的现象均可迎刃而解。此外,承认宗教信仰自由受到普通的法律保留,在她看来也不会导致此项基本权利保障水平的降低,因为普通法律的解释需要考虑合宪性解释原则和基本权利的辐射效力。马格的论证较为深入,但隐患也较大。其第一条论据主张的裁判矛盾性并不是绝对的,宪法法院

---

① Vgl. Mager/Münch; Kunig (Hrsg.), Grundgesetz-Kommentar, Band I, 5. Auflage, München 2000, Rdn. 48.

② Vgl. Kokott/Sachs, Art. 4, Grundgesetz-Kommentar, 5. Aufl. 2009, Rdn. 120.

的相关裁判意见在宪法法益方面是否具有足够的依据，是一个见仁见智的问题。其观点最致命的问题在于，如果认为合宪性解释和辐射效力能够取代法律保留体系的作用，则《基本法》中的法律保留体系就是可有可无的了。事实上，法律保留体系和合宪性解释以及辐射效力在保护基本权利方面的作用方式和作用领域是完全不同的。

（二）冲突宪法法益对宗教信仰自由的限制

将冲突的宪法法益（kollidierende Verfassungsgüter）作为宗教信仰自由的限制根据，并不意味着立法者不能通过制定法律限制这一基本权利，仅意味着立法者的法律规制仅仅体现为宪法自身设定的限制的实现。其教义学上的根本结果在于限制基本权利的正当目的的限缩，是否构成正当的限制取决于严格的比例原则审查（qualifizierte Verhältnismäßigkeitsprüfung）。在这种问题格局中，在教义学上有认知意义的问题有：（1）宪法法益如何认定？[①]（2）法益权衡的决断尺度体系如何确定？[②]（3）在其他宪法法益与宗教信仰自由的具体冲突中，如何实现实践上的调和？[③] 这些问题或是需要依据《基本法》不同类型的条文逐一分别讨论，或是需要系统阐述《基本法》的价值秩序，或是需要因地制宜地确定冲突调和的方法，故此处不再展开相关介绍。

显而易见的是，这样的裁判方式蕴含了极大的不确定性。其中的任何一个审查环节都蕴含了巨大的裁量空间，因而从理论上来看，这是一种有害于法的明确性和安定性的审查方法，但宪法法院

① 依据宪法规范类别的全面细致的分析，Vgl. Stern, Das Staatsrecht der Bundesrepublik Deutschland, Band IV 2, München 2011, S. 1065 ff。

② 关于这个问题的经典著作，Vgl. Schlink, Abwägung in Verfassungsrecht, Berlin 1974。

③ 如何在各种宪法法益冲突中实现实践调和的方法的全面、细致的介绍，Vgl. Germann/Epping; Hillgruber (Hrsg.), Grundgesetz-Kommentar, München 2009, Rn. 50 ff。

在这个裁判方法的使用上基本都做出了较为令人满意的结果,因而德国宪法学界对这一方法的运用持尊重态度。[①]

二、信仰犯

德国联邦宪法法院在本案中就宗教信仰自由对刑法的辐射效力的裁判结果受到了德国学界的一致欢迎,但其表述却受到了一致批判。学界普遍认为,这个表述失之精确,在信仰犯(Überzeugungstäter)问题上存在滥用的危险。[②] 具体而言,这个表述具有服务于宗教信仰引导的行为的刑事免责的作用,德国宪法学界对此普遍持否定态度,并认为宗教信仰自由在作为犯罪的情形中不能影响行为人的定罪量刑,仅在不作为犯罪的情形中,在极其例外的条件下影响量刑环节。[③] 宪法法院的表述使任何宗教信仰引导的犯罪行为的审理都必须考量信仰的实际状况,使刑法秩序被部分地相对化。[④]

后续影响

本案在后续的判决和学说发展史中具有重大影响的地方不在于其对宗教信仰自由保护领域的大幅度拓展,也不在于其就信仰犯问题所做的表述。其重要意义在于阐明了在宗教信仰自由的限制途径问题上的立场,即通过冲突的宪法法益限制这一自由。这样的立场与宽泛地解释保护范围的方针结合在一起,宗教信仰自由获得了极强的但逐渐被认为是过度的保障。

---

① Vgl. Stern, Das Staatsrecht der Bundesrepublik Deutschland, Band IV 2, München 2011, S. 1062.

② Vgl. Campenhausen, § 157 Religionsfreiheit, in: Isensee, Kirchhof, Handbuch des Staatsrechts, 3. Aufl., Band VII, Heidelberg 2009, Rn. 80.

③ Ebenda.

④ Vgl. Stern/Becker/Kästner, Grundrechte-Kommentar, Art. 4, Köln 2010, Rn. 207.

随着目的性解释的历史背景的变化,此种保护程度的合宜性逐渐遭到质疑。克斯特纳(Kästner)指出,宪法法院的观点之所以在先前受到广泛支持,其根本原因在于当时德国社会在宗教和世界观上的同质性(Homogenität)。在这种社会中,宗教信仰自由与国家法制的冲突仅仅表现为极端、罕见的情形,此种冲突的特点允许国家法秩序在特殊的情形中让位于宗教信仰自由。而在各种新生宗教涌现、移民涌入的当下德国社会,宗教信仰自由与国家法秩序的冲突是常态化和广泛的。[①] 在此情形中,国家法秩序让步于宗教信仰自由则会在极大程度上损害法治国原则。此种目的论的背景变迁在德国宪法学界表现为,越来越多的学者抛弃了《魏玛宪法》第136条第1款不是普通的法律保留的观点,而且德国联邦最高行政法院也已在判决中摒弃了这一观点。[②]

德国联邦宪法法院也不是对于此种历史情境的变化无动于衷,开始在涉及宗教的裁判中限缩解释宗教信仰自由的保障内容(Gewährleistungsgehalt)。[③] 宪法法院解决这个问题的方法直接触及病根,限制了援引宗教信仰自由的范围。可以预测,围绕《基本法》第4条和《魏玛宪法》第136条第1款之间关系的讨论将因之逐渐失去现实性。

---

① Vgl. Stern/Becker/Kästner, Grundrechte-Kommentar, Art. 4, Köln 2010, Rn. 212.

② Vgl. BVerWGE 112,227(231).

③ Näherer sehe Kahl, Neuere Entwicklungslinien der Grundrechtsdogmatik-von Modifikationen und Erosionen des grundrechtlichen Freiheitsparadigmas, AöR 131(2006), S. 579(606).

并轨学校案

曾 韬

案例名称 并轨学校案（Simultanschule-Beschluss，BVerf GE 41，29，1975年12月17日）

关 键 词 消极宗教信仰自由 积极宗教信仰自由 宽容原则 国家中立义务 实践调和 学校类型

案 情

本案讼争的对象，为传统巴登基督教并轨学校（Simultanschule mit christlichem Charakter im überlieferten badischen Sinn）的合宪性。巴登符腾堡州在1967年2月8日通过宪法修正将此种学校规定为该州公立学校的统一学校类型。

在此之前，巴登符腾堡州由先前的巴登、符腾堡—霍亨佐伦、符腾堡—巴登合并而成。各个地区的宪法对学校制度的规定各不相同。1953年11月11日生效的《巴登符腾堡州宪法》对于学校类型的规定采取了尊重现状的立场，因此，该州学制不统一，存在共同学校（Gemeinschaftsschule）和教会学校（Bekenntnis-oder Weltanschauungsschule）等多种学校类型。1967年2月8日的巴登符腾堡州宪法修正案，将先前巴登州的1947年5月18日宪法意义上的巴登基督教并轨学校，规定为全州统一的公立学校类型，并将其他类型的学校改造为国家资助的私立学校，从而实现了全州公立学校类型的统一。在统一后的学校制度之中，基督教的成分较之先前有所强化。

传统巴登基督教并轨学校以基督教的价值观为基础，并且对其他宗教观念和世界观保持开放和宽容态度。前者体现在教育目标、宗教课作为普通的课程的地位和教会组织在宗教课程上的影响权以及对教师宗教课授课资格的考核权；后者体现在依据学生的信仰状况设置教师席位、授课中客观公允介绍各种宗教和世界观的观念、尊重学生的宗教情感、不得根据宗教信仰歧视对待教师以及家长在子女是否参与宗教课程和宗教活动上的决定权。

诉愿人认为将传统巴登基督教并轨学校规定为统一的公立学校的做法违反了《基本法》，其理由主要在于以下几个方面：第一，基于《基本法》第 4 条、第 6 条的规定，家长有权决定子女接受何种在其看来正确的宗教和世界观。第二，尽管此种权利无法决定学校的类型，但立法者在设置学校类型时应该顾及家长拒绝子女接受某种宗教观念影响的消极宗教自由。《基本法》上的诸多规定确立了国家在宗教事务上的中立原则，任何公立机构在制度上不得与教会有联系。第三，基于宪法，国家只能设置以《基本法》中的伦理标准为导向的统一的公立学校类型，公立学校免受任何宗教和世界观的影响。而且国家不得在宗教观念的传授上采取任何强制措施。基于上述观点，诉愿人认为巴登基督教并轨学校基于强制的国民受教育义务，无异于国家强制推行的教会学校。在诉愿人看来，即使家长对公立学校的宗教成分持否定态度，国家也不应主张这些家长将其子女送入宗教观念中立的私立学校，因为家长有权要求国家设立宗教观念中立的学校；国家也不能借口无法设立让所有家长满意的学校类型，因而选择传统巴登基督教并轨学校，在此类学校就读必然会伤害部分学生的宗教信仰，基督教的学校不可能既是基督教的，又是宗教宽容的。第四,《基本法》第4条不适合用来解决消极宗教自由与积极宗教自由之间的冲突,这一规定仅在于防卫国家侵入个人的信仰领域,而非处理社会中宗教观念冲突的依据。因此,家长决定子女接受宗教教育的权利不受此项规定的限制。

针对诉愿人的意见,巴登符腾堡州的州长表达了相反的观点。在他看来,基于《基本法》第7条第5款的规定,共同学校、教会学校均是《基本法》认可的学校类型,立法者可以从中选择。此外,巴登基督教并轨学校并非传统意义上的教会学校,而是一种在调和宗教、世界观冲突方面持中立态度的学校类型,尽管此类学校以基督教作为基本的价值基础,但对多种文化观念保持开放、宽容的态度,在宗教观念复杂的社会结构中,不失为一种合理的学校类型。基于政治共同体的成员身份,持否定态度的家长也必须予以容忍。此外,巴登基督教并轨学校被确定为统一的学校类型也没有违反国家的中立义务,在规制社会生活方面,立法者有权尊重这一事实:在历史发展进程中,基督教和西欧的文化价值是教育事业不可或缺的构成部分,而教育事业的使命并不局限于知识传授。因而,巴登基督教并轨学校被规定为统一的学校类型的做法在其看来合乎《基本法》的要求。

德国联邦宪法法院于1975年12月17日宣判,驳回此项宪法诉愿。

裁判要旨

1.《基本法》第7条授权具有民主正当性的州立法者在顾及《基本法》第4条上的基本权利的情况下确定公立学校的宗教和世界观属性。

2.《基本法》第4条第1条、第2款上的基本权利包括家长向子女传授其认可的宗教或者世界观的权利。

3. 依据宪法保护的不同法益之间的调和原则，解决学校制度中消极与积极的宗教之间的紧张关系，是具有民主正当性的州立法者的任务。

4. 纵使其原则性导向是基督教的，但尽可能地排除世界观和宗教上的强制、为各种世界观和宗教观念之间的有效沟通提供空间、遵守宽容原则的学校类型，并不会将拒绝宗教教育的家长和儿童引入一种不为宪法许可的信仰冲突和良心冲突。

5.《巴登符腾堡州宪法》第 15 条第 1 款意义上的传统巴登州基督教共同学校符合《基本法》的要求。

裁判理由与论证

从案情中诉愿人和巴登符腾堡州州长的表态可以看出，双方争议的焦点，在于州立法者在学校制度上决定宗教成分的权力的范围和巴登基督教并轨学校的属性。为解决这些问题，宪法法院在本判决中，首先阐明了基本法赋予州立法者在学校类型方面的决定权的依据和范围，然后论述了家长及儿童的基本权利对此种决定权的限制，并在此基础之上推导出州立法者在学校制度中引入基督教成分的前提条件，以之判断将巴登基督教并轨学校设为统一的公立学校的合宪性。这一论证过程如下展开：

一、州立法者的学校类型确定权

在确定州立法者在学校制度的决定权方面，《基本法》的第 7 条和第 6 条构成了最直接的规范依据。前者确定了州立法者对整个教育事业的监管权，后者将照料和教育子女规定为父母的天然权利和首先由他们承担的义务。这两个规定，使国家和父母在教育问题上具有并行的地位。这里需要阐明的是这两种并行的任务各自的范围,并以之探明国家承担的教育任务的内容。

宪法法院首先综合运用文义解释和历史解释的方法解释《基本法》第7条,以之确定家长在子女就学问题上的决定权的范围。文义解释的结果表明,《基本法》仅仅在是否同意子女参加宗教课(第2款)、申请设立私立的共同学校和教会学校方面赋予家长有限的权利,并未在学校的信仰成分方面授予其广泛的影响权。在《魏玛宪法》第146条第2款中,市镇中特定信仰的国民学校的设立依据家长的申请且需要尽可能地照顾有教育权者的意志,只要学校秩序不受影响。两相对照,《基本法》显然弱化了家长在学校的宗教成分问题上的决定权。

通过发生史的解释,宪法法院明确了州立法者在设置学校制度的权限。发生史上的证据表明,在学校事务上,联邦主义原则(föderalistische Prinzip)得到了贯彻。在审议《基本法》第7条的过程中,强化家长在学校事务上的影响力和确保教会学校的建议均被拒绝,州立法者在规制学校事务中的权力被一再强调。联邦在学校事务上没有被赋予职权,因为魏玛的经验表明,基于各个州的教育传统的差异,无法建立统一的学校类型。此外,1945年之后,各个州的学校事务立法继续各自发展。因此,《基本法》在学校事务上赋予了州立法者广泛的规制权限。此外,宪法法院认为这一广泛的规制权限也不因为第7条第3款、第5款提及共同学校、教会学校等类型而受到限制,上述规定在该院看来并不是为了确立某一学校类型,而是为了将这些类型作为可选择的选项。

综上,宪法法院认为,在学校类型的设定上,州立法者拥有广泛的规制权限,可以在上述学校类型中做出选择,也可以在上述类型的基础上设立混合的学校类型。相反,家长无权决定学校的类型。

至于如何照顾家长在信仰事项上的影响权，由拥有民主正当性的州立法者自行决定。

二、国家教育职权的限制

宪法法院认为，尽管州立法者在学校类型的安排上拥有广泛的权限，但不可孤立地理解此种权限，此种权限的行使必须与《基本法》的其他规定相协调。

在本案中，宪法法院指出的对州立法者的此种权限的限制，主要是家长在子女接受宗教教育上的决定权。尽管对于此种权利的存在没有争议，但其在宪法上归属何种基本权利，此前并不清楚。宪法法院认为，世界观教育属于家长—子女关系中的重要内容，如果法律强制子女接受父母不认可的宗教或者世界观，则会给此种关系带来负面影响。此种负面影响会导致家长的教育任务和自身的宗教信仰发生冲突，因而，宗教教育强制触及宗教信仰自由的保护范围，宗教信仰自由包括家长决定子女接受的宗教信仰的权利。此种权利在宪法法院看来是一种消极的权利，其作用仅在于防卫国家的宗教教育强制，而非支持设定特定学校类型的积极要求。如果家长不具有避免国家的宗教教育强制的可能，这种权利因其具有的保护少数派权利的意义而显得愈加重要。这种避免的可能性在宪法法院看来能够限制州立法者在《基本法》第 7 条许可的各种学校类型之间做出选择的自由程度。

从另一个角度来看，宪法法院并不认为州立法者在学校类型中吸收基督教成分，纯粹是对家长的子女宗教教育决定权的限制。由于宗教信仰自由不仅防卫国家入侵个人的信仰领域，同时也为国家设定了确保个人在世界观和宗教的领域获得人格自由发展的空间的积极义务，国家在学校类型中对于基督教成分的规制也体现为对于消极和积极宗教自由之间的紧张关系的调和。在该院看来，在学校领域中,宗教自由的两种面向之间的冲突必须由国家负责调和。其原因在于:一方面,不能任由此种冲突在社会领域中自行解决;另一方面,宗教和世界观教育对于青年人的培养向来与学校事务紧密相关。该院认为,对于这种紧张关系,既不能通过彻底排除学校的宗教成分,也不能通过建立所谓以《基本法》的"伦理标准"为导向的学校来解决。前一种方法会伤害愿意让子女接受宗教教育的父母的宗教信仰自由,而后者在《基本法》中根本不存在,《基本法》的伦理标准仅仅在于有尊严、自我决定、自我负责的人,在面对各种世界观和宗教信仰时决定保持多元性的开放态度。

该院认为,在多元社会中,这个问题不可能有一个满足所有人愿望的解决方案,在解决这个问题时,宗教信仰自由的两种面向不可能得到完全的实现,二者因而均应受到与之冲突的基本权利的限制。对于负责解决此种冲突的州立法者,宪法法院将"实践调和原则"具体化到学校宗教事务领域,并指出了宪法上的要求:"一方面,《基本法》第7条允许在学校事务中存在宗教的影响;另一方面,《基本法》第4条要求在决定采纳某种学校类型方面必须尽量排除世界观和宗教的强制色彩。应该综合考虑这两个条款,在解释时应该使二者相互调和,因为只有实现两个条款保护的宪法法益的调和才能满足《基本法》所做的决断。上述规范或者原则没有哪一个自始具有优先性,尽管各个因素在意义或者内在重要性上各不相同。"为了实现此种意义上的调和,宪法法院认为,在规定学校的宗教事务上必须考虑如下因素:(1)《基本法》的宽容原则;(2)州在学校组织事务方面的独立性。从这两个因素可以得出结论,在确立中允的解决方法时可以考虑到各个州的学校传统、信仰人口的构成情况,各个州在学校类型的选择上可以做出各异的安排。

基于上述宪法规范,宪法法院不仅认可了州立法者在学校事务中引入基督教成分的宪法依据,也从中推导出被州立法者选定的学校类型中基督教成分存在的前提条件:“只要对儿童有信仰和良心层面的影响,被选定的学校类型只允许存在最低限度的强制。学校不得成为传教学校,不得主张基督教信仰内容的约束性。它必须对其他世界观或者宗教的内容和价值保持开放。此种学校的教育目标——除了不得强制参加的宗教课——不得以基督教信仰为核心。世俗课程对于基督教的认可主要是对西欧历史进程中形成的有形塑力的文化和教育因素的认可,而非信仰的真理性,因而基于历史因素的继续作用对于非基督徒而言也是正当的。属于此种因素的还有对异见者的宽容思想。让异见者面对一个认可基督教思想的有形塑力的世界图景不会导致对非基督徒及其信仰的歧视性贬低,只要牵涉到的不是信仰的绝对性主张,而是以《基本法》第 4 条中的决断为依据、对在世界观和宗教领域中实现人格自治的追求。一种为其他所有世界观和宗教观念提供充分的沟通空间的学校,尽管它是以特定世界观上的准则为出发点,不会使家长和子女陷入宪法所不能容忍的信仰和良心上的冲突。对于家长的教育而言,家长仍然拥有充分的余地,在世界观、宗教观的任何层面向子女指引其自身认为正确的乃至否定性的道路。”

三、巴登传统基督教并轨学校的属性

通过上述相关宪法规范的解释,宪法法院获得了判断巴登传统基督教并轨学校的属性的依据。

首先,该院对历史起源的考证表明,此类学校产生的历史根源在于世俗化(Säkularisation)和多元信仰的国民的教育。此类学校自 19 世纪初便在一些德意志邦国产生,作为教会学校的补充,直到 19 世纪下半叶,在自由派政治家的推动下以及对天主教会的斗争中,此种学校才获得了国民义务教育学校的法律地位。因此,巴登

传统基督教并轨学校自始就具有自由主义色彩,其功能在于调和信仰层面的冲突,而非教会学校。

其次,该院通过综合分析巴登传统基督教并轨学校的实在法依据,阐明此类学校的基督教成分及其合宪性。此类学校的特点首先是其对教会作为教育承担者身份、教会在教师培养上的影响力以及基于宗教信仰情况的师生配比的保障。这三种保障措施在该院看来,是州立法者对本州多数国民属于一个教会的现实的尊重,旨在在宗教信仰事务上保持学校和家庭的一致性,此种追求并未被宪法禁止。尽管这些保障仅仅涉及基督教,但其他的世界观和宗教信仰并未被排除在学校之外,而且关于这些保障的条文的解释还受到差别对待禁令的影响。在这些保障措施之外,有关学校的法律并未确立以基督教信仰为准则的教育目标。

最后,该院通过分析相关州宪法规范产生的历史得出,州的立宪者并未将巴登传统基督教并轨学校建立在一种基督教的信仰之上。该院进一步指出,此类学校包含的基督教模式受到对两大基督教教会的信仰差异的承认、对非基督教信仰的开放性和宽容性的影响。这些原则在该院看来既防止了基督教信仰内容的绝对化主张,也照顾到了其他信仰群体的宗教感情;既防止了基于宗教信仰对少数派的隔离,也保障了各种信仰的有效沟通。据此,宪法法院认为巴登传统基督教并轨学校中的基督成分并非对信仰内容的真理性的主张,而是对文化和教育上有形塑力的因素的承认。因此,此种学校类型对于非基督教信仰的人群而言也是正当的。

基于以上审查,宪法法院认为巴登传统基督教并轨学校是为多元信仰社会量身打造的、充分照顾历史和现实因素和有效调和信仰冲突的学校类型,因此,将此类学校规定为州统一的公立学校并未侵害诉愿人的基本权利。

涉及的重大理论问题

在本案中,宪法法院以积极宗教信仰自由和消极宗教信仰自由的冲突调和框架作为解决学校的基督教化引起的信仰冲突的手段。此种手段一方面可以在消极宗教信仰自由的一般理论上获得教义学上的依据,另一方面可以被置入学校宗教事务的复杂的宪法规范现象之中。

一、消极宗教信仰自由

德国宪法学界在消极宗教信仰自由(negative Glaubens-und Religionsfreiheit)问题上的讨论主要涉及如下问题:(1)是否存在一种被称为消极宗教信仰自由的一般性教义学构造(allgemeine dogmatische Figur)?(2)如何定义此种自由?(3)此种自由具有何种法律效果?(4)如何调和其与积极宗教信仰自由之间的冲突?

(一)消极宗教信仰自由的存在依据

尽管《基本法》第4条的表述在字面上体现为对宗教信仰的积极表现形式的保障,但德国宪法学界普遍认为,通过反面推论可以得出,宗教信仰自由在其积极表现形式之外,还必然存在与之对应的消极的表现形式。[①] 主流意见认为,散见于《基本法》各处的宗教信仰自由的消极表现方式,是《基本法》第4条所保障的消极的宗教信仰自由的具体化。[②] 反对意见要么基于消极(negativ)一词所具有的价值评价色彩,[③]要么基于消极宗教信仰自由成为积极宗教信

---

① Vgl. Stern/Becker/Kästner, Grundrechte-Kommentar, Art. 4, Köln 2010, Rn. 88.

② Vgl. Stern, Das Staatsrecht der Bundesrepublik Deutschland, Band IV 2, München 2011, S. 957.

③ Vgl. Mager/Münch; Kunig (Hrsg.), Grundgesetz-Kommentar, Band I, 5. Auflage, München 2000, Rdn. 18.

仰自由的限制的可能性,[①]拒绝承认其为宗教信仰自由的一般性的面相。

(二)消极宗教信仰自由的概念

文献中关于消极宗教信仰自由的表述方式主要有两种。对照、列举式地对其进行描述较为多见,例如:"《基本法》第4条第1款、第2款保障这样的自由:持一种信仰或者不持有一种信仰,接受一种信仰或者拒绝一种信仰,保留一种信仰或者放弃一种信仰,公开一种信仰或者不公开一种信仰,基于某种宗教上的动机为某种行为,或者基于某种宗教上的动机不为某种行为,乃至行为远离任何宗教上的动机。"[②]胡芬(Hufen)尝试将其定义为"任何人不被强迫与某种宗教现象产生同一性"[③]的自由。对于理解消极宗教信仰自由,这两种表述方式的帮助作用并不显著,因为前者罗列的都是毫无争议但又不能涵盖当下实践中的争议问题的表现形式,而后者则因抽象性过高无法起到排除作用。

(三)消极宗教信仰自由的法律作用

由于这个概念的不确定性,德国宪法学界存在两种对消极宗教信仰自由的法律作用的理解。主流意见将其界定为远离、否定的自由,而非制止他人宗教信仰活动的自由。[④] 文献中亦有观点将其理解为免于接触宗教现象的自由(Konfrontationsschutz)。多数德国学者认为后一种观点过于激进,最终会导致以宗教自由为工具将宗教

---

① Vgl. Epping, Grundrechte, Kapitel 7, 4. Aufl., Berlin 2010, Rn. 305.

② Vgl. Germann/Epping; Hillgruber (Hrsg.), Grundgesetz-Kommentar, München 2009, Rn. 21.

③ Vgl. Hufen, Staatsrecht Ⅱ-Grundrechte, 2. Aufl., München 2009, S. 375.

④ Vgl. Stern, Das Staatsrecht der Bundesrepublik Deutschland, Band Ⅳ 2, München 2011, S. 959.

自由逐出公共领域的局面。[①] 然而,即便持第一种理解,这个概念本身包含的引发冲突的可能并不能得到多大程度的降低。就宪法法院处理两种宗教信仰自由之间的冲突来看,几乎所有的案件均因国家通过法律规定公共生活领域中的宗教问题,而使国家处于被防卫对象的地位。如本案中学校法规定的统一类型、学校法对学校宗教仪式的规定,通过要求国家在此方面不作为,也能起到免于接触对立宗教现象的结果。

(四)两种宗教信仰自由之间的实践调和

正是因为消极宗教信仰自由概念的模糊性、法律效果的不明确性,德国宪法学界在处理相关问题时所采取的主要手段是建立冲突的宪法法益之间的实践调和。此种方法的应用存在两种思路。

在一个涉及学校祈祷仪式的许可性问题的判决中,黑森州国事法院赋予了消极宗教信仰自由不受限制和不可限制的地位。其理由在于,"既然其不会侵入他人的权利领域,因而其既未受到限制也不可限制"。[②] 由此,该院通过一般性地赋予消极宗教信仰自由较为优越的地位,否定了学校祈祷仪式的许可性。这个看法在德国宪法学界招致了广泛的批评。除了众口一词地强调两种自由在结构和价值上的同等性,反对意见还立基于体系性和目的论的解释。施特恩(Stern)指出,《基本法》本身在多处对消极宗教信仰自由设有明确的限制,因而其不受限制的观点有悖于《基本法》。[③] 坎普豪森(Campenhausen)认为,如果赋予消极宗教信仰自由不受限制的地位,那么以良心自由为基础的联邦德国的秩序的开放和自由的属性

---

① Vgl. Stern/Becker/Kästner, Grundrechte-Kommentar, Art. 4, Köln 2010, Rn. 92.

② Zitiert aus Stern, Das Staatsrecht der Bundesrepublik Deutschland, Band IV 2, München 2011, S. 960.

③ Stern, Das Staatsrecht der Bundesrepublik Deutschland, Band IV 2, München 2011, S. 960.

就被摧毁了,宗教也会被清除出公共生活领域。此种情况之所以会侵害宗教自由,是因为它会导致反宗教世界观的独家统治,此种现象恰恰是《基本法》第4条所要排除的。①

第二种观点为联邦宪法法院在本案中持有的消极和积极宗教信仰自由在结构和价值上的同等性。二者表现为两种相互冲突的宪法法益,立法者有义务依据比例原则,以实践调和为目标,调和二者之间的冲突。此种调和的形成,不仅仅以个人权利为出发点,还须纳入《基本法》第140条结合《魏玛宪法》第136条以下诸条款所体现的国家在教会事务上的中立原则、宽容原则的规范性意义的影响。在本案中,宪法法院的观点与德国宪法学界大体相同,并未将国家中立原则理解为国家与宗教之间的彻底分离,而是认为国家在宗教问题上的中立立场之外,与基督教之间还存在合作关系(Kooperatives Verhältnis)。这一关系许可国家基于基督教在社会中的实际情况,对它和其他宗教共同体做出有差别的对待。② 本案中,宽容原则在此方面的运用也得到了比较全面的体现。一方面,宗教因素的存在必须以最小限度的强制为前提,且少数群体必须获得回避的可能;另一方面,宗教因素在公共领域的存在不能被理解为宗教信仰内容的绝对性和真理性的宣示,而应该被理解为一种根源于历史的文化因素。

二、德国的宗教与学校

实践调和原则只是抽象地从宪法规范体系中推导出来的解决消极和积极宗教信仰自由的框架、目标,适用此种原则还需要考虑

---

① Campenhausen, § 157 Religionsfreiheit, in: Isensee, Kirchhof, Handbuch des Staatsrechts, 3. Aufl., Band VII, Heidelberg 2009, Rn. 133.

② Vgl. Stern, Das Staatsrecht der Bundesrepublik Deutschland, Band IV 2, München 2011, S. 966.

纠纷的事实特点以及此种事实特点引入的其他宪法规范因素的影响。德国宪法学在学校宗教问题上的认识可以通过如下两个方面来把握：

（一）德国学校宗教斗争的易发性、频发性

宗教因素在德国学校中引起的宪法斗争由于两大观念因素而具有易发性和频发性。

第一，德国宪法对于宗教信仰自由的宽泛理解使学校的日常事务极易获得基本权利的关涉性。首先，在确定宗教信仰自由的关涉性上，德国宪法学理和实践不仅以历史传承和文明社会的通行观点等客观因素为依据，还注重基本权利人的主观理解。① 主观因素的应用，使非德国传统宗教观念、组织、行为获得了宗教关涉性的可能。其次，在解释《基本法》第 4 条的规范体系时，联邦宪法法院超越该条文的字面意思，并不将宗教自由理解为该条第 1 款（信仰自由、皈依自由）、第 2 款（行使自由）分别保障其各个面向的自由，而是将其理解为统一的基本权利，第 1 款、第 2 款只是宗教信仰自由的形式的列举或举例。② 也就是说，在解释宗教信仰自由时，该院并不将宗教信仰自由局限于宪法明确规定的事项或者行为。在这两种解释准则的作用下，宪法法院不仅宣布宗教信仰自由覆盖所有传统的宗教的表现形式，还认为个人依据自己对宗教教义的理解的行为也属于此种自由的保护范围之内。③ 如此一来，宗教信仰自由就具有类似《基本法》第 2 条第 1 款意义上的“一般行为自由”的广泛适用范围。

---

① Vgl. Hufen, Staatsrecht Ⅱ-Grundrechte, 2. Aufl., München 2009, S. 371ff.

② Vgl. Germann/Epping; Hillgruber (Hrsg.), Grundgesetz-Kommentar, München 2009, Rn. 7.

③ BVerfGE 32, 98(106).

第二,在德国的宪法理论上,学校承担了巨大的国家整合功能,作为在德国文化、教育上有形塑力的因素,基督教是学校实现整合功能必不可少的价值要素。[①] 因此,基督教不仅是德国学校的类型设定、课程内容的价值观念基础,甚至对学校的外观形貌、日常活动乃至氛围均有影响。尽管德国宪法不允许将学校中的基督教影响理解为一种真理的贯彻,但这种影响毕竟是基督教的。对于异见者而言,无论是原教旨主义的还是温和的基督教的影响,都是异教观念的影响。基督教因素在学校中的广泛存在,成为异见者频频以消极宗教信仰自由进行宪法斗争的诱因。相反,主流信仰的信众亦会以消极宗教信仰自由为工具,驱赶少数派信仰在学校的存在。

(二)学校宗教斗争主体的宪法地位

由于具有易发性和频发性,德国学校中的宗教宪法斗争具有复杂的宪法规范现象,牵涉其中的各种主体——国家、教会、教师、家长、未成年学生——因其所代表的不同宪法法益而具有形态各异的宪法地位。

在并轨学校案中,联邦宪法法院对于国家、家长和教会在学校宗教宪法斗争中的宪法地位,作出了具有根本意义的论述。对于国家而言,州立法者基于《基本法》第7条的规定,对于学校宗教事务具有全面的决定权,此种权力的行使受到国家中立原则、宽容原则和实践调和原则的约束。家长基于宗教教育在家长子女关系中的作用,有权决定子女所接受的宗教观念,家长可以援引宗教信仰自由防卫对此种决定权的侵害。从宪法法院关于基督教观念作为西欧有形塑力的文化教育因素的论述可以看出,教会基于《基本法》第140条和《魏玛宪法》第136条以下条文确立的国家与教会之间的

---

① Vgl. Hufen, Staatsrecht Ⅱ-Grundrechte, 2. Aufl., München 2009, S. 393ff.

合作关系,得以参与学校宗教事务。

德国教师在此方面的宪法地位,由师生关系的特殊性、教师的国家公务员身份和国家的教育任务决定。在师生关系之中,教师相对于学生的权威地位和表率作用,使教师涉及宗教的言行举止在实践调和框架之下的法益权衡中处于劣势的地位。[①] 教师的公务员身份要求教师的涉及宗教的言行举止不得激起他人对国家公职的中立性的怀疑。[②] 作为国家教育任务的直接执行者,教师亦因国家教育任务蕴含的宪法要求而受到更大程度的限制。例如,如果宗教归属有危害国家教育任务实现的可能,则教师因此可能在聘任、保有职位方面受到不利影响;蕴含于国家教育任务中的宽容原则要求教师必须公允客观地介绍各种宗教观念,在教学中注意不同信仰的学生的宗教感情。

德国未成年学生在此方面的宪法地位,主要由其宗教上的未成年性(religiöse Unmündigkeit)决定。在消极和积极宗教自由的冲突中,如面对其他宗教的符号时,未成年身份应使学生消极宗教信仰自由在应予保护性上获得较为优先的地位。[③] 家长的宗教教育决定权与国家教育任务之间的宪法法益冲突决定了未成年人能否以及在何种程度上免除受教育的义务。包含于国家教育任务中的体育教育、性教育和集体活动均有可能基于其服务的宪法法益对家长的宗教教育决定权构成限制。例如,集体活动有助于学生集体意识的形成和社会整合,而家长要求学生不参加集体活动的主张则会使学生陷入孤立状态,因此,在此事项上家长的决定权应让位于集体活

---

① Vgl. BVerfGE 108,282(282) – Leitsatz.

② Vgl. Hufen,Staatsrecht Ⅱ-Grundrechte,2. Aufl. ,München 2009,S. 383.

③ Vgl. Mager/Münch;Kunig(Hrsg.),Grundgesetz-Kommentar, Band Ⅰ,5. Auflage, München 2000,Rn. 65.

动参与义务。[①]

后续影响

在学校事务中调和消极与积极宗教信仰自由的冲突上,联邦宪法法院在并轨学校案中的观点对于后续的裁判活动和学说发展具有全局性影响。此案的裁判意见一方面在学校类型这个具有根本性意义的问题上提出了全面的宪法要求,另一方面也给类似或者相关案件的处理提供了一般性的框架。后续的裁判基本上表现为这两方面内容的具体化,如该院同一天对另外两个同样涉及学校类型的宪法诉愿所作的裁判。

拜仁州的共同学校案[②]在案情上与巴登州并轨学校案类似,宪法法院依据后一案件的裁判观点对前者作出了裁判。与巴登州类似,拜恩州通过宪法、法律修正将带有基督教色彩的共同学校规定为全州的统一公立学校。与巴登州并轨学校不同的是,拜恩州的共同学校可以设立以共同的宗教信仰为基础的信仰班(Bekenntnisklassen)。依据并轨学校案的裁判意见,该院认为共同学校符合宽容原则、国家中立原则的要求,并未将基督教的观念内容设定为真理性主张,而是作为西欧文化教育因素,且此种学校类型确保了其他信仰的学生的宗教感情和不受歧视性,因而此种学校在消极和积极宗教信仰自由之间进行了合理的平衡。对于其他宗教信仰的学生而言,此种类型的学校是应予容忍的。据此,该院认可拜仁州立法者将共同学校设定为全州统一公立学校的合宪性。对于作为拜仁州共同学校特色的信仰班,该院在判决中指出了两点宪法上的前提

---

① Vgl. Hufen, Staatsrecht Ⅱ-Grundrechte, 2. Aufl., München 2009, S. 393.

② BVerfGE 41, 65.

要求:信仰班的设立以学生的自由意愿为基础,其他学生不得因此受到歧视性对待。

北威州的共同学校案[①]则在另一个方向延续了并轨学校案的判决意见。在北威州共同学校案中,宪法诉愿由教会学校的支持者发起。该案宪法诉愿人认为,北威州将共同学校规定为受优待的学校类型,影响了子女入读教会学校的机会,因而侵害了其在子女的宗教教育方面的决定权。此案与前两个案件的区别在于,共同学校仅被规定为受优待的公立学校类型,而非唯一的统一公立学校类型。因此,宪法法院在本案中沿用并轨学校案中的观点,更为肯定地在宗教信仰自由的角度得出了合宪的结论。

在此后更为具体的学校宗教问题上,并轨学校案的基本思路被一再沿用,联邦宪法法院根据具体案情中宗教因素的特点,给予消极或积极宗教信仰自由更为重要的地位。

① BVerfGE 41,88.

学校祷告案

查云飞

案例名称　学校祷告案（Schulgebet-Beschluss，BVerfGE 52，223，1979 年 10 月 16 日）

关 键 词　宗教事务国家中立　消极表达信奉自由　学校高权　实践调和

案　情

本案包含两个案件，系合并审理。

在案件一中，诉愿人的孩子就读于德国黑森州公立学校。所在班级中的另一对家长因反对当时普遍实行的课前祷告仪式，要求校方免除孩子的参加义务，校方下令所涉班级停止课前祷告。诉愿人对校方决定不满，不想让自己的孩子无法祷告，遂提起复议，复议未果，于行政撤销之诉之际提起了宪法诉愿。① 其认为，校方的决定损害了自己以及孩子的由《基本法》第 4 条第 1 款保护的表达信奉自由（Bekenntnisfreiheit）。

在案件二中，诉愿人的孩子早期就读于一所教会学校。诉愿人

① 一般情况下，宪法诉愿的可诉性条件之一为穷尽其他法律救济途径（Rechtswegerschöpfung），本案中尚未判决的行政诉讼双方同意先将该案提交宪法法院，因满足《联邦宪法法院法》第 90 条第 2 款第 2 句的条件，联邦宪法法院遂受理该案。

请求学校豁免该校的课前与课后祷告仪式,遭校方拒绝。校方认为,祷告属于教会学校开展宗教教育的重要组成部分。该校后被拆分为两所普通综合学校,诉愿人遂再次要求停止祷告。一审以及二审行政法院都支持了诉愿人的请求,认为学校的不予豁免决定,损害了家长和孩子由《基本法》第 4 条第 1 款以及《基本法》第 140 条结合《魏玛宪法》第 136 条第 4 款共同保护的宗教基本权。三审联邦行政法院却提出了相反的意见,其认为,在教会学校或者普通学校开展祷告、家长提出反对后学校仍开展的两种情形下都不一定违背宪法,学校享有《基本法》第 7 条保障的学校高权(Schulhoheit)。诉愿人因不满联邦行政法院的判决,以自己和孩子的宗教自由受损为由提起了宪法诉愿。

本案涉及的宪法条款包括:

《基本法》第 4 条第 1 款和第 2 款规定:

(1)信仰和良心自由、表达宗教和世界观的自由不得侵害。

(2)保证宗教活动不受阻扰。

《基本法》第 6 条第 2 款第 1 句规定:

抚养和教育子女是父母的自然权利,也是父母承担的首要义务。国家机构对他们的行为予以监督。

《基本法》第 7 条第 1 款和第 3 款规定:

(1)国家对全部学校教育事业予以监督。

(2)……

(3)除与宗教无关(bekenntnisfrei)的学校外,公立学校的宗教课程是一门正式课程。在不违背国家监督权的情况下,宗教课程根据宗教团体的有关原则进行。不得违反教师的意愿分派宗教课程。

《基本法》第140条规定：

1919年8月11日的德国《宪法》第136条、第137条、第138条、第139条和第141条的规定为本基本法的组成部分。

《魏玛宪法》第136条第4款规定：

不得强迫人民参加教会活动、庆典活动、宗教活动或者使用宗教性质的誓词。

裁判要旨

1. 在《基本法》第7条第1款保障的学校高权范围内，在一般公立学校开设的宗教课程之外是否还准许自愿的基督教祷告，由各州决定。

2. 若学生或家长可以针对祷告的举行提出异议，在宪法层面原则上便无可指摘；若学生或家长可以自由以及不被强制地决定是否参加祷告，则他们的消极表达信奉自由并未受到损害。

3. 若在个案情形下已经无法期待学生回避祷告，则自愿性作为遵守宗教宽容要求之一般前提例外性地不复存在。

裁判理由与论证

基于基督教传统，德国的公立学校一直保留着诸多宗教要素，本案所涉及的学校祷告即为一例。如何协调各方由宪法保障的基本权利是本案的难点，为此，德国联邦宪法法院分三个层次予以澄清：第一，公立学校是否可以与宗教相关联？第二，如果可以关联，公立学校能否举行祷告？第三，在家长或者孩子明确表示反对的情形下，是否不得举行祷告？

一、是否允许公立学校与宗教有关联

除了《基本法》第7条第3款所保障的宗教课程之外，国家是否应当一律禁止非教会公立学校开展与宗教或者世界观相关联的一切活动？

宪法法院引用了两个先例判决［BVerfGE 41，29（41 ff.）；BVerfGE 41，65（77 ff.）］，并认为：

> 学校不应承担传教使命并且不能强制要求学习基督教内容；学校应当保持对其他世界观、宗教内容和价值的开放。

除专门开设的而且并不强制学生参加的宗教课程外，学校的教育目的不应定位于传播基督教信仰。在一般课程中对基督教的肯定，是认可西方历史中形成的且影响至今的文化和教育要素，并非论证基督教信仰的真理性（Glaubenswahrheit）以及论证该信仰应当作为历史既存事实继续发展。这也是基于对非基督教人士保持宽容的考量。澄清此关系后，宪法法院认为由各州设置的学校虽然受到宗教价值观影响，但不违背在宗教问题上国家保持中立的原则。所以，公立学校与宗教相关联（包括建设教会学校）为宪法所容许。

二、是否允许公立学校举行祷告

既然容许公立学校与宗教相关联，则只要各州在《基本法》第7条第1款授予的学校高权范围内，并且在不损害其他宪法原则（尤其是宗教基本权利）的情形下开展课堂祷告，这在宪法上似乎无可指摘。宪法法院的论证思路为：首先，对祷告进行界定，即学校祷告是否属于学校高权或者表达信奉自由的对事的保护范围（sachlicher Schutzbereich），这关乎基本权利的保护范围是否开启；其次，宪法法院对此处关涉的所有基本权利进行了分析，由于宗教和世界观自由属于无法律保留的基本权利,对它的限制只受宪法内在限制(verfassungsimmanente Schranken)的限制(Schranken der Schranken),在此得遵守实践调和(praktische Konkordanz)原则。

1. 学校祷告作为一般课程之外的信奉表达

宪法法院首先对学校祷告进行了界定:学校祷告是在拥有基督教信仰的基础上进行的超教派性质(合一)的对上帝的呼唤。由于祷告是基督教两大派别——天主教和基督新教共同秉持的仪式,所以仅从祷告出发无法得出学生具体归属于哪一派别。即便如此,通过学校祷告无疑展现了宗教信奉的表达行为(ein Akt religiösen Bekennens),即《基本法》第4条第1款、《基本法》第140条结合《魏玛宪法》第136条第4款所保障的宗教活动(religiöse Übung)。由此看来:

> 作为一种在宗教课程之外进行的带有宗教信奉表达性质的行为,学校祷告并不属于国家承担培养和教育任务范围内允许开展的一般学校课程的一部分。这并不属于课程意义上的指导,并非传授学生知识,也不是从学校和教师角度有针对性地对孩子施加教育影响,而是在一般情形下与教师共同开展的宗教活动。

因此,学校祷告并不属于前述被宪法法院所容许的在一般课程中介绍基督教文化价值和教育价值的教学活动,即不属于学校高权而属于宗教和世界观自由的保护范围。

2. 平衡与调和相关基本权利

宗教和世界观自由作为无法律保留的基本权,在考量宪法内在限制(如其他相关人的基本权)时应当遵循实践调和原则。

(1)平衡积极与消极表达信奉自由

在平衡积极与消极表达信奉自由时,宪法法院认为是否允许学生和老师自愿参加乃关键标准：

《基本法》第 4 条不仅保障信仰自由（Freiheit zu Glauben），还包括是否将信仰公之于众的外部自由［BVerfGE 32，98（106）；33，23（28）；41，29（49）］；在此意义上，《基本法》第 4 条第 1 款和第 2 款保护积极开展信仰确信（Glaubensüberzeugung）的空间……但一开始就得平衡准许学校祷告所保护的积极表达宗教信仰的自由空间与拒绝接受祷告的家长和学生的消极不表达信奉自由。在此，原则上通过保障学生和老师自愿参加来实现平衡。

既然学校祷告不属于学校课程的一部分，所以也不应当是具有约束性的教学计划的组成部分。学校祷告应当没有固定的限制，可以在上下课前、课堂内外、单个或多个课堂，在全校进行，可以由老师带领、组织，也可以由学生自行安排。其虽然不属于具有约束性的教学安排，既然在学校内进行就应当属于国家性质的学校活动。但国家在此不应当下达命令举行祷告，祷告仅作为一种供给（Angebot）以资各班级选择进行。如此一来，积极与消极表达信奉自由之间可形成均得保全的平衡。

（2）调和其他宪法价值

允许学生和老师自愿参加仅仅平衡了积极和消极表达信奉自由，还得平衡其他相关基本权。在平衡时也会发现，学校祷告可能并不属于某些看似关联基本权的保护范围。

第一，学校高权（《基本法》第 7 条第 1 款）是否涵盖了在学校开展类似祷告这样的宗教活动？虽然宪法保障学校在教学内容和目标上自由设定包括设置宗教课程（《基本法》第 7 条第 3 款第 1 句）等活动，但学校却无法因此主张开展具备宗教活动性质且不属于教学计划的学校祷告。

第二,家长享有对子女的教育权,包括宗教和世界观方面的教育,但这是否意味着家长可以要求学校进行或者不进行祷告?原则上,家长承担的子女教育权和国家的教育任务并行不悖,并不存在哪个权利绝对优先的问题。既然国家通过设立学校承担培养和教育任务,家长便有权要求学校在应当设置的教学内容范围内教授课程,这包括在专门的宗教课程之外讲授文化和价值意义上的宗教内容,但并不享有对超出教学内容的学校祷告的决定权。

第三,学生虽然享有宗教活动不受阻扰的权利(《基本法》第4条第2款),但这并不意味着学生有权要求学校必须在宗教课程之外提供或者禁止祷告。

为统一调和这些宪法价值,宪法法院对此进行了总结:“在建构学校事务时,国家必须于宗教领域在调和(Konkordanz)宪法价值(Wertvorstellung)的意义上对不同的基本权立场予以平衡,包括开展宗教活动的权利和非基督教人士不愿被打扰的权利。至于国家如何实现这种平衡,原则上在《基本法》第7条保障的学校高权范围内任其自行建构……”

三、家长或学生反对祷告时的判定

家长或者学生反对时学校是否仍可以举行祷告?接下来,德国联邦宪法法院对这个问题单独进行了讨论。在本案(包括本诉愿涉及的行政诉讼)之前的1965年10月27日,黑森州国家法院曾经作出过在该领域影响重大的第一个判决(ESVGH 16,1)。该判决争议颇多,其中之一便是将家长或者学生反对祷告的情形单独讨论。德国联邦宪法法院为有针对性地回应黑森州国家法院的判决,同样将反对祷告单独作为一种前提加以讨论。

德国联邦宪法法院首先批评了黑森州国家法院对消极表达信奉自由的错误认定,然后详细讨论了学生回避祷告的可能,即期待可能性的判断。

1. 消极表达信奉自由

黑森州国家法院认为,学校祷告在家长或者学生反对的情形下必须停止。

其第一个理由是,学校不顾反对意见仍然进行祷告将导致学生被迫从宗教和世界观角度对外表明对祷告的拒斥,而学生享有不表达信奉的自由权。此番认定遭到了宪法法院反对。首先,黑森州国家法院将消极表达信奉自由即该领域所谓的沉默权(Schweigerecht/Recht zum Schweigen)进行了扩展,一般而言,仅在强制公开个人信仰时才损害该基本权,这番扩展使针对他人信奉行为(如其他学生的祷告行为)对外展现积极或者消极的态度也成为基本权受损的情形。宪法法院通过体系解释认为,此种扩展并不为消极表达信奉自由所涵盖,以不参加宗教课程(《基本法》第 7 条第 2 款)或者因良心自由拒绝服兵役(《基本法》第 4 条第 3 款)为例,如果要行使沉默权就必须以公开其持有不同的确信(Überzeugung)为前提。所以,此处符合逻辑的思考方式应当是,学校先允许祷告然后学生可自愿选择参加或者不参加,不参加祷告意味着学生行使了消极表达信奉自由,并非像黑森州国家法院那般将消极表达信奉自由进行扩展——祷告的进行被迫使其表达信奉,从而损害了该基本权。

其第二个理由是,消极表达信奉自由绝对且无例外,既无法限制也不可能被限制,因为其并未损害其他人的权利;而积极表达信奉自由却适用《基本法》第 2 条第 1 款的限制。宪法法院对此表达了相反的观点:第一,《基本法》第 4 条第 1 款保护的特别基本权并不适用《基本法》第 2 条第 1 款的限制[BVerfGE 23,50(55 f.);32,98(107)];第二,如果高权措施已经符合《基本法》第 4 条的要求,则不存在以《基本法》第 2 条第 1 款为标准进行审查的空间

[BVerfGE 6,32(37);17,302(306);28,243(264)]。虽然《基本法》第4条第1款和第2款没有规定法律保留,但并不意味着其不受限制,根据宪法整体性原则(der Grundsatz der Einheit der Verfassung),其边界存在于《基本法》的其他规定[BVerfGE 32,98(107 f.);33,23(29);44,37(50)]。表达信奉自由的边界尤其存在于他人对该基本权利的享有[BVerfGE 28,243(260 f.);32,98(108);41,29(50)]。作为基本权利价值体系的一部分,表达信奉自由与《基本法》第1条第1款上的人的尊严相关联,因此也应当遵守宽容要求,应当在考虑宽容要求的基础上寻求各方基本权利的平衡。

2. 回避祷告的期待可能性

在一般情形下,学生是可被期待回避参加祷告的,比如,学生可以在祷告期间远离教室,也可以在课前祷告结束后踏入教室或者课后祷告时提前离开,也可以坐在原位不参加祷告。问题是,不参加祷告的孩子在其他孩子眼里必然引起瞩目,如果因此造成学生被边缘化甚至被歧视,则在此意义上对于持不同信仰的学生而言纵然被提供了回避祷告的可能,期待可能性在实质上却不存在。

对此,宪法法院认为有一系列的因素可以排除上述疑虑。以下三个方面证明了不参加祷告的学生不会被边缘化以及被歧视:第一,学校对祷告的合理安排,比如,只在课前或者课后短暂举行以及告知家长和学生可自由选择参加;第二,教师承担的教育义务将引导学生互相尊重各自的信仰、保持宽容以及消除歧视;第三,现在的学校和社会环境已经不再受基督教全面影响,比如,许多学生已经不参加学校提供的宗教课程。综合以上三个因素,在一般情形下大可不必担心那些不参加祷告的学生会遭受歧视而被边缘化。此外,却也无法完全排除在个案情形下有些学生因此被迫参加祷告,这将在个案中予以考量。

总体来说，在家长或者学生反对祷告的情形下，并不一定要停止学校祷告，在一般情形下，只要允许学生自由选择即可期待其能够回避祷告。

四、总结

基于上述理由，诉愿人的孩子可完全自由地回避参加祷告，因此，对于第二个案件，联邦行政法院给予的理由并无不妥之处，在宪法上无可指摘，诉愿人的基本权利没有受到损害。

在第一个案件中，虽然教育权人(Erziehungsberechtigter，如家长)无权要求学校举行祷告，但既然国家一般准许而且学校一贯开展，在不具备合理的理由时禁止祷告则损害了教育权人的基本权利。宪法诉愿之前的判决认为，不顾家长和孩子的反对继续举行祷告必然损害了他们的消极表达信奉自由，这样的观点不予采纳，而且这些判决也没有进行个案判断。因此，诉愿人由《基本法》第 6 条第 2 款保障的家长教育权和第 4 条第 1 款、第 2 款保障的宗教基本权利受到损害，之前作出的判决予以撤销。

涉及的重大理论问题

1979 年的学校祷告案，为围绕该问题所引发的长久争论画上了短暂句号。[①] 如上所述，争议源自本案之外由黑森州国家法院就该议题于 1965 年第一次作出的判决。自彼时起，围绕判决本身以及衍生问题的讨论不绝于耳，1965 年判决虽有诸多瑕疵但意义深远，它对当今宗教自由的内容和范围以及因此对国家建构公立学校

① 判决梳理参见 Link, Die Schulgebetsentscheidung des Bundesverfassungsgerichts, in: JZ 1980, S. 564。

的影响发表了原则性意见。[①] 在此意义上,学校祷告案虽折射自公立学校,却是带有基督教传统的德国在宪法层面进一步恪守国家中立原则以及保障和平衡宗教自由的体现。该判决至少涉及以下三大重要理论:宗教事务国家中立原则、消极表达信奉自由以及实践调和。[②] 以下分别予以论述:

一、宗教事务国家中立原则

在德国,国家与社会世俗化大致经历了三个阶段:通过1555年《奥古斯堡宗教和平条约》(Augsburger Religionsfrieden)和1648年《威斯特伐利亚和平条约》(Westfälischer Frieden)承认了基督新教,后期重视保护少数群体的宗教和信仰自由,最后由《魏玛宪法》明文废除了"国教"。[③]

如今,在宪法规范层面,国家面对宗教事务时应当秉持中立的要求在《基本法》上至少有两处体现。第一,《魏玛宪法》第137条第1款禁止设立"国教",在宪法上正式确立了国家面对宗教事务的中立要求。第二次世界大战后的波恩《基本法》继承了该原则,通过第140条将《魏玛宪法》第137条纳入文本,从而在宪法上制度性地固定了该原则。第二,国家在宗教和世界观方面保持中立也是保护公民个人宗教自由的必要保障,《基本法》第4条第1款和第2款所

---

① Böckenförde, Religionsfreiheit und öffentliches Schulgebet, in: DÖV 1960, S. 31; 持同样观点的还有 Link, Die Schulgebetsentscheidung des Bundesverfassungsgerichts, in: JZ 1980, S. 564。

② 不同类型学校中举行祷告的可能性也是德国学界讨论的一大议题,感兴趣者可参见 Zezschwitz, Staatliche Neutralitätspflicht und Schulgebet, in: JZ 1966, S. 342; Böckenförde, Zum Ende des Schulgebetsstreits, in: DÖV 1980, S. 326。

③ Bumke/Voßkuhle, Casebook Verfassungsrecht, 7. Aufl. 2015, Rn. 525.

保障的宗教自由的客观面向也对国家中立提出了要求,[1]即国家的中立要求乃是该自由权客观面向上的制度保障内容。

中立性并不意味着国家与宗教的决然分离,乌尔里希·施图茨(Ulrich Stutz)在 1926 年将此形容为“跛脚的分离”(hinkende Trennung)。[2] 之所以“跛脚”,是因为国家与宗教之间的分离不可能绝对严格或者完全禁止两者之间的接触,[3]德国并不承认美国“分离之墙”意义上的区分原则。[4] 在规范上容许而在事实上存在两者之间的紧密合作,[5]在规范上既体现于作为《基本法》一部分的《魏玛宪法》第 137 条第 5 款(宗教社团作为公法团体)和第 6 款(宗教社团的征税权),也表现在《基本法》第 7 条第 3 款对公立学校开设宗教课程的规定。[6] 所谓的政教“区分”以及国家中立性更多的是指机构意义上国家与宗教两分,国家面对各种信仰团体应当保持节制(非同一化要求,“Gebot der Nichtidentifikation”),应当尊重和保护少数群体的信仰(宽容要求),还体现在平等对待宗教团体(《基本法》第 3 条第 3 款第 1 句)以及禁止国家干预宗教事务(《基

---

① Morlok, Art. 4, in: Dreier (Hrsg.), GG-Kommentar, 3. Aufl., Rn. 161; Hesse, Grundzüge des Verfassungsrechts der Bundesrepublik Deutschland, 1995, Rn. 382; v. Campenhausen, Religionsfreiheit, in: Isensee/Kirchhof (Hrsg.), HStR, Bd. VII, 3. Aufl., § 157, Rn. 5; BVerfGE 93, 1 (16 f.).

② Ulrich Stutz: Die päpstliche Diplomatie unter Leo XIII. Nach den Denkwürdigkeiten des Kardinals Domenico Ferrata, 1926, S. 54.

③ Hesse, Grundzüge des Verfassungsrechts der Bundesrepublik Deutschland, 20. Aufl. 1995, Rn. 470.

④ Link, Die Schulgebetsentscheidung des Bundesverfassungsgerichts, in: JZ 1980, S. 565; Scheuner, Auseinandersetzungen und Tendenzen im deutschen Staatskirchenrecht, in DÖV 1980, S. 151 f.

⑤ Epping, Grundrechte, 6. Aufl. 2015, Rn. 323.

⑥ Muckel, Schutz von Religion und Weltanschauung, in: Merten/Papier (Hrsg.), HGR, Bd. IV, 2011, § 96, Rn. 34.

本法》第140条结合《魏玛宪法》第137条第3款),即宗教享有全面的自决权(Selbstbestimmungsrecht)之上。[①]

值得讨论的是,在公立学校开展课堂祷告是否违背宗教事务上的国家中立原则?1965年黑森州国家法院作出第一个判决后,蔡施维茨(Zezschwitz)批评法院完全忽视了中立原则的有关讨论,他认为学校祷告是带有"宗教特征的国家表演"(staatliche Darbietung religiösen Charakters),并从这个立场出发直接否定学校进行祷告的可能。[②] 伯肯弗尔德(Böckenförde)提出了令人称赞的相反意见。他首先认为,国家中立原则必须具体化,得根据国家活动的性质加以具体分析。宪法要求国家在此中立,得区分纯粹的国家机构活动和与社会领域关联的国家活动。在前者,国家行使高权意义上的决断功能(hoheitliche Entscheidungsfunktion),要求国家与宗教保持严格的距离,中立原则在此是指"保持有距离的中立"(distanzierende Neutralität);在后者,如在公立学校这样的社会领域,国家应该为各种信仰创设框架以使公民的宗教自由得以开展,中立原则此时应该是"全面的开放的中立"(übergreifende offene Neutralität)。[③] 按照他的观点,学校祷告因触及社会领域而在原则上并没有违背国家在宗教和世界观方面应当中立的要求。

伯肯弗尔德的上述观点建立在将学校祷告视为课程一部分的基础上,这与本案中联邦宪法法院的思路并不相同。宪法法院在分

---

① Bumke/Voßkuhle, Casebook Verfassungsrecht, 7. Aufl. 2015, Rn. 531; Epping, Grundrechte, 6. Aufl. 2015, Rn. 153; BVerfGE, 93, 1(16 f.).

② Zezschwitz, Staatliche Neutralitätspflicht und Schulgebet, in: JZ 1966, S. 338 f.;关于学校祷告性质的争论另参见 Böckenförde, Zum Ende des Schulgebetsstreites, in DÖV 1980, S. 323 ff.; Scheuner, Nochmal: Zum Ende des Schulgebetsstreits, in DÖV 1980, S. 513ff.; Böckenförde, Schlußwort: [zum Ende des Schulgebetsstreits], in DÖV 1980, S. 515。

③ Böckenförde, Vorläufige Bilanz im Streit um das Schulgebet: zum Urteil des BVerwG vom 30. 11. 1973, in DÖV, 1974, S. 255 f.

析本案第一个层次和第二个层次时也都围绕着宗教事务国家中立原则这个核心理论展开讨论。在讨论公立学校能否与宗教关联时，宪法法院正是基于该原则而强调学校不应承担传教使命，除专门的宗教课程外，其不应再传播宗教信仰。而且直接将学校祷告从具有约束性的教学课程中予以排除，将其归属于在学校范围内开展的可自由参加的表达信奉行为和在此意义上的宗教活动，从而避开了伯肯弗尔德进行的讨论，更为简易地化解了学校祷告与宗教事务国家保持中立原则之间的矛盾。[①]

二、消极表达信奉自由

《基本法》第4条第1款保护宗教和世界观自由，第2款与开展宗教活动有关，进一步细致可划分为信仰自由、表达信奉自由以及宗教活动不受阻扰，联邦宪法法院以及通说认为这两款共同构成了统一的宗教和世界观自由基本权。[②] 不仅保护公民个人拥有或者形成特定的信仰确信（信仰自由），即内部自由（forum internum），还保护基于信仰的表达、行动或者宣传等各类行为（信奉自由和宗教活动不受阻扰），即外部自由（forum externum）。[③] 除了积极意义上的内外自由，该条也保护消极宗教自由，即不拥有、不形成或者拒绝拥有、拒绝形成信仰确信，[④]以及与非认可之信仰所开展活动保持距

---

① 对本文介绍的联邦宪法法院判决，在此议题上伯肯弗尔德一方面肯定了判决的进步认识，但另一方面仍然指出该判决没有深刻发现国家机构意义上以及与社会领域有关的国家中立原则的内涵有所区别，参见 Böckenförde，Zum Ende des Schulgebetsstreits，in DÖV，1980，S. 324。

② BVerfGE 24，236（245）；不同意见参见 Muckel，Schutz von Religion und Weltanschauung，in：Merten/Papier（Hrsg.），HGR，Bd. IV，2011，§ 96，Rn. 63 f。

③ Morlok，Art. 4，in：Dreier（Hrsg.），GG-Kommentar，3. Aufl.，Rn. 32；BVerfGE 12，1ff.（5）.

④ BVerfGE 122，89（119）.

离。[1] 本案中,联邦宪法法院将学校祷告界定为在学校领域内开展的宗教活动,参加祷告的老师和学生行使了《基本法》所保护的积极宗教自由,拒绝参加者则行使了消极宗教自由,更准确地说是行使了消极表达信奉自由。

宗教和世界观自由能否被限制?《基本法》第4条并没有规定一般法律保留或者特别法律保留,换言之,它属于无法律保留的基本权利。这与《魏玛宪法》形成了鲜明对比。《魏玛宪法》第136条第1款明确规定,市民和国民的权利和义务不得被宗教自由的行使所决定或者限制,这属于有法律保留的规定。虽然通过《基本法》第140条使《魏玛宪法》第136条成为《基本法》的一部分,但既然负责制定该宪法的议会委员会(Parlamentarischer Rat)基于宗教自由对于自由民主基本秩序之重要性,未将其置于法律保留之下,[2]则《魏玛宪法》第136条第1款所规定的法律保留不得适用于《基本法》第4条第1款和第2款。

另有观点认为,自艾尔弗斯案以来,《基本法》第2条第1款所保护的一般行为自由被认定为其他自由权的兜底基本权利,所以对其的限制(他人的权利、合宪性秩序和道德法则)也适用于其他的(包括无法律保留的)基本权[3]。

然而,制宪者之所以没有在宗教自由处施以法律保留限制正是源于加强保护的意图,而且一般行为自由之兜底性应当局限于《基本法》未规定特别基本权之情形,因此,宗教自由作为已明确规定的

---

① BVerwGE, Urteil v. 30. 11. 2011, Rn. 28; BVerfGE 108, 282(301 f.).

② Jarass, Art. 4, in: Jarass/Pieroth, GG-Kommentar, 13, Aufl., Rn. 161; 不同观点参见 BVerfGE 33, 23(30); Pieroth/Schlink, Staatsrecht Ⅱ, 31. Aufl. 2015, Rn. 536; BVerfGE 33, 23(30f.)。

③ Di Fabio, Art. 2 Abs. 1, in: Maunz/Dürig, GG-Kommentar, 75. Aufl. Rn. 69 ff.

基本权不受一般行为自由的限制。[①] 1965 年的黑森州国家法院判决,便依循了一般行为自由总括其他自由权的认识,认为积极表达信奉自由可归属于一般行为自由并因此受该条的法律保留约束,此观点因完全忽视了艾尔弗斯案以来各判决虽视一般行为自由为兜底基本权,却仍然保持独立地位的判定,特别基本权仅适用各自的限制规定,[②]所以本案中联邦宪法法院并未采纳黑森州国家法院的意见。

虽然宗教自由在《基本法》上没有法律保留的限制,无法律保留的基本权却并不意味着完全不受限,[③]其权利行使边界止于与之冲突的他人基本权以及其他由宪法保障的法益,即基本法的内在限制(immanente Schranken)。[④]

借助以上基本认识,可以更清晰地对黑森州国家法院 1965 年的判决作出判断。在该份判决中,法院认为在家长或者学生反对举行祷告的情形下,学校仍然进行祷告损害了不愿参加的学生的消极表达信奉自由。法院的意见被以下理由支持:消极表达信奉自由是绝对的和无例外的,因为该自由权是公民的内心活动,不会侵犯他人权利或者法益,所以不应被限制或者无法被限制。顺此逻辑,甚至可以推导出不参加祷告学生享有要求其他学生不进行祷告的主观权利。在结果上直接导致该基本权的内涵扩大,即判决说理部分提到的沉默权的扩展。然而,任何基本权都至少受到基本法的内部

---

① BVerfGE 52, 223 (246); Kunig, Art. 4 in: v. Münch/Kunig, 6. Aufl., Rn. 53; Scheuner, Auseinandersetzungen und Tendenzen im deutschen Staatskirchenrecht, in DÖV 1980, S. 152 f.

② Böckenförde, Religionsfreiheit und öffentliches Schulgebet, in: DÖV 1960, S. 33 f.

③ BVerfGE 33, 23(31).

④ BVerfGE 30, 173 (193); BVerfGE 28, 243 (261); Hesse, Grundzüge des Verfassungsrechts der Bundesrepublik Deutschland, 20. Aufl. 1995, Rn. 71, 312.

限制,尤其是他人的基本权,绝对和无例外的消极表达信奉自由乃至任何一个无限制的基本权都不存在。① 而且,黑森州国家法院将消极与积极表达信奉自由决然割裂,不仅错误地认为前者属于无法律保留的基本权,而后者受到一般行为自由的法律保留限制,②而且创设性地赋予消极表达信奉自由之于积极表达信奉自由绝对的优先地位。③ 此种不考虑个案且不进行基本权衡量的做法遭到学界和之后判决的一致批评,如果赋予消极表达信奉自由绝对优先地位,则将排除所有在公共场所中开展的积极宗教表达行为或者活动,④甚至直接摧毁了建立在宗教信仰自由这一开放和自由价值秩序基础之上的联邦德国,或者将给人们带来国家仇视宗教的错误印象。⑤德国联邦行政法院在1973年的同类案件中便否定了黑森州高等法院的观点,它直接指出消极表达信奉自由并未赋予学生及其教育权利人阻止其他学生进行祷告的权利。本案判决宣告于1979年,联

① Böckenförde, Religionsfreiheit und öffentliches Schulgebet, in: DÖV 1960, S. 33; v. Campenhausen, Religionsfreiheit, in: Isensee/Kirchhof (Hrsg.), HStR, Bd. Ⅶ, 3. Aufl., § 157, Rn. 132; Scheuner, Auseinandersetzungen und Tendenzen im deutschen Staatskirchenrecht, in DÖV 1980, S. 152.

② Böckenförde, Religionsfreiheit und öffentliches Schulgebet, in: DÖV 1960, S. 33; v. Campenhausen, Religionsfreiheit, in: Isensee/Kirchhof (Hrsg.), HStR, Bd. VII, 3. Aufl., § 157, Rn. 132, S. 657; Stern, Das Staatsrecht der Bundesrepublik Deutschland Bd. IV/2, § 116, S. 959 ff.

③ 1965年由黑森州国家法院作出的判决在结果上受到了美国最高法院于1962年6月26日作出的Engel v. Vitale案影响,在美国因遵循严格的宗教事务国家中立原则公立学校不得举行祷告,以该判决结果为导向的黑森州国家法院却未能晓之以理,判决论证漏洞百出。参见Böckenförde, Religionsfreiheit und öffentliches Schulgebet, in: DÖV 1960, S. 31, 33; Scheuner, Auseinandersetzungen und Tendenzen im deutschen Staatskirchenrecht, in DÖV 1980, S. 151 f。

④ Böckenförde, Religionsfreiheit und öffentliches Schulgebet, in: DÖV 1960, S. 32.

⑤ V. Campenhausen, Religionsfreiheit, in: Isensee/Kirchhof (Hrsg.), HStR, Bd. VII, 3. Aufl., § 157, Rn. 133.

邦宪法法院更是要求根据宪法整体性原则以及宽容要求寻求各方基本权利的平衡,否定了绝对积极或者绝对消极表达信奉自由的存在。对此,默腾(Merten)的总结一语中的:消极表达信奉自由“是放弃和否定自由,并非禁止自由”。①

三、实践调和原则

该原则乃是法益衡量的目的与手段,深受宪法统一性原则(Einheit der Verfassung)影响。② 其建立在这样的设想基础上,即应当对相关权利人所涉及的基本权予以衡量,尽可能在相互冲突的基本权(kollidierende Grundrechte)之间寻找均得保全的平衡(schonender Ausgleich),③使每一个基本权尽可能达至最佳效果。④

在1973年联邦行政法院作出类似案件的判决之后,伯肯弗尔德撰文指出其中呈现的一个关键问题,即在涉及诸多基本权或者价值的情况下,如何建构公立学校。行使学校高权时必然触及各方诸多交错利益,不得强制老师和学生表达或者不表达信奉,必须兼顾家长的教育权,得考虑学生的宗教自由等。⑤

本案中,联邦宪法法院在平衡积极与消极表达信奉自由时以“自愿参加”为主要标准,附带参考了学校祷告的时间与频次,调和了两者之间的冲突。在进一步分析可能涉及的其他宪法价值时,如

---

① Muckel, Schutz von Religion und Weltanschauung, in: Merten/Papier (Hrsg.), HGR, Bd. IV, 2011, § 96, Rn. 75.

② Ossenbühl, Grundsätze der Grundrechtsinterpretation, in: Merten/Papier (Hrsg.), HGR, Bd. I, 2011, § 15, Rn. 30 f.

③ Lerche, Grundrechtsschranken, in: Isensee/Kirchhof (Hrsg.), HStR, Bd. V, 2. Aufl., § 122, Rn. 6.

④ Hesse, Grundzüge des Verfassungsrechts der Bundesrepublik Deutschland, 1995, Rn. 72.

⑤ Böckenförde, Vorläufige Bilanz im Streit um das Schulgebet: zum Urteil des BVerwG vom 30.11.1973, S. 256.

学校高权、家长对子女的教育权、学生享有的宗教活动不受阻扰的权利,一边将学校祷告从这些基本权的保护范围中予以排除,一边尝试调和各项宪法价值(如重点探讨了期待学生回避祷告的可能性),并强调在学校高权范围内考量所有涉及的宪法价值,自行建构学校事务。由此看来,联邦宪法法院判决与伯肯弗尔德的上述观点保持了一致。[①]

后续影响

学校祷告案短暂结束了在德国长达16年的争议,判决本身也并非毫无瑕疵,但客观地说,该判决对公立学校与宗教之相关议题仍然给出了较为满意的答案。比如,对宗教事务国家中立的要求在具体情形下的阐释,在教义学上对消极表达信奉自由的正确解读,以及借助实践调和原则较完美地平衡了所有相关基本权利,这些方面的积极意义肯定远远多于其不足。联邦宪法法院再次展现了如何把价值交错的复杂命题通过基本权教义学予以化解的高超技艺。

学校祷告案对后续类似案件都产生了深远影响,尤其是1995年由德国联邦宪法法院判决的十字架案(Kruzifix)、2003年由黑森州国家法院判决的幼儿园餐前祷告案(Tischgebete in kommunalen Kindergaten)以及2011年由联邦行政法院判决的有关穆斯林学生在学校走廊祷告的案件。除了幼儿园餐前祷告案毫无争议地引用了1979年学校祷告案的观点之外,[②]另两个判决虽然遵循了学校祷告案的思路,却得出了偏离该案观点的结论。在十字架案中,德国

---

① 联邦宪法法院判决作出后,伯肯弗尔德对此予以肯定,参见 Böckenförde, Zum Ende des Schulgebetsstreits, in DÖV, 1980, S. 323。

② HessVGH NJW 2003, S. 2846.

联邦宪法法院也从讨论课堂内悬挂十字架是否带有宗教性质入手，与同样在课堂内进行的学校祷告属于宗教活动却不属于教学活动不同，悬挂十字架却被视为传教表达（missionarischer Ausbreitung），从而违背了宗教事务中国家应当秉持中立的要求。[①] 在平衡学校高权、家长与学生的积极和消极信仰自由时，基于前述认识判定悬挂十字架损害了其他并不持有基督教信仰学生的消极信仰自由权。[②] 德国联邦宪法法院在十字架案中没有像学校祷告案那样尽力调和冲突的基本权，也没有很好地理解中立原则的内涵。[③] 在是否允许穆斯林学生课间在学校走廊里进行祷告的案件中，联邦行政法院同样衡量了穆斯林学生的积极信仰自由、其他学生的消极信仰自由、家长的教育权、中立原则以及维护学校安宁的要求（Wahrung des Schulfriedens），在肯定该学生基于信仰自由原则上可进行走廊祷告的同时，却因该行为会造成学校安宁的不当失衡而将其禁止。[④]

除此之外，德国联邦宪法法院于2015年作出的第二次头巾案中就公立学校牵涉之宗教事务国家中立原则作出了与学校祷告案一致的认定。中立原则并不意味着国家与宗教的绝对分离，毋宁是国家在此展现一个开放和决定意义的态度以同等促进所有信仰自由。[⑤] 同样在该案中，就学生的消极信仰自由，联邦宪法法院认为该自由无法扩大至要求不受其他宗教信仰影响或者打扰的主观权利。[⑥]

---

① BVerfGE 93,1(18ff.).

② BVerfGE 93,1(18ff.).

③ 该案中有3位法官投出了反对票，BVerfGE 93,1(25ff.)；对该案的批评参见Stern, Das Staatsrecht der Bundesrepublik Deutschland Bd. IV/2, § 116, S. 456–457; Stern, Das Staatsrecht der Bundesrepublik Deutschland Bd. IV/2, § 118, S. 935 f.。

④ BVerwGE 141,223(Rn. 25 ff.).

⑤ BVerfG, NJW 2015, S. 1359, 1364，具体参见本辑第二次头巾案的详细介绍。

⑥ BVerfG, NJW 2015, S. 1363, 1364，具体参见本辑第二次头巾案的详细介绍。

第二次拒服战争役案

张青波

案例名称 第二次拒服战争役案（Kriegsdienstverweigerung Ⅱ-Urteil, BVerfGE 69, 1, 1985年1月30日）

关键词 拒服战争役 信仰自由 良心自由

案 情

德国联邦议院于1983年2月28日颁布了《拒服战争役和民役权利的重新规制法》（以下简称《重新规制法》），其第1条中包含了另一部《出于良心理由拒绝持武器服战争役法》（以下简称《拒服战争役法》）。《重新规制法》第2条对1973年8月9日颁布的《拒服战争役者之民役法》（以下简称《民役法》）做出了许多修改。

一、《拒服战争役法》对拒服战争役资格的规定

出于良心理由拒绝参与国与国之间任何武力行动并依据《基本法》第4条第3款第1句拒服持武器之战争役的任何人，根据《基本法》第12a条第1款不服战争役，而需服联邦国防军之外的、作为替代役的民役（第1条）。对于其拒服持武器之战争役的资格，将根据申请来决定（第2条第1款）。申请应附详细简历、个人对其良心决定之动机的详细说明以及无犯罪记录证明（第2条第2款第3句）。在认可程序中，申请人原则上不得被征召服兵役（Wehrdienst）（第3

条第 2 款第 1 句)。但是,如果在提出申请之前被征召,或者被书面告知可能被短期征召为缺勤者之替补,则征召可被例外准许(第 3 条第 2 款第 2 句)。根据第 8 条第 2 句的规定,第 3 条第 2 款并不适用于局势紧张或防御战争时期。

在和平时期,由联邦局决定那些既未被征召,又未被书面告知而可能被短期征召为缺勤者之替补的未受训的兵役义务人(Wehrpflichtiger)所提出的申请(第 4 条第 1 款)。如果申请(在第 2 条第 2 款的意义上)完整,所说明的动机能够证立拒服战争役权利,并且申请人事实上的整体表达和联邦局所知道的其他外在事实都未能证立对申请人陈述之真实性的怀疑,那么联邦局不必当面听取申请人意见即能认可。如果联邦局怀疑申请人对外在事实之陈述的真实性,则应给予申请人对此做补充性说明和证明的机会(第 5 条第 2 款第 1 句)。联邦局不在这一范围之外进行事实调查(第 5 条第 2 款第 2 句)。如果说明的动机不能证立拒服战争役权利,或者申请(在第 2 条第 2 款的意义上)不完整且申请人未在联邦局提出要求后的 4 周内补足,则联邦局将拒绝申请(第 6 条第 1 款)。对联邦局的拒绝决定不得复议(第 17 条)。

如果申请人的整体表达和联邦局所知道的外在事实,证立了对申请人陈述之真实性的怀疑,那么联邦局会把申请转送拒服战争役委员会(第 7 条第 1 句和第 2 句)。如果根据委员会的观点上述怀疑未被证立,则委员会依据文件并按照第 5 条第 1 款的原则作出决定(第 7 条第 3 句)。否则,它应按照第 9 条至第 15 条规定的程序对申请作出处理(第 7 条第 1 句)。该程序在和平时期还适用于士兵、受训的兵役义务人、未受训但被征召或被书面告知可能被短期征召为缺勤者之替补或之前根据第 4 条第 1 款提出过申请却已被确定地拒绝或撤回的兵役义务人(第 9 条第 1 款第 1 句、第 4 款)。

在局势紧张或防御战争时期,该程序也适用于第4条第1款提到的兵役义务人所提出的申请(第8条第1句)。

第9条至第15条所规定的程序之决定由拒服战争役委员会负责(第9条第1款)。按照第9条第2款和第18条1款第2句,拒服战争役委员会和拒服战争役复议组皆由联邦国防部长指定的1名主席和另外2名荣誉推事组成,主席必须具有法官资格并年满28周岁。对于作为拒服战争役之依据的《基本法》第4条第3款第1句所保护的良心决定,委员会如果能充分确定地认定其为信念,则认可申请人为有资格拒服战争役者(第14条第1款第1句)。委员会如果不能获得这种确信,则决定申请人无资格拒服持武器战争役(第14条第1款第2句)。委员会在当面听取申请人意见后做出决定(第14条第2款第1句),但是,如果委员会从所呈交的文件内容中能够获得第14条第1款所必要的确信,也可以不当面听取意见而认可申请人(第14条第2款第1句、第3款)。

对于委员会的决定,可以在两周之内提起复议(第18条第1款第1句)。拒服战争役复议组按照第10条至第15条作出决定(第18条第1款第2句)。在第7条第3句的情形中,适用第17条(第18条第1款第3句)。

二、拒服战争役者的民役

按照《重新规制法》第2条的规定,民役在期限上比基本兵役(Grundwehrdienst)长1/3(《重新规制法》第2条第5b项结合《民役法》第24条第2款第1句)。兵役义务人根据《兵役法》应服15个月的基本兵役,对于所有提出申请并被认可的拒服战争役者来说,民役期限为20个月。提供民役应当主要在公益领域,也可以在执行环境保护、自然保护、风景保持任务的就业领域。就业不得导致服民役者的负担与其他服民役者或兵役者的负担明显不平等。对于满足资格前提的民役义务人(Zivildienstpflichtige),就业机构必须表示不必对其个人做特别认可即可雇佣。民役义务人不得要求将其安排在特定地点,也不得被安排在被征召前所工作的就业岗位。

《重新规制法》颁布后,不莱梅市政府、汉堡市政府、黑森州政府、北莱茵—威斯特法兰州政府以及196位德国众议院议员依据《基本法》第93条第1款第2项、《联邦宪法法院法》第13条第6项、第76条第1项提起规范审查申请。申请人认为,该法的许多条款与《基本法》规定不符,应宣布为违宪而无效。

申请人的主要理由如下:

1.《民役法》第24条第2款第1句与《基本法》第12a条第2款第2句不相符。在确定民役期限时,立法者不应以法律允许的兵役的最高期限为准。立法者本应具体考察,并使民役期限取决于各个兵役事实上平均持续的期限。如果服兵役者在每周服役时间和兵役具体情况上比服民役者付出更多,这也不能通过延长民役期限而加以平衡。《基本法》第12a条第2款第2句禁止按月或按周计算,使拒服战争役而服民役者比同一征召年度的兵役义务人服役更久。因为只应计算兵役义务人为军事训练事实上所花费的时间,所以立法者在确定民役期限时应当根据现有的可得数据,对军事训练平均的整个期限做出预测。立法者并未满足这一要求。因而,立法者违背了在基本权利领域做出预测时所负有的证立义务。由于平均来说,兵役义务人大多不会像立法者所假定的那样在一个征召年度进行5个月或更长时间的军事训练,《民役法》第24条第2款第1句致使民役期限远远长于平均所服的兵役期限,违背《基本法》第12a条第2款第2句的规定。

《民役法》第24条第2款第1句的违宪之处,还在于,民役的期限不是根据月数确定的,而是依赖于基本兵役的时长。这种规则完全不适于按照《基本法》第12a条第2款第2句对军事训练事实上可能的期限做出现实的表述。它可能被滥用,因为立法者可以通过缩短军事训练所允许的最高期限或者延长基本兵役的期限,使民役比兵役时间更长。

申请人还认为,对于良心决定遵照信仰的拒服战争役者来说,《民役法》第24条第2款第1句违背了《基本法》第4条第1款。因为,将民役形塑为令人厌恶的选项与信仰自由的基本权利不相符。国家不能要求公民检验其信仰能否经受与国家利益的权衡。

此外,《民役法》第24条第2款第1句违反了《基本法》第1条第1款的规定。通过课予真正的拒服战争役者更长期限的服役义务,以吓阻非真正的拒服战争役者,立法者把拒服战争役者以及《基本法》第4条第3款第1句基本权利的行使当作了工具。

2. 申请人认为,将民役形塑为令人厌恶的选项并附加认可程序是不合比例的。延长的民役、《拒服战争役法》第9条以下的认可程序、在联邦局进行的书面程序分别能够充分可靠地确定良心决定的存在。上述各项的结合导致了对良心的最大化探求。

3. 申请人认为,《拒服战争役法》第3条第2款第2句、第9条第1款第1句规定的提前告知违宪。行政合法性原则受到侵犯,因为提前告知的前提既未在《兵役义务法》也未在《体检法规命令》中充分准确地得以确定。这些规定还违反了《基本法》第3条第1款,因为它们使被提前告知者的地位逊于其他兵役义务人且没有正当理由。

4. 申请人指出,《拒服战争役法》第2条第2款第3句、第5条第2款第1项所用的“当面”“详细”等概念过于不确定,很难符合《基本法》第19条第4款、第20条第2款和第3款。《拒服战争役法》第6条第1款、第17条、第19条第2款违背了《基本法》第4条第3款第1句、第20条第3款(法治国原则)、第20条第2款(分权原则)、第19条第4款第1句(有效权利保护)。《基本法》第4条第3款第1句授予的防御权要求将认可程序形塑为复议程序。行政的法治国要求只能通过诉诸行政法院来实现,这与《基本法》第1条第3款、第20条第3款不相符。将行政任务转嫁给法院违反了《基本法》第20条第1款、第2款表达的功能分立。联邦局的程序本身也违背事理,而且不适当、不可容忍。它是一个匿名、独断和受指示束缚的机关,在没有组织和程序保障的官僚程序中做出决定,没有提供对决定之正确性和公正性最大可能的保障。申请人诉诸《基本法》第4条第3款第1句的基本权利可能由于不完整的事实调查而被不当剥夺,联邦局也难以全面地确定其活动的事实构成前提。因此,源自《基本法》第4条第3款第1句的法治国不可放弃的程序要求被侵害,同时行政程序会阻碍法院的法律保护或使之困难得不可忍受。立法者在《拒服战争役法》第7条第1句、第2句虽然规定转入委员会程序,但在第6条第1款未做此安排,这没有实质理由,违背了《基本法》第3条第1款。

5. 申请人主张,《拒服战争役法》第14条第1款第2句对论证负担的规定是不被允许的:将论证负担课予拒服战争役者违反了过度禁令。对难以决定的情况做出处理不得不利于拒服战争役者。

6. 申请人认为,《拒服战争役法》第8条第1句违反宪法。它追求的目标是,在局势紧张和防御战争情况下,将检验尺度予以极端化并为了国家安全而限缩《基本法》第4条第3款第1句的基本权利,因而损害了拒服战争役权利的核心内涵。但是,宪法不允许良心决定的拒服持武器战争役牺牲于政治和军事目标。

7. 提起人主张,《拒服战争役法》第8条第2句违宪。该规定触及拒服战争役的基本权利之核心内涵。它使拒服战争役者在局势紧张或防御战争的情况下面临一种强制,而这正是《基本法》第4条第3款第1句保护其免受的强制。兵役义务人并不是通过认可,而是根据他的良心决定成为拒服战争役者。

本案涉及的重要法条如下:

1.《基本法》第4条规定:

信仰自由、良心自由及宗教和世界观表达之自由不可侵犯。

不受妨碍的宗教活动受到保障。

无人可被迫违背其良心地服持武器之战争役。细节由联邦法律规制。

2.《基本法》第12a条第1款、第2款规定:

年满18周岁以上的男人可以被课予在武装力量、联邦边防或民防组织服役的义务。

出于良心理由而拒绝服持武器战争役的人,可以被课予服替代役的义务。替代役的期限不得超过兵役的期限。细节由法律规制,该法律不得干涉良心决定之自由,并必须规定与武装力量部队及联邦边防部队无关的替代役途径。

裁判要旨

1.拒服战争役权利的法律规制应当尊重《基本法》第4条第3款保障的基本权利,同时要考虑到宪法支持有效的国家军事保护这一基本决定。

2.《基本法》第12a条第2款规定的替代役应保留给那些出于良心理由而拒服持武器战争役的兵役义务人。由此得出,立法者的义务是确保,只有那些能被充分可靠地认定满足《基本法》第4条第

3 款第 1 句之前提的兵役义务人才能被认可为拒服战争役者。《重新规制法》满足了这些要求。

3. 根据《基本法》第 12a 条第 2 款第 2 句，法律允许的兵役期限构成了替代役期限的时间上限。《基本法》第 12a 条第 2 款第 2 句的规范目标是确保服兵役者与服替代役者之间的负担的平衡。因而，立法者在《基本法》第 12a 条第 2 款第 2 句所划定的范围内设定替代役期限时，可以考虑兵役与替代役之间给定的差异。

4. 属于某个信仰群体——其信仰原则包括拒绝持武器并且因而其反对持武器的良心决定是明显的——的拒服战争役者，应当像所有其他主张《基本法》第 4 条第 3 款基本权利的人一样，承担说明其所做出的良心决定之负担。信仰自由的基本权利(《基本法》第 4 条第 1 款)并不使其免除这一负担。

5. 植根于法治国原则的比例原则和平等原则(《基本法》第 3 条第 1 款)不因拒服战争役者虽负有服替代役的义务，但仍需在行政程序中被认可而被损害。根据立法者在宪法上无可指摘的观点，服替代役的义务和认可程序这两个因素，只有通过共同作用方可充分确定地保证，只有那些依据良心决定拒绝服战争役的兵役义务人免服兵役。

6. 如果联邦局根据完整的申请得出的确定结论是，申请人的动机不适于证立拒服战争役的权利，认可为拒服战争役者的申请才可按照《拒服战争役法》第 6 条第 1 款第 1 句由联邦局拒绝。

7. 对于拒服战争役者的认可程序不属于如下意义的复议程序：当有疑问时，认可机关必须接受申请人出于良心理由拒服战争役的主张。

8.《基本法》要求将《拒服战争役法》第 8 条第 2 句(在局势紧张和防御战争时期征召)解释为，直到认可程序确定地终结，兵役义务人只能被安排到无武器的役务岗位。在这种解释中,这个规定不触及《基本法》第4条第3款第1句的基本权利的保护范围。它只保护免于从事那些根据不同技术状况与武器使用处于直接关联的活动。

裁判理由与论证

联邦宪法法院的判决是,允许提起的规范审查申请不成立。《重新规制法》第1条及《拒服战争役法》第2~7条、第8条第1句、第9~15条、第17~19条,以及《重新规制法》第2条对《民役法》的修改,皆与《基本法》相符。《拒服战争役法》第8条第2句与《基本法》第4条第3款相符,然而在局势紧张和防御战争期间,《拒服战争役法》第4条第1款提到的兵役义务人直到被确定地认可为拒服战争役者,即便可被征召服兵役,也只能被安排到无武器的役务岗位。

德国联邦宪法法院指出,拒服战争役权利的法律规制,一方面应当尊重《基本法》第4条第3款保障的基本权利;另一方面要注意,立宪者支持正常运转的军事国防,并授权立法者引入普遍的兵役义务。

联邦国防军的设置和功能发挥具有宪法位阶。根据《基本法》第12a条第1款的授权,立法者颁布了《兵役义务法》,遵循自由民主国家的传统而引入了普遍兵役制。这表达了普遍的平等思想。在《基本法》的民主宪法秩序下,个人的基本权利保护请求权与公民为确保这一宪法秩序而做出贡献的义务是相互一致的。它的落实必须满足兵役公正的要求(《基本法》第3条第1款),因而《基本法》第12a条第2款所规定的替代役要保留给那些出于良心理由而拒服战争役者。由此,立法者的义务是,确保只有那些可以被充分确定地认定符合《基本法》第 4 条第 3 款第 1 句之前提的人才能被认可为拒服战争役者。

《基本法》第 4 条第 3 款直接保障出于良心理由而拒服持武器战争役的权利。《基本法》的出发点是作为最高法益的自由、自决的人之尊严。通过第 4 条第 3 款,《基本法》保障良心的不可侵犯以及不被强迫违背对人的内心课予绝对义务的命令。为此,在国家特别要求公民承担义务的冲突情境下,《基本法》第 4 条第 3 款优先保护个人的良心自由。出于良心理由而拒服战争役的基本权利,对于参与武装防卫国家和保护国家存在的宪法义务构成了不可克服的限制。在根据《基本法》第 4 条第 3 款第 2 句进行规制时,立法者不得限制这一基本权利的实质内涵,只能揭示《基本法》第 4 条第 3 款第 1 句本身所包含的概念之界限。将内容上仅关涉具体情境的良心决定纳入《基本法》第 4 条第 3 款意义上的良心概念和第 12a 条第 2 款第 1 句的良心理由概念,必然产生一个结果,即只要尚未出现良心拒绝服持武器战争役的具体情境,就不得单凭宪法规范而拒服兵役。

立宪者将拒服战争役的权利,仅仅保留给出于良心理由认为自己不能服役的人。《基本法》第 12a 条第 2 款授权立法者课予出于良心理由而拒服战争役者以替代役义务,而且替代役的形塑必须符合《基本法》第 12a 条第 2 款第 2 句、第 3 句。因而,立宪者不允许(立法者)为了源自公共利益而对所有公民施加的战争役义务,规定在武装力量、联邦边防或民防组织服役的义务是唯一的战争役义务。根据《基本法》第 12a 条第 2 款而设的替代役限于出于良心理由拒服战争役者,替代役只能替代在个案中被合法拒绝的兵役。公民义务平等的宪法要求意味着,立法者有义务确保只有那些根据《基本法》第 4 条第 3 款第 1 句做出拒绝持武器战争役之良心决定的人才能被免于履行作为高位阶共同体义务的兵役。由此,既要保护国家——即便其在受威胁的情况下仍然赋予良心决定以优先——不受滥用基本权利的危害,又要保护良心自由——如果它被用于摆脱普遍的公民义务,那么它也会被损害。

在阐述了其对相关宪法规范的基本理解之后,联邦宪法法院先后探讨了以下几个问题:

一、延长民役并附加认可程序是否违宪

在引入普遍的战争役义务后,立法者应当使主管机关能够充分确实地认定,拒绝战争役所依据的是《基本法》第4条第3款所要求的良心决定。这既来自立法者对于《基本法》第4条第3款之基本权利享有者的保护义务,又来自立法者对内维持国防正义、对外维护保障基本权利之国防能力的义务。由此,并未限制《基本法》第4条第3款保障的基本权利,毋宁说,只是有可能依照程序判断,诉诸这一基本权利的兵役义务人是否满足了其所主张的事实构成前提。在这个意义上并且只在这个意义上,出于良心理由而拒服战争役的基本权利处于一种程序保留之下。《基本法》第4条第3款第2句明确授权立法者对拒服战争役的权利加以规制,而不是限制。那么,这种程序必须符合事理、适当且可容忍。只有当它不能满足这些要求时,才违背《基本法》第4条第3款。

在此范围内,立法者可以自由决定以何种方式来判断良心决定的事实构成。它并没有义务保留传统的认可程序,而可以通过他认为适合的方式取而代之。通过《重新规制法》中的规制,立法者试图将先前的、通过听取申请人口头意见并深入询问其动机的良心认知程序替换为另一种对所主张的良心决定加以认定的方式:有意识地忍受比基本兵役长5个月的民役,是良心决定存在的决定性证据。加重民役要确保,《基本法》第4条第3款第1句的基本权利只能被

真正的拒服战争役者所主张。它并不是对良心的唯一测试,认可程序发挥了补充作用。这种程序不是传统意义上的考察,申请人的认可不再依赖于口头听取意见,联邦局不能调查事实,只能进行纯粹形式的审查。在这一程序中,只会排除那些根据案卷显然未被证立的申请,也就是说,良心决定不存在是直接可见的。由此,作为对良心的根本检测的民役联结着作为最低限度的程序建制化的个案审查。联邦局没有必要进行更深入的审查,因为民役通常适合于阻止非真正的拒服战争役者滥用《基本法》第 4 条第 3 款第 1 句的基本权利。

申请人提出,其信条显然包括禁止服战争役,并且其良心决定显然反对持武器服战争役的信仰团体的成员如果也有义务服更长时间的战争役并要通过审查程序,这就违背了《基本法》第 4 条第 1 款。德国联邦宪法法院认为,这其实并不涉及基本权利的保护范围。信仰自由的基本权利既保障信仰或不信仰的内在自由,也保护表露、拥护、传播信仰的外在自由。来自一定信仰的活动或行为方式,不得轻易置于国家的制裁之下。有宗教动机的拒服战争役者负有延长的民役义务并且要经过认可程序证立其良心决定,以阐述其有权主张《基本法》第 4 条第 3 款第 1 句之基本权利,这与德国联邦宪法法院判例发展的原则并不矛盾。他们的信仰并未被置于制裁之下,他们也未被阻碍根据其信仰行动。因为服替代役的义务并不是对其拒服战争役之良心决定的制裁,如果不考虑证明功能,则毋宁说是基于良心信念而保障的豁免于兵役之补偿。像所有其他诉诸《基本法》第 4 条第 3 款以免于服兵役的人一样,他们也要承受对其良心决定予以说明的负担。信仰自由的基本权利并未免除这种负担。

二、民役时间超过兵役是否违宪

根据《民役法》第24条第2款第1句的规定,民役的期限比基本兵役长1/3,这并不违宪。根据《基本法》第12a条第2款第2句的规定,兵役的期限构成了替代役的时间上限。在和平时期需要服的兵役包括15个月的基本兵役、待命状态下的兵役、军事训练。待命状态折算到军事训练的整体期限中。因而,对士兵来说,兵役可能长达24个月,那么民役就可能延长至24个月。对《基本法》第12a条第2款第2句如此解释,是符合其文义的。立法资料也支持这种解释。立法资料显示,基本兵役和军事训练共同构成了替代役期限的测算基础。修宪者不可能假定兵役和替代役为完全等同的时间负担,因为兵役义务人在服基本兵役后,是否并在何种范围内还可能被征召参与军事训练是不可预计的,这一点在修宪时是很清楚的。所以,《基本法》第12a条第2款第2句禁止法律规定民役期限超过兵役被法律所允许的最高期限,但立法者并没有义务在法律允许的兵役最高期限内规定与兵役事实期限相对应的民役时限。《基本法》也不禁止民役期限可能长于兵役事实上的平均期限。毋宁说,民役期限可以由立法者按照法律允许的兵役期限并脱离事实上所服的兵役而抽象地确定。

三、相关法律条款是否违背宪法各原则

1. 人的尊严

《基本法》第1条第1款既不因为民役的规定,特别是其期限延长,也不因为附加认可程序而被侵犯。立法并未把人降低为国家活动的纯粹客体,并由此违反《基本法》第1条第1款确定之人的尊严。《基本法》第4条第3款结合国防正义原则的要求,法律规制能够保证只有那些能被充分确实地认定为满足了《基本法》第4条第3

款第1句之前提的兵役义务人可被认可为拒服战争役者。符合公民义务平等原则并在其他方面合宪的规定,并不触犯人的尊严。

2. 比例原则

《重新规制法》延长民役并设置了认可程序,并不违背源自法治国原则的比例原则。比例原则要求,个人免受不必要或过度的干涉;法律不得对公民课予超出公共利益保护之必要程度的负担;法律使用的手段必须适合于实现所追求的目标。由立法者所规定的民役与认可程序之结合符合这些要求,因为结合的任一要素具有超出其他要素的认知价值,并且两种要素只有共同作用,方可充分确定地保证,只有那些对战争役的拒绝依据良心决定的兵役义务人被免于兵役。

由于其优先的认知价值,如果没有保证负担平衡并构成良心检测的民役,单凭联邦局的程序显然尚不足以充分确实地认定所主张的良心决定。对拒服战争役者不合比例的负担也不在于他——即使愿意容忍民役——必须在联邦局面前通过程序。立法者可以假定,单单这种意愿尚不能以宪法所要求的盖然性排除拒绝决定不是来自良心,而是来自《基本法》第4条第3款第1句不予保护的如追求政治目标等的考量。

按照现有规定的民役也只能有条件地成为严格意义上令人厌烦的选项,也就是足以证明良心决定的存在并防止兵役义务人将《基本法》第4条第3款第1句,误解为创设兵役与民役之间的自由选择权。因为服民役者并不比服兵役者承担更大的牺牲。立法者也没有把民役规定为比兵役负担更重的选项。

与此同时,也不会因为那些适用《拒服战争役法》第9条以下、第18条第1款第2句所定程序的拒服战争役者需要服更长时间民役而违反比例原则。在规定民役时,立法者不仅要看到它是所主张的良心决定存在的认知源泉,而且必须注意国防正义意义上的公民义务平等之宪法诫命。如果立法者根据拒服战争役者获得认可的程序之不同,而对其所要服的民役设置不同的负担,则这一诫命将被违背。

立法者对《拒服战争役法》第9条第1款第1句所包括的人,规定了一种不同于通常情况的认可程序,其意图在于应对情境型申请的危险并适应联邦国防人事规划的需要。相比未受训练的兵役义务人,该人群之成员拒服战争役的决定对联邦国防造成的负担更重,因为他们已经和联邦国防的人事组织有所联系。他们所表达的决定与其早先行为在客观上形成对立,他们本来有机会想清楚并表达出对持武器战争役的良心顾虑,但并未使用这种机会。因而联邦国防的人事组织为他们分配了一定的职能,那么立法者就有资格规定一种比联邦局的程序更深入地审查其是否存在良心理由的程序。对于那些申请已经确定地生效或撤回的兵役义务人重新提出的申请,《拒服战争役法》第9条第1款第2句规定的委员会和复议组的深入审查在宪法上也无可厚非。因为所提出的理由是否已被之前的拒绝程序全面评估过,或者再次申请是否提出了值得注意的新理由,是颇有疑问的,而且第一次认可的失败也提供了更详尽审查的动因。《拒服战争役法》第7条第1句也是合乎比例的,因为只有在委员会和复议组那里更为彻底的程序才能对联邦局审查过程中对申请人之陈述的合理怀疑获得必要的认知。而《拒服战争役法》第8条第1句、第9条第1款第2句对局势紧张和防御战争时期所作规定之合比例性,来自在给定的情形下,民役不再适合于检测所主张的良心决定是否真正存在,因为它显然比服兵役更安全,并且负担也更轻。

按照《拒服战争役法》第2条第2款第3句,申请认可为拒服战争役者需要附具详细简历、对良心决定之动机的个人详细说明、无犯罪记录证明的要求并未违背比例原则,这与《基本法》是相符的。这些要求是为了确保联邦局能够符合事理地履行被分配的任务。联邦局需要能够证明所主张之良心决定的充分陈述与材料,因而申请人应当详细描述其经历和动机。通过无犯罪记录,联邦局可根据申请人的可信性检验他是否一般地遵守伦理准则。申请人应当容忍与出示无犯罪记录相关的、对其人格的干涉,因为如果放弃这一认识途径,就只能采取对申请人负担更重的措施才可能阻止对《基本法》第 4 条第 3 款第 1 句基本权利之滥用。《拒服战争役法》第 2 条第 2 款第 3 句所用的"详细""当面"等概念,并不违反法治国的确定性诫命、依法行政原则、分权原则和对权利的有效保护,因为这些概念清晰易懂。要求当面详细说明良心决定的动机也不抵触公平程序的要求。虽然善于表达和书写的人能够更容易、更有成效地表达其申请,但是联邦局也同样考量从材料中可以认知的申请人形象。

3. 平等原则

《拒服战争役法》第 4 条以下与第 9 条以下、第 18 条第 1 款第 2 句所规定的不同程序,并不违背《基本法》第 3 条第 1 款的规定。对于已被听取意见而由联邦局决定的申请,《拒服战争役法》第 3 条第 2 款第 1 句不允许在认可程序中征召当事人,而在委员会程序中对事先被告知的兵役义务人的申请之处理并不禁止要求其服役。但是,这种区分不是任意的。尽管事前告知或听取意见都会让兵役义务人预计到被征召而导致其提出滥用权利的认可申请,但是对两类人群区别对待的实质理由在于,被事先告知者在被告知时已经属于联邦国防的人事计划范围,而被听取意见者在被听取意见后才能决定他是否应被纳入联邦国防的人事计划。因而,立法者可以为了联邦国防的运转能力而做不同的处理。

依照《拒服战争役法》第6条第1款第1句的规定,在不适于说明良心动机时,认可申请将被拒绝,而按照第7条第1句、第2句;在怀疑申请人陈述之真实性时,申请将被转送至拒服战争役委员会。这两种处理方式并不违背一般平等原则。法效果上的差别是符合事理的。错误地援用甚至滥用《基本法》第4条第3款第1句(因此申请将依据《拒服战争役法》第6条第1款第1句而被拒绝),将在联邦局的程序中被有效应对。相反,这一程序在怀疑申请人就外在事实所为陈述之真实性时,将不能充分保证只有并且所有做出良心决定的拒服战争役者获得承认。这时,只有转送到拒服战争役委员会才能充分保证做出实质正确的决定。

4. 依法行政原则

《拒服战争役法》第3条第2款第2句、第9条第1款第1句,对事先被告知的兵役义务人所作的规定并未违反依法行政原则。依法行政要求,法律对干涉个人权利的授权在对象、内容、目标、程度各方面充分确定。事先告知满足了这些要求,因为根据上述规定以及《体检法规命令》第13条第4款第4句、《拒服战争役法》第4条第1款,只有未受训练的兵役义务人可被书面告知可能被短期征召,以作为缺勤者之替补。因而,国家活动的对象是清楚确定的。尽管行政机关拥有裁量余地决定谁作为缺勤者的替补,但法治国原则仅要求个人知道,行政机关在多大程度上可以干预其权利范围。这里满足了这一要求,因为对于兵役义务人来说,事先告知能够如何干预其权利是清楚的。国家活动的目标也是充分准确划定的。该目标就是让联邦国防行政机关在一定的征召日期能够宣布征召决定。最后,由于活动是根据缺勤者的数量进行的,因此,被允许活动的程度也是确定的。

根据《拒服战争役法》第5条以下所进行的审查程序为决定的正确性提供了充分的保障,即使不是合议机构而是独任公务员作出决定。他受上级指示约束不能证明他不能依法做出决定。对认可申请做出符合事理的判断并不一定需要听取申请人的口头意见。这种根本上以形式化的方式进行,并且比委员会程序简单得多的审查可以无困难地以书面方式开展。

《拒服战争役法》第6条第1款第1句,在宪法上也无可指摘。但它应被解释为只有在考虑到个案情况能够毫无疑问地认定申请人的动机不适于证立拒服战争役权时,才可拒绝申请。联邦局必须认定,不适合并不是因为提交材料的不完整、需要补充或尚待证实,而仅仅是因为未具备主张《基本法》第4条第3款第1句之基本权利的前提条件。否则,联邦局应给予申请人机会,在一定期限内提供完整或补充的材料或者进一步加以证实。只有在此之后,才可在给定情况下依《拒服战争役法》第6条第1款第1句拒绝申请。如此解释,则《拒服战争役法》第6条第1款第1句就与《基本法》第4条第3款第1句、法治国原则、分权原则相符。如果在申请中清楚地显示,申请人由于误解法律状况而不当地认为有权拒绝,就不会违反《基本法》第4条第3款,因为申请人本不享有这一基本权利的保护。在这种情况下,公平程序的诫命并不要求在拒绝申请前当面听取申请人的意见,因为他不可能被认可,并且在书面程序中他有充分的表达机会。如果申请人要主张拒服战争役的基本权利,并由此免除高位阶的共同体义务,那么他就有责任让行政机关获得充分确实的认定:只是良心冲突让他做了这个决定。因此,申请的完整性是一个必要条件。假如申请人不能按照联邦局的要求补足材料,联邦局做出他没有良心决定的假定就是正当的。

5. 有效的权利救济

联邦局的程序的其他规定在宪法上也没有问题。《拒服战争役法》第17条规定,对联邦局的拒绝决定不能提起复议。这在宪法上无可指责。对于因公权力干涉而主张个人权利被侵犯的情况,《基本法》第19条第4款第1句保证有效的法院保护权利,但是,在行政法院程序前设置一个特别的复议程序以审查行政行为的合法性和合目的性,既不是这一条宪法规范,也不是法治国原则的要求。并不存在特别的理由对联邦局的拒绝决定设置复议的救济渠道,行政法院能够查明涉及拒绝决定的问题。《基本法》第19条第4款第1句要求,先于法院程序的行政程序不得阻碍法院的法律保护或使之困难得不可忍受。被联邦局拒绝的申请人可以不受限制地求助行政法院,并且由于《行政程序法》第39条第1款要求联邦局必须证立其决定,因而行政法院可以无困难地审查拒绝是否合法。对于行政法院在何种范围内审查拒绝决定,立法者没有作出明确规定,对此也不存在宪法上的问题,因为可以适用行政法院程序的有关规定。

《拒服战争役法》第9条第2款、第18条1款第2句与《基本法》相符,相应的程序不违背事理正义、适当性与可容忍性。根据《拒服战争役法》第9条第5款第1句、第18条第1款第2句,委员会和复议组的成员并不受一般或个别指示的约束。他们虽然由联邦国防部长指定,但他们的义务仅仅是依法做出决定。因而,假定他们有偏见是不成立的。确保公共部门的成员在公共利益与私人利益之间适当权衡,是立法者设定的公务员法上的预防措施所追求的目标。为了公共行政能够发挥作用,立法者有义务保障公务员的独立性。这同样适用于联邦国防领域。宪法支持有效的国家军事防御的基本决定和《基本法》第4条第3款一并约束所有的国家机关及其成员。因而,从《基本法》第 4 条第 3 款不能得出反对权限划分的论据。如果不能充分确实地认定拒绝是依据良心,按照《拒服战争役法》第 14 条第 1 款第 1 句、第 2 句,第 18 条第 1 款第 2 句,拒服战争役委员会和复议组将拒绝认可申请,并不违背《基本法》第 4 条第 3 款。替代役并非由《基本法》作为履行兵役的一种选项,认可程序并非复议程序,认可机关也不应在有疑问时即承认申请人的主张。毋宁说,申请人有义务让认可机关充分确定地认定已经存在其所主张的良心决定。

6. 立法的合目的性与合宪性解释

《拒服战争役法》第 8 条第 1 句与《基本法》相符合。按照对该条文的文义解释,在紧张局势或防御战争时期,应由联邦局处理的事项转由委员会决定。对于已经提出的申请,主管机关的改变并无绝对理由。那么,第 8 条第 1 句是否应解释为委员会和复议组,只负责紧张局势或防御战争开始后提出的申请,是一个一般法上的问题,对此不存在宪法上的顾虑。因为这种程序处理迅速,因而数量较少,而且立法者很难确定一个时点,以确切地判定申请人确知紧张局势或防御战争业已开始。委员会和复议组的程序与联邦局的程序适用相同的审查标准,在所有情况下都取决于申请人是否做出了良心决定,只不过立法者应当在局势紧张或防御战争时期规定更为详尽的程序。至于说第 8 条第 1 句不合目的、不可行,在宪法视角下也是不成立的。在判断程序是否合目的时,立法者拥有很大的形成余地。联邦宪法法院只能检验,立法者是否可以假定他的规定适于实现法律目标,他的判断是否合理。只有在所选择的程序客观上不适合或完全不适合时,才可能违背《基本法》第 4 条第 3 款或法治国原则。在宪法上,对程序合目的性的审查必须考虑,合适程序条款预设了一个政治决定。对此,立法者也只能依据立法时既存的认识可能,不可能精确预测之后的发展。由于客观上不合目的而致使法律规定违宪的特别情形,并未在第8条第1句中出现。立法者假定,第9条以下、第18条第1款第2句所定程序原则上在局势紧张或防御战争时期也适于对申请做出一个符合事理的决定。这一假定是否正确,鉴于当时主导的状况并不能提前回答。但现在尚未显示出这个程序客观上不适合的理由。

按照宪法所要求的解释,《拒服战争役法》第8条第2句与《基本法》相符。按照第8条第2句的规定,申请认可其为拒服战争役者的、既未受过训练也未被征召或事先告知的兵役义务人,在局势紧张或防御战争时期,即使在认可程序进行中也可能被征召服兵役。如果按其文义将该规范解释为可被安排至不受限制的兵役岗位,那么该规范将与《基本法》第4条第3款第1句不符。即使在国家特别需要公民的严重冲突的情况下,拒服战争役的基本权利也赋予了对良心的保护相对于参与武装保卫国家的宪法义务的优先性。基本权利的核心领域在于,保护拒服战争役者免于被迫违背其良心上的杀人禁令,不得不在战争中杀死他人。这样的强制在不受限制的役务情况下,将直接强加于拒服战争役者。对此,低于宪法位阶的规范并不能加以证成。即使第三人的相冲突的基本权利和其他具有宪法位阶的价值也只能在个别关系中,而不是其核心领域上限制绝对不可限制的拒服战争役权利。如果按照解释原则不能得出与宪法相符的解释,则一条规范只能宣布为无效。如果相关规定的文义、形成史、总体关联和意义目标允许多种解释,其中只有一个产生合宪的结果,那么应当选取那个与《基本法》相一致的解释。为此,第8条第2句只能解释为,兵役义务人只能被安排到不持武器的役务岗位。对此,第8条第2句的文义并未构成障碍,它并未明确申请人可被安排至何种类型的役务。形成史和意义目的同样不反对这种限制性解释。立法者的意志是在局势紧张或防御战争时期防止申请滥用权利，以确保联邦国防的防御能力。通过征召到不持武器的岗位在相当程度上考虑了这一点。

与此同时，未受训练的兵役义务人在提出申请认可其为拒服战争役者之后，在局势紧张或防御战争的情况下也要被征召服不持武器的兵役，并未触及《基本法》第4条第3款第1句的保护范围。因为该条只保护其免于从事根据各种技术状况与武器使用处于直接关联的活动，而非拒绝任何一种战争役。安排到不持武器的役务岗位，可以一直持续到兵役义务人被确定地认可为拒服战争役者。在国家被迫需要所有力量以确保其存在的局势紧张和防御战争情况下，国家急迫地依赖于在国防中使用兵役义务人，直至最终确定他能合法地行使《基本法》第4条第3款第1句的基本权利。对此，兵役义务人并不具有同等价值的冲突利益以预先免于兵役，因为在不持武器的役务中，他不会陷入《基本法》第4条第3款试图使他摆脱的强制状况。

涉及的重大理论问题

在1960年12月20日对第一次拒服战争役案所做的裁定中，联邦宪法法院将《基本法》第4条第3款中的“良心决定”界定为，任何严肃的、道德的、取向于善恶范畴的决定，它被个人在一定情况下内在地体验为对自己有约束且无条件地施加义务，以致他不能克服严重的良心困境而拒绝它。与此同时，联邦宪法法院还指出，《基本法》第4条第3款保护的是完全拒服持武器战争役的人。这不仅包括教条性的和平主义者，还包括那些在当下普遍地拒绝战争役，但是从历史—政治的情境中获得这种动机的人。第4条第3款不保护“情境化”的拒服战争役者，也就是那些拒绝参加一个特定的战争、一定类型的战争、在一定条件下的战争或用一定武器的战争的人。①

第一次拒服战争役案,主要针对上述这两个问题。相比之下,在第二次拒服战争役案中,联邦宪法法院则全面澄清了《基本法》第4条第3款、第12a条对立法所构成的界限,回答了以下几个重大问题:

一、与无保留的基本权利相权衡的法益

在德国宪法学上,基本权利受到法律保留(法律限制)的情形有三类:(1)普通的法律保留:通过法律或根据法律即可干涉的基本权利。例如,《基本法》第10条规定:"书信秘密、邮件及电讯之秘密不受侵犯。限制只得根据法律而为之……"(2)严格的法律保留:限制基本权利的法律被要求联结一定的情形。例如,《基本法》第5条第2款规定:"这些(言论自由、信息自由、出版自由)权利的限制在于一般法律的规定、保护青年人的法律条款和人格尊严的权利之中。"(3)无法律保留的基本权利:《基本法》根本没有规定通过法律对基本权利的限制,如《基本法》第4条规定的信仰自由、良心自由。

对于无保留的基本权利的限制,基本原则是联邦宪法法院在其对出于良心理由而拒服战争役的裁判中发展出来的,《基本法》第4条第3款就是无保留的基本权利。第4条第3款对进一步规制的授权只证成了认可程序,而非对基本权利实质内涵的限制。从基本权利可以得出对于塑造国家程序的特别要求,因而,认可程序总是要根据第4条第3款加以衡量。联邦宪法法院曾在役务拒绝案(BVerfGE 28,243)中提出:

只有第三人的相冲突的基本权利和其他具有宪法位阶的法之

① Kriegsdienstverweigerung I-Beschluss, BVerfGE 12,45.

价值，能够根据对宪法的统一性和由宪法所保护的整体法秩序之考虑，例外地限制处于具体关系中不可限制的基本权利。

但有疑问的是，能否从宪法中得出与第4条第3款相冲突的法益。在役务拒绝案（以及第二次拒服战争役案）中，联邦宪法法院援引《基本法》第12a条第1款、第73条第1项、第87a条第1款第1句论证，兵役义务是宪法义务，而且是宪法支持军事防御的基本决定。但是，正如在第二次拒服战争役案判决中少数派法官所批评的，限制基本权利的宪法价值恰恰是那些国家任务或职能，针对它们，基本权利要发挥限制性的保障自由的作用。学者认为，第4条第3款恰恰对国防能力的利益发展出了限制的效果。第12a条恰恰要创设普遍兵役制的例外，而其他条款是权限、组织规范，不适合作为依据来限制基本权利。即使《基本法》允许立法者以兵役义务人组织能起作用的军队，结果也不应是拒服战争役者的数量依赖于军事防御的需要，毋宁说兵役义务受到第4条第3款的保留，而不是良心自由受到有效国防的保留。①

在第一次拒服战争役案中，德国联邦宪法法院认为，由宪法所要求的国家军事防御，除了根据普遍兵役制，也可以通过志愿军来确保。就此而言，相比普遍兵役制，在职业军人制下，出于良心理由而拒服战争役的问题要小得多。因而，第4条第3款与有效防御国家的法益未必冲突。在第二次拒服战争役案中，联邦宪法法院承认，《基本法》第4条第3款认可个人良心优先于国家防御。但是，德国联邦宪法法院恰恰援引防御的职能来限制该基本权利。像任何权衡一样，联邦宪法法院的努力实际上进一步使基本权利失去轮

---

① Michael Sachs (hg.), Grundgesetz-Kommentar, Muenchen 2009, S. 273; Josef Isensee/Paul Kirchenhof(hg.), Handbuch des Staatsrechts, Band Ⅶ, S. 702.

廓。第4条第3款延伸得太远,不能抽象地,只能通过考虑个案各种情况的权衡来加以确定。而根据现今的通说,普遍的兵役义务和出于良心理由的拒服战争役权也并立于宪法的同等层面上。①

二、认可程序的意义

对于《基本法》第4条第3款,多次被讨论的问题是,认可为出于良心理由而拒服战争役者之行政程序,是否构成对该基本权利的干涉。② 按照德国学界的权威见解,对基本权利的干涉是使落入基本权利保护范围的个人行为完全或部分地成为不可能,无论这一效果是否有意为之、直接的或间接的、法律的或是事实的、有无命令和强制。③ 在本案中,法院并未界定行政程序是否构成干涉,而是指出《基本法》第12a条第2款所规定的替代役应保留给出于良心理由而拒服持武器战争役的兵役义务人。因而,立法者的义务是,确保只有那些可以充分确定地认定为满足《基本法》第4条第3款第1句之前提的兵役义务人,方能被认可为拒服战争役者。设置相应的认可程序,才能将真正出于良心理由拒服战争役者辨别出来。而且法院进一步指出,服替代役的义务和认可程序这两个因素的共同作用方可充分确保,只有那些对战争役的拒绝依据其良心决定的兵役义务人可免服兵役,这就证成了认可程序的存在价值。正是由于联邦宪法法院在第二次拒服战争役案中明确了拒服战争役权处于一种程序保留之下,方可防止拒服战争役权被滥用以及公民任意摆脱普遍的公民义务。因而,第4条第3款被理解为依赖于或者取向于

① Michael Sachs(hg.),Grundgesetz-Kommentar,Muenchen 2009,S. 271f.

② Bodo Pieroth/Bernhard Schlink,Grundrechte:Staatsrecht Ⅱ,Heidelberg 2008,S. 132.

③ Bodo Pieroth/Bernhard Schlink,Grundrechte:Staatsrecht Ⅱ,Heidelberg 2008,S. 57.

程序的基本权利,它要求申请人被确定认可为拒服战争役者。[①]

三、行使良心自由的基本权利应否加以论证

本案中的规范审查提起人明确主张,《拒服战争役法》第14条第1款第2句将论证负担施加给拒服战争役者违反了过度禁令。对难以决定的情况做出处理,不得不利于拒服战争役者。但是,德国联邦宪法法院认为:

> 属于某个信仰群体——其信仰原则包括拒绝持武器并且其反对持武器的良心决定因而是明显的——的拒服战争役者,应当像所有其他主张《基本法》第4条第3款中基本权利的人一样,承担说明其所做出的良心决定之负担。信仰自由的基本权利(《基本法》第4条第1款)并不使他们免除这一负担。

正如学者所概括的,国家不仅可以要求展示良心决定,还可以要求证立良心决定。因为良心决定必然涉及一定的道德或伦理价值观,因而可以审查是否涉及这种观念,而不是政治、经济的价值观。为此目的,可以要求诉诸良心决定的人进行证立。这并不侵犯良心自由,因为意识到道德观念属于良心现象。为了使证立良心决定的义务不致空洞化,可以对其内容提出最低限度的要求,换言之,证立必须是可信的,就此而言,也可以说是兵役义务人的“说明负担”。[②]

---

① Josef Isensee/Paul Kirchenhof(hg.),Handbuch des Staatsrechts,Band Ⅶ,S. 700 – 702;Klaus Stern/Florian Becker,Grundrechte-Kommentar,Koeln 2010,S. 494.

② Bodo Pieroth/Bernhard Schlink,Grundrechte:Staatsrecht Ⅱ,Heidelberg 2008,S. 132.

后续影响

如上所述,德国联邦宪法法院在第二次拒服战争役案中重申了其在之前一系列裁判的立场:《基本法》第4条第3款直接保障出于良心理由而拒绝服持武器战争役的权利。《基本法》的出发点是作为最高法益的自由、自决的人之尊严。通过第4条第3款,《基本法》保障了良心的不可侵犯性以及不被迫违背绝对课予义务的内在诫命。为此,《基本法》第4条第3款在国家特别要求公民承担义务的冲突情境下,仍然对个人的良心自由之保护赋予了优先性。出于良心理由而拒服战争役的基本权利对参与武装防卫国家和保护国家存在的宪法义务构成了不可克服的限制。根据德国联邦宪法法院持续的裁判,《基本法》认为自由的人格和人的尊严是最高的法价值,并因而在第4条第1款中承认良心自由和良心决定——自治的道德人格直接表达于其中——不可侵犯。第4条第3款依据良心自由原则保障拒服战争役的良心决定之自由。在共同体的需要与个人良心之间冲突中,宪法规范在相当程度上赋予个人良心以优先性。这对于自由人的共同体以及在个人自决中认识到支撑共同体之价值的国家来说是合适的。[①] 在今日德国有关基本权利的论著中,联邦宪法法院就第二次拒服战争役案所作的裁判仍然是阐释《基本法》第4条第3款的主要依据。这当然不仅是因为联邦宪法法院在第二次拒服战争役案裁判中对良心自由之价值理念的庄严申述,更重要的是该案对相关立法中认可程序、论证负担等具体问题的清晰回答,使主张这一基本权利既成为可能,又不至于被滥用。

---

① Bruno Schmidt-Bleibtreu/Hans Hoffmann/Hans Hopfauf, GG, Kommentar zum Grundgesetz, Koeln 2008, SS. 240 – 241.

巴哈伊案

刘 权

案例名称 巴哈伊案（Bahá 'í-Beschluss，BverfGE 83，341，1991 年 2 月 5 日）

关 键 词 巴哈伊 宗教社团 宗教自由 宗教结社自由 注册团体 组织自治 成员自治

案 情

诉愿人为巴哈伊教，发源于伊斯兰教什叶派，存在于世界上许多国家。这一教派有着严密的等级组织结构，目前由位于以色列海法的“世界正义院”（Universale Haus der Gerechtigkeit）领导。在地方灵体会较多的国家，全国总会的 9 名委员每年经间接选举产生。在德国，灵体会需要以注册团体的形式组建；在其他国家，灵体会需要根据组织或社团法律所规定的其他法律形式组建。地方灵体会同样也由当地信徒选举产生的 9 名委员处理当地事务。

位于德国图宾根的巴哈伊教提出登记申请，希望成为注册团体，但被否决。其理由为巴哈伊依赖于全国总灵体会，只是宗教团体的一个分支机构，不能成为独立的实体。根据灵体会的章程，全国总灵体会对地方灵体会享有排他性控制权、监督选举权、决定地方分会管辖权、批准章程修正案通过权、组织解算权等权力。因此，相关部门认为巴哈伊地方灵体会依附于全国总灵体会，其自身并不具有独立性,不能申请成为注册宗教社团。

巴哈伊教认为,由于其登记申请遭到拒绝,缺乏法律行为能力进行宗教活动,故认为其宗教自由受到了侵害,遂提起诉讼,最终诉愿到德国联邦宪法法院。

裁判要旨

1. 仅仅一个团体的主张和自我理解——声明其信奉宗教,是宗教团体——并不能证成它和它的成员对《基本法》第4条第1款和第2款宗教自由的援引。它必须根据精神内容和外在表现属于宗教和宗教团体。在有争议时进行审查和做出判断——作为对国家法秩序的规定的应用——是国家机关并最终是法院的的职责。

2. a)《基本法》第4条第1款、第2款意义上的宗教自由,包含宗教结社自由(die religiöse Vereinigungsfreiheit),其体现于《基本法》第140条所规定的魏玛教会条款中。

b)宗教结社自由包括在共同的信仰下共同组建宗教社团。其并非要求获得某种特定形式的权利,如成为具有法律行为能力的组织或其他法人形式可能享有的权利,而是要求获得包括参与一般法律关系的任何形式存在的法律可能性。

裁判理由与论证

本宪法诉愿主要涉及宗教团体的宗教结社自由权和宗教自治。联邦宪法法院首先认为,《基本法》第4条第1款、第2款以及《基本法》第140条所规定的魏玛教会条款,包含了宗教团体享有宗教结社自由的基本权利。高等法院不正确地解释了《民法典》中的社团法律制度,诉愿人的宗教结社自由权可能受到了侵害。

接下来,德国联邦宪法法院主要从以下几个方面进行了论证:(1)《基本法》第4条是否包含宗教结社自由;(2)宗教结社自由的内涵;(3)宗教社团分支机构可否申请成为注册宗教社团。

一、《基本法》第4条是否包含宗教结社自由

《基本法》第4条第1款、第2款是专门保障信仰自由、良心自由、宗教与世界观自由、宗教行为自由的条款,其并没有明确表达宗教结社自由。那么,是否就能据此认为,《基本法》第4条第1款、第2款就不包含宗教结社自由呢?

《基本法》第4条第1款与第2款规定:

> 信仰与良心自由、宗教与世界观表达自由不可侵犯。应保障宗教活动不受妨碍。

实际上,《基本法》第4条第1款、第2款意义上的宗教自由,是包含宗教结社自由的,其体现于《基本法》第140条所规定的魏玛教会条款中。

《基本法》第140条规定:

> 1919年8月11日德国宪法第136条、第137条、第138条、第139条及第140条之规定,为本基本法之构成部分。

《魏玛宪法》第137条第2款规定:

> 宗教团体设立之自由,应保障之。

德国联邦宪法法院的判例认为,应当全面理解《基本法》第4条的含义。[①] 经历纳粹政权惨痛的宗教迫害后,制宪者希望,宗教自由

---

① vgl. BVerfGE 24,236 (244 ff.)

不应当只是部分、片面地得到保障,而应当被全面充分保障。经过数百年发展起来的并被《魏玛宪法》确认的宗教自由权利,无论如何也不能被否定。宗教自由不仅应当包括信仰与良心自由,而且应当包括表明自己信仰的自由、私下或公开地进行宗教活动的自由和宗教结社自由。①

通过考察1949年《基本法》制定时的相关资料与情况,德国联邦宪法法院认为,制宪者当时的目的是用宪法保障宗教结社自由,并永久保障。因而,根据《基本法》第140条提及的《魏玛宪法》第137条第2款的规定可以得出,《基本法》第4条第1款、第2款意义上的宗教自由,包含宗教结社自由。

二、宗教结社自由的内涵

既然《基本法》所规定的宗教自由包含宗教结社自由,那么,究竟什么是宗教结社自由呢?所谓宗教结社自由,是指在共同的信仰下共同组建或解散一个宗教社团的自由。

宗教团体(Religionsgesellschaft)是建立在国家法秩序基础之上的共同体,而不只是一个精神信仰团体。之所以要组建成为一个宗教社团,是因为有着共同信仰的不同的人需要以一个团体的形式去追求他们共同的宗教目的,而且以法律认可的方式进行法律行为。但这并不表明,其要求获得某种特别形式的权利,如成为拥有法律行为能力的组织,或其他法人形式可能享有的权利,而是要求获得包括参与一般法律关系的任何形式存在的法律可能性。

《基本法》第140条提及的《魏玛宪法》第137条第4款体现了这些要求。

---

① vgl. Art. 135, 136, 137 Abs. 2 WRV und G. Anschütz, Die Religionsfreiheit, in: Anschütz/Thoma[Hrsg.], HDStR, Bd. 2, 1932, § 106, S. 681 ff.

《魏玛宪法》第137条第4款规定：

宗教团体，在一般适用法律限制内，应当独立规定其管理事务，并不必受国家或人民自治区之干涉，得自行委用职员。

宗教团体同其他任何团体一样，原则上必须遵守法律的一般规定。因此，如果一个宗教团体基于特殊的信仰理由，要求成为某个特殊法律形式的组织，是不被允许的。但宗教结社自由，要求宗教团体在法律规定的范围内被保护。法律规定了宗教自由的范围和领域，例如，《基本法》第4条第1款规定的信仰与良心自由、宗教与世界观表达自由不可侵犯，第2款规定的宗教活动不受妨碍以及对相关法律的解释与适用。这不仅意味着应当充分利用宗教团体的形塑余地（Gestaltungsspielräume），还应当对强制性法律进行有利于宗教团体的解释，但这不能损害法律关系的安定性和他人的权利。

如果由于设置了一个宗教团体内部机构而使其完全不能进行任何法律行为，或者降低了其实现的可能性，那么这与宗教结社自由是相悖的。

三、宗教社团分支机构可否申请成为注册宗教社团

被诉判决侵犯了宗教结社自由权。《民法典》中关于结社的法律条款允许宗教团体的分支机构或者与其有特别关系的宗教团体根据自身的特性设立内部组织。

作为一个宗教团体和宗教社团下属组织的巴哈伊地方灵体会内部组织，其信仰需求可以通过《民法典》中的结社条款和有关宪法规定得到满足。

（一）章程条款并不涉及社团独立与自治原则

被提交的章程中关于成员的产生（第3条第2款）、开除会籍（第4条第2款）、解算组织（第14条第1款b）、章程修订的条件

(第13条第2款)、组织任务的界定(第11条第1款c)等条文内容,与原审法院考虑的社团独立与自治原则没有关系。这些章程条款并没有涉及社团法规定的安全问题、法律行为的透明度等内容,仅涉及社团内部组织问题。

(二)章程条款并不与社团法律规定相冲突

被提交的章程条款并不与社团法律规定相冲突。德国《民法典》第41条规定,社团可以通过全体成员大会决议予以解散,所以,全国总灵体会解散组织的权利并没有与此规定相冲突。

《民法典》第41条规定:

社团可以通过全体成员大会决议予以解散。除章程另有规定以外,解散决议需出席成员的四分之三多数同意。

《民法典》第58条对社团成员的加入和退出,并没有作出实质的具体规定。

《民法典》第41条规定:

章程应当包括以下规定:(1)成员加入和退出社团;(2)成员是否出资以及出资的种类;(3)董事会的组成;(4)召集社团全体成员大会的条件,召集的方式以及决议的证明。

《民法典》第33条关于社团章程修改的规定也不是很具体的。

《民法典》第58条规定:

(1)变更章程的决议,需由出席成员的3/4多数决定;变更社团目的,需经全体成员同意;没有出席的成员,需以书面表示同意。(2)社团的权利能力系基于邦的许可而取得时,其章程的变更需获得邦的认可;由联邦参议院许可的,需获得联邦参议院的认可。

因此，通过考察相关社团法律规定可以发现，巴哈伊章程条款（这些条款需要翻译一下，否则没法比较）并没有与社团法律规定相冲突。

（三）组织自治原则

原审法院错误地认为，巴哈伊章程条款与社团法的组织自治原则不相符。德国《民法典》并没有明确规定组织自治原则，该原则实际上来源于判例和各种学理。组织自治首先要求组织的创设完全归属于其所有成员的共同意愿。组织自治原则的目的在于保障组织能够根据其成员的意志进行各种活动。[①]

组织自治包括授权各机构根据组织的目的进行自主组织，但其具体的组织形式不得违反授权组织的基本规定或原则。判例法强调，实现组织自治的另一种方式为，组织在章程的限制下进行自我管理；同时，通过章程设定限制也是组织自治的表现。因此，如果宣布禁止适用这些组织章程条文，则构成对组织自治的侵犯。

根据判例和法律的明文规定，对组织自治原则内涵的理解，存在两种并不必然平行的趋势：第一种趋势，组织自治原则保障成员按照自己的意志自由决定组织的组建和组织的结构形式，这同样适用于具有等级结构的组织；第二种趋势，组织自治原则同时保障组织的自治权和成员的自治权，以避免由于二者的同一化而使成员意志屈服于组织意志。但是，组织自治原则内涵的这两种趋势并不是相互排斥的，相反，在具体案件中，通过解释与适用具体法律，可以使这两种趋势达到平衡。

---

① KG, OLGZ 1974, S. 385 [387]; RGRK-Steffen, 12. Aufl., Rdnrn. 31 f. vor § 21, § 25 Rdnr. 1; Staudinger-Coing, 12. Aufl., Vorbem. zu §§ 21 – 54, Rdnr. 38; AK-Ott, § 25 Rdnrn. 15 f.; vgl. auch Flume, Allgemeiner Teil des Bürgerlichen Rechts I/2, 1983, S. 189 f.

(四)巴哈伊教是否可以申请成为注册宗教社团

如果考虑到该宗教组织作为宗教社团一部分的特点,就像其他具有等级结构的宗教社团内部组织一样,该宗教组织可以被认为是宗教社团的分支机构或与宗教社团有特殊联系的组织。但是,听从外部第三人的意志并不必然意味着该组织就会丧失独立性与自治性。

宗教组织自治表明,宗教组织可以根据宗教目的活动,依据相关社团法律自由设定组织结构。宗教社团对其分支机构的解算、成员开除、活动限制等,不应被看作对自治的外部侵犯行为。尽管上级主管机构具有某些管理权限,但该组织仍然具有充分的自治权。

根据章程规定,巴哈伊全国总灵体会对地方灵体会的存在、成员关系以及活动施加影响,原审法院认为这是一种不被允许的外部决定,这实际上是不正确的,是对宗教社团特征的错误认识。通过对组织自治原则的解释与适用可以得出,宗教社团根据自己的信仰可以设立分支机构,这实际上体现了宗教自由权。宗教社团对分支机构进行管理,有利于实现其宗教目的,这并没有侵犯该分支机构的组织自决权。

因此,根据组织自治原则的要求,尽管一个组织的分支机构依附于更高一级的组织,但该分支机构并不因此而失去作为一个独立组织的特性。巴哈伊地方灵体会虽然依附于全国总灵体会,但具有自己独立的任务,属于一个独立的自治组织,可以申请成为独立的注册宗教社团。

通过以上论证,德国联邦宪法法院最终认为,原判决没有正确解释与适用组织自治原则,侵犯了诉愿人依据《基本法》第4条第1款、第2款以及《基本法》第140条所规定的魏玛教会条款所享有的宗教结社自由权,因此撤销原判决。

涉及的重大理论问题

一、宗教结社自由权

所谓结社自由权，是指具有共同意愿或利益的公民基于一定的宗旨而成立具有持续性的组织的权利。结社自由权并不是从来就有的，其产生于近代，随着民主政权的确立而确立，目前已经演化成为公民的一项宪法基本权利。

宗教结社自由权是结社自由权的一种，世界上大多数国家将其列举为宪法基本权利。一定数量的公民基于共同的宗教信仰，出于探讨宗教思想、交流宗教感情等方面的需要，可以自由设立宗教团体。在内容上，宗教结社自由权包括自由发起与成立宗教组织、吸收新教徒、开除教徒、解算与注销宗教组织等具体权利。

一个宗教组织只有获得国家世俗政权的认可后，即通过申请注册登记获得法律人格后，才能更好地开展宗教活动，实现其宗教目标。换言之，宗教组织能否被登记注册，直接关系其生存与发展，从而直接决定了宗教自由能否有效实现。宗教组织得到登记注册，获得国家的法律认可，就可以依法从事许多法律行为，享受许多优待豁免政策，从而有利于其依据自身的宗教信仰自由开展各项宗教活动。“当今的宗教团体需要在诸多方面和世俗法律秩序进行互动，以便于其从事各项事务。一个宗教团体想要在脱离法律实体地位的情况下安排好自己的事务，那几乎是不可能的。不但如此，法律实体地位的欠缺还会给宗教团体带来不必要的责任风险和其他法律问题。”①

---

① ［美］小科尔·德拉姆、布雷特·G. 沙夫斯：《法治与宗教——国内、国际和比较法的视角》，隋嘉滨等译，中国民主法制出版社 2012 年版，第 422 页。

既然宗教结社自由如此重要,那么,宗教组织可以申请注册成为什么类型的宗教社团呢?

在欧洲,如果拒绝赋予宗教组织法律人格,可以被认为违反了《欧洲人权公约》第9条,构成对宗教自由的侵犯。至于可以申请成为何种类型的宗教团体,每个国家都有自己的法律模式,存在不同的划分方式。例如,在芬兰,宗教组织可以分为受税收管理当局认证的宗教团体、经有关部门批准的宗教团体、得到承认的宗教团体、官方教会等。在美国,对宗教团体登记的事宜主要由州决定,而不同的州差别很大。具体来说,宗教团体主要可以申请成为以下形式的注册团体:(1)信托法人。从历史角度来看,信托法人是公司的过渡形式,受托人在行为上有较大限制。(2)会员制法人。这种形式较为普遍,管理更为民主。在很多方面与商业公司类似,但不能发行股票。(3)个体法人。由特定职务的人(如主教)组成法人,允许其管理法人所拥有的财产。对财产的管理权随着职务而非供职者的转移而转移。个体法人组织可追溯至15世纪中期,它是一种能够保证宗教组织的财产得到恒继的法律实体形式。但是,无论申请成为何种形式的注册宗教团体,美国的宗教团体都可以称为非营利性宗教组织。[①]

二、宗教自治

在德国,宗教组织自治是与宗教组织的自决权联系在一起的,自决权的范围涵盖了宗教组织自身的所有事务。依据宗教组织自治原则,对于宗教教义、组织结构、成员、内部管理规则等几乎所有宗教自身事务,宗教组织都可以独立自主地决定。但是,对于究竟

---

① 参见[美]小科尔·德拉姆、布雷特·G.沙夫斯:《法治与宗教——国内、国际和比较法的视角》,隋嘉滨等译,中国民主法制出版社2012年版,第423~424页。

什么是宗教组织的自身事务,最终判断权保留在德国联邦宪法法院。

在自治主体上,毫无疑问,教会作为一个整体,当然享有自治权。那么,教会的分支机构是否享有自治权呢?本案的原审法院认为,宗教团体的分支机构依附于更高一级的组织,不具有独立性,所以没有自治权,进而也就不能申请成为注册宗教社团。这种认识其实是有失偏颇的。尽管分支机构具有一定的依附性,但并不表明其没有独立性。正如联邦宪法法院所认为的:“尽管上级主管机构具有某些管理权限,但该组织仍然具有充分的自治权。”图宾根巴哈伊灵体会作为地方宗教组织,虽然需要听从于巴哈伊全国总灵体会,但这并不妨碍其独立性,当然可以申请成为注册宗教社团。另外,在德国,与宗教组织有一定联系的机构,无论其法律形式如何,只要得到了教会的授权,执行某些宗教任务,也同样享有自治权。

需要注意的是,对于宗教自治,应当处理好组织自治与成员自治的关系。宗教组织作为一个整体,享有对自身事务的独立自决权,但是,宗教组织又是由具体的成员构成的,其每一个成员都有自由的独立意志。因此,在面对具体宗教事务时,如何实现宗教组织意志与宗教成员意志的平衡,既防止宗教组织意志取代宗教成员意志,又防止宗教成员意志阻碍宗教组织意志,值得进一步探究。

后续影响

本案具有重要的后续影响。首先,本案明确了宗教结社自由权是宗教自由的应有内容,这可以说是一个很大的进步。因为《基本法》第 4 条虽然规定了宗教信仰自由,但是并没有明确规定宗教结社自由,所以在本案判决作出之前,对于宗教结社自由权是否属于基本权利还存有一定的争议。在本案中,德国联邦宪法法院认为,应当全面理解《基本法》第4条的含义。通过考察宗教自由的历史发展、1949年《基本法》制定时的相关资料与情况以及通过解读《魏玛宪法》的相关条款,联邦宪法法院最终认为,《基本法》第4条第1款、第2款意义上的宗教自由包含宗教结社自由权。其次,本案深入阐述了宗教组织自治的内涵。德国联邦宪法法院认为,宗教社团对分支机构进行管理有利于实现其宗教目的,并没有侵犯该分支机构的组织自决权。因此,根据组织自治原则的要求,宗教的全国性组织可以申请成为注册社团,宗教的分支机构或地方性组织也可以申请成为注册社团。因而,本案对于日后的宗教结社、宗教自治方面的立法、执法、司法,都产生了不可忽视的重要影响。

十字架案

赵　真

案例名称　十字架案（Kruzifix-Beschluss，BVerfGE 93，1，1995 年 5 月 16 日）

关 键 词　十字架　国家中立　消极的宗教自由

案　情

本案涉及在教室安放十字架（Kreuz）或耶稣受难十字架（Kruzifix）的合宪性问题。本案有 5 名诉愿人，其中，诉愿人 X、诉愿人 Y、诉愿人 Z 是诉愿人 A 与诉愿人 B 的未成年子女，当时正在接受义务教育。诉愿人 A 和诉愿人 B 是鲁道夫 · 施泰纳（Rudolf Steiner）人智学世界观的拥护者，他们依此教育子女。巴伐利亚州的《国民学校规定》第 13 条第 1 款第 3 句规定，公立学校的每间教室都应安放十字架。《国民学校规定》由巴伐利亚州教学与文化部制定，其授权来自两部法律，一个是《巴伐利亚教育与教学事务法》，另一个是《国民学校法》（裁判时已失效）。从长女 X 入学开始，诉愿人就对学校的做法提出了异议。学校先是在他们的孩子上课的教室安放了耶稣受难像，后来又换成了没有耶稣受难像的十字架。诉愿人认为，这样的，对“死亡的男性身体”的展示，使他们的孩子受到基督教的影响。这违背了他们的教育观念，尤其违背了他们的世界观。

在诉愿人X于1986年夏末入学时,在她的教室中,一个总高80厘米(耶稣像高60厘米)的十字架,被直接安放在黑板可见的范围内。诉愿人A和诉愿人B要求移走十字架,而且只要诉愿人X面临这种处境,他们就拒绝送孩子上学。后来冲突平息了,因为学校更换了一个没有耶稣像的小十字架,放置在门的上方。当诉愿人A和诉愿人B的其他孩子入学以及诉愿人X换班并最终转学时,冲突再次爆发,仍然是因为教室中安放的耶稣受难十字架。由于诉愿人A和诉愿人B在很长一段时间内拒绝送孩子上学,双方又达成了妥协:在门上方放置没有耶稣像的小十字架,其他教室不变,教育主管部门没有承诺每次换班时都会照此处理。3个孩子暂时在一所华德福学校(Waldorfschule)[①]就学,但是由于缺乏必要的经济条件,这只能是暂时的解决办法。

1991年2月诉愿人A和诉愿人B以自己的名义同时也以孩子的名义,向行政法院起诉巴伐利亚州。他们要求将十字架从他们的孩子就读(包括正在就读和将来就读)的公立学校移除。同时,他们请求法院颁布临时禁令,移除耶稣受难像,直到诉讼程序终结。

雷根斯堡行政法院驳回了这项紧急申请。法院认为,安放十字架既没有侵害父母的教育权,也没有侵害孩子的基本权利。首先,在教室中安放十字架是为了协助父母对子女的宗教教育,这没有逾越宪法上允许的、涉及学校事务的宗教—世界观框架。其次,积极与消极的宗教自由之间的紧张关系必须根据协调原则来解决。诉愿人不能要求消极的信奉自由绝对优先于其他愿意接受宗教教育的学生的积极的信奉自由。

诉愿人就雷根斯堡行政法院的裁定向巴伐利亚高等行政法院

① 华德福学校是以鲁道夫·施泰纳的人智学为指导思想创办的学校。

提起上诉,被高等行政法院驳回。高等行政法院认为,不存在颁布禁令的理由。因为对于诉愿人来说,等到主诉讼程序终结并不会带来不可期待的、无法恢复的损害。另外,申请颁布禁令的请求权也不可信,无法预测主诉讼程序能够胜诉。虽然落入信仰自由的保护范围,但已经触及对它的限制,这些限制来自于国家的学校组织权以及持相反观点的学生和家长的基本权利。第一,十字架不是与宗教结合的信仰表现,而是普遍的基督教(西方传统)的本质对象以及这种文化圈的共同财产。第二,学校既没有从事传教活动,也没有妨害对其他宗教或世界观价值的开放性。学校影响孩子是通过课程,而不是十字架这样的图形标志。本案中,并没有强制孩子在上课时一直注视十字架。第三,在教室内安放十字架,也不损害父母的教育权。本案中,父母并不反对耶稣基督这个形象,而只是反对片面的、有害的对受难耶稣的强调。因此,他们所受的影响是微不足道的。

宪法诉愿直接针对紧急程序中作成的裁定,间接针对《国民学校规定》第 13 条第 1 款第 3 句。诉愿人认为,其源自《基本法》第 4 条第 1 款、第 6 条第 2 款、第 2 条第 1 款以及第 19 条第 4 款的基本权利受到了侵害。其中,诉愿人主张《基本法》第 4 条第 1 款的基本权利受到侵害的主要理由为:第一,十字架是基督教的显著符号和代表标志,在教室内安放十字架违背了国家在宗教—世界观上的中立义务。第二,由于义务教育的存在,学生不可避免地受到国家的强制,每天在违背自己的或父母的宗教或世界观信念的情况下,不得不忍受十字架或耶稣受难十字架,因此,国家放纵在基督教信仰的意义上对学生的微妙影响。第三,对孩子或青少年的危害,不能被《基本法》第 7 条第 1 款国家的学校组织权以及其他学生或其父母从《基本法》第 4 条第 1 款得出的积极的宗教自由证成。诉愿人还提及学校祷告案,[①]认为德国联邦宪法法院应该在立场上保持一致。诉愿人主张《基本法》第19条第4款的基本权利受到侵害的主要理由是,十字架标志对容易受到影响的、接受义务教育的孩子的心灵发展产生深刻、持续的影响。他们直到1991年才起诉并不能归咎于他们。父母为了孩子的利益,一再尝试在法庭外与教育主管部门和解,这却拖延了几年时间。

巴伐利亚州政府认为,该宪法诉愿不成立。其理由在于:第一,在学校中引入十字架并不违反国家在宗教—世界观上的中立性。《国民学校规定》第13条第1款第3句的规定,是《巴伐利亚宪法》第135条第2句要求的结果。后者已经被联邦宪法法院确认合宪。基督教信仰的基本原则在很大程度上应该被理解为已经变成西方文化圈共同财产的价值和规范。第二,其他学生感到自己积极的信仰自由有所涉及,这并不涉及诉愿人的权利。在一般的课程中,并没有通过十字架作传教式的宣传。在宗教课程或学校祷告中,诉愿人可以不参加宗教课程或以合理的方式躲避学校祷告。第三,巴伐利亚已经在《基本法》第7条第1款的国家教育权和《基本法》第6条第2款的父母教育权之间作出决定,即由公民投票通过的《巴伐利亚宪法》第135条规定了有基督教特色的共同学校。诉愿人不能无视这一决定。第四,《基本法》序言提到在上帝面前的责任。[②] 制宪者心中存在基督教——西方的上帝概念。学校的十字架正是具体化制宪者当时所感受到的责任。

天主教会认为,与宗教的关联性在公立的共同学校中是允许的。其理由在于:第一,十字架不是课程教材,《国民学校规定》也没

① 参见本辑学校祷告案。

② 《基本法》在序言中写道:“德意志人民意识到自己对上帝和人类的责任,本着作为联合的欧洲中的平等一员为世界和平做贡献的意愿,基于其制宪权制定此基本法。”

有要求每节课的内容都要与十字架相关联。第二,国家的中立义务仅仅要求学校不能是传教的学校,不能主张基督教信仰内容的约束力。诉愿人则主张政教分离的、无宗教的学校,排斥所有与宗教有关的东西。在学校中,所有的宗教—世界观的观念都得到考虑在事实上是不可能的。学校不一定将自己限制在以完全中立的方式授课,它的教育可以延伸到非物质价值的传递。第三,想要通过基督教教育其子女的父母的积极的宗教自由,以及国家的学校组织权构成了诉愿人的消极的宗教自由的边界。《基本法》第 4 条蕴含了包容的要求,冲突的基本权利应该在实践调和的意义上得到权衡。诉愿人不能主张其消极的信仰自由具有绝对的优先性。由于十字架的存在,诉愿人虽然必须面对支持基督教信仰观念的宗教世界观,但他仍然有纯粹消极的不予理会的可能性。

新教教会认为,在基督教的共同学校的教室安放十字架在宪法上并无可指摘之处。其理由在于:第一,根据《基本法》第 7 条第 1 款,在父母之外,国家也享有同样权利的教育委托。根据《巴伐利亚宪法》第 135 条成立的基督教公共学校只要不是传教的学校,不要求基督教信仰内容的约束力,那么它在宪法上是无可非难的。第二,学生在学校中根据基督教信仰的共同原则受课和接受教育,教室中的十字架是这种共同原则的标志,而不是特定宗教信仰的表达。第三,消极的宗教自由并不优先于积极的宗教自由。国家的中立性体现为在包容和考虑他人的精神指引下,使消极的宗教自由和积极的宗教自由在学校中能够协调。在合理安排的情况下,学校祷告不会侵害消极的宗教自由。教室中的十字架也是如此。但是,与学校祷告不同的是,十字架标志没有对个别学生提出挑战,他不需要就参加或不参加做决定。

德国联邦宪法法院经审理认为,高等行政法院认为颁布禁令理由不存在的裁定违反《基本法》第19条第4款。否定申请禁令的请求违反《基本法》第4条第1款以及第6条第2款第1句。

本案涉及的重要法条如下:

1.《基本法》第4条第1款规定:“信仰自由、良心自由以及宗教和世界观信奉表达的自由不可侵犯。”

2.《基本法》第6条第2款第1句规定:“抚养、教育子女是父母自然的权利,也是父母承担的首要义务。”

3.《基本法》第19条第4款规定:“任何人的权利受到公权力侵害,均可提起诉讼。如无其他主管法院,可向普通法院提起诉讼。第10条第2款第2句的规定不受影响。”

4.《国民学校规定》第13条第1款规定:“在对儿童的宗教教育方面,学校协助有权教育者。协助的可能方式包括学校的祷告、礼拜和祈祷。每间教室均应安放十字架。教师和学生有义务尊重所有人的宗教感情。”

裁判要旨

1. 在非宗教学校的公立义务教育学校的教室安放十字架或耶稣受难十字架违反《基本法》第4条第1款。

2. 巴伐利亚州《国民学校规定》第13条第1款第3句不符合《基本法》第4条第1款,是无效的。

裁判理由与论证

尽管诉愿人提及了宗教自由(《基本法》第4条第1款)、父母的教育权(《基本法》第6条第2款)、人格自由发展权(《基本法》第

2 条第 1 款),以及获得救济的权利(《基本法》第 19 条第 4 款)等多项基本权利,但德国联邦宪法法院在这里并没有专门审查《基本法》第 2 条第 1 款的人格自由发展权。[①] 而且它将父母与子女的请求作了区分:父母源自《基本法》第 4 条第 1 款结合第 6 条第 2 款第 1 句的基本权利(宗教教育权)受到侵害;子女源自《基本法》第 4 条第 1 款的基本权利(宗教自由)受到侵害。这里限于篇幅,仅以它对《基本法》第 4 条第 1 款和第 6 条第 2 款的分析展开论述。

一、宗教自由的保护范围

1. 信仰自由的保护范围

德国联邦宪法法院首先开宗明义地指出,《基本法》第 4 条第 1 款所保障的信仰自由,不仅包括信仰的拥有,而且包括根据自己信仰的信念生活和行为。也就是说,信仰自由既有内在的方面(思想),也有外在的方面(行动)。尤其是,信仰自由保障“对确定信仰和表达信仰的文化行为的参与”,反之,则是“远离其所不赞成的信仰的文化行为”。在阐明了宗教自由的一般保护范围后,德国联邦宪法法院又专门论及作为本案争议焦点的宗教标志。“这种自由同样涉及表现某种信仰或宗教的象征。承认和敬奉哪种宗教象征,拒绝哪种宗教象征,《基本法》第 4 条将这个问题交由个人决定。”

---

① 很明显,《基本法》第 4 条第 1 款的宗教自由与《基本法》第 2 条第 1 款的人格自由发展权是相关的。国家的行为如果侵害了宗教自由,那么也会侵害人格自由发展权。联邦宪法法院之所以审查《基本法》第 4 条第 1 款而没有审查《基本法》第 2 条第 1 款,是因为《基本法》第 4 条第 1 款和《基本法》第 2 条第 1 款之间形成了一般法和特别法的关系。相比专门的基本权利,《基本法》第 2 条第 1 款属于“兜底基本权利”。只有当其他基本权利的保护范围不具有相关性时,《基本法》第 2 条第 1 款才有意义。关于《基本法》第 2 条第 1 款与其他基本权利之间的关系,可参见 Pieroth/Schlink, Staatsrecht Ⅱ, 26. Aufl., 2010, Rn. 387。

当然,德国联邦宪法法院也强调,宗教自由的保障在面对社会和国家的情况下是不同的。个人在多种信仰并存的"社会"中,没有权利要求免受其他信仰表示、文化行为或宗教象征的打扰。而在"国家"造就的情况中,[①]《基本法》第4条第1款就会发挥其保障自由的作用。由此看来,《基本法》第4条第1款能否介入一定的生活领域,取决于这一生活领域是由社会自我组织的,还是由国家予以照顾的。

2. 国家的中立义务

《基本法》第4条第1款的宗教自由,对国家课予了怎样的义务?德国联邦宪法法院指出,首先,国家不得介入个人或宗教团体的信仰信念、信仰行为和信仰表现。也就是说,支持还是反对某种信仰是个人的事情,而不是国家的事情。其次,更为重要的是,国家有义务"保证他们具有活动空间,能够在世界观和宗教领域发展其人格"。因此,国家在面对不同的宗教和信仰时必须保持中立,这属于宗教自由的客观法内容。它明确禁止国家引入国教,不得优待特定的信仰以及排挤拥有其他信仰的人。只有这样,国家——尤其是当不同的甚至是对立的宗教和世界观信念的信徒生活在一起时——才能保证不同宗教信仰和平共存。而且,国家的中立义务意味着国家应该平等地对待不同的宗教和世界观团体。德国联邦宪法法院指出,国家中立义务的基础不仅在于《基本法》第4条第1款,而且在于《基本法》第3条第3款、第33条第1款以及第140条结合《魏玛宪法》第136条第1款、第4款和第137条第1款。

3. 宗教教育权的保护范围

《基本法》第6条第2款第1句保障父母照顾和教育其子女的

---

① 这种情况是指个人将受到特定的信仰、宣示该信仰的行为、表现该信仰的象征的影响,而没有任何躲避的可能性。

自然权利。德国联邦宪法法院将《基本法》第 6 条第 2 款第 1 句与第 4 条第 1 款结合起来，肯定了父母享有在宗教和世界观方面教育其子女的权利。它援引了并轨学校案的说法：在信仰和世界观问题上，父母向子女灌输其认为正确的东西是父母的事情。反之，使孩子远离其认为错误的或有害的信仰信念是父母的权利。[①]

二、对宗教自由的干涉是否存在

（一）教室中的十字架不可回避

德国联邦宪法法院认为，教室中的十字架与一般的义务教育结合起来，导致学生在上课时必须面对这个象征——因为国家的缘故且没有回避的可能，并被迫在十字架下学习。联邦宪法法院特别比较了面对教室中的十字架和面对日常生活中的十字架的不同：第一，是否起因于国家。后一种情况不是由国家引起的，而是社会中不同的信仰信念和宗教团体散播的结果。第二，不可回避的程度不同。在后一种情况中，虽然个人不能决定是否会在公共场所（如街道、交通工具等）遇到宗教标志或宣示，但那通常是暂时的相遇，即使是长时间的面对，也并非建立在可实施的强制基础上。就时间和强度而言，联邦宪法法院又比较了教室中的十字架和法庭中的十字架，认为教室中的十字架对当事人的影响大于法庭中的十字架。强制人们在违背自己的宗教或世界观信念的情况下，在十字架下进行诉讼在此之前已经被德国联邦宪法法院判定为对信仰自由的干涉。举重以明轻，教室中的十字架同样是对具有不同信仰的人的宗教自由的干涉。

最后，德国联邦宪法法院又补充说明，《基本法》第 7 条第 4 款允许设立私立学校并不能消解教室内十字架的不可回避。因为一

① 参见本辑并轨学校案。

方面,私立学校的设立需要满足严格的条件;另一方面,私立学校收取学费,就读私立学校需要有一定的经济条件。因此,私立学校并非在任何情况下都能替代有十字架的学校。

(二)十字架作为特定宗教信仰的象征

无论是巴伐利亚州高等行政法院,还是巴伐利亚州政府,都将十字架看作普遍的基督教(西方文化)的象征。德国联邦宪法法院也不否认基督教的许多传统已经成为社会之普遍的文化基础。但是,在德国联邦宪法法院看来,这种传统必须与特定的信仰内容甚或特定的教派(包括它的仪式和象征)区别开来。至于如何区分,德国联邦宪法法院再次援引了并轨学校案。对于非基督徒来说,如果涉及的是“对有塑造作用的(prägend)文化和教育要素的承认”,则是可以接受的;如果涉及的是“基督教的信仰真理”,则是不可接受的。

从这个标准出发,德国联邦宪法法院认为,十字架一直都是基督教特定的信仰象征。它表达的基督教的信仰真理是,通过基督殉道,将人们从原罪中解救,还有基督战胜撒旦和死亡,基督对苦难和胜利并存的世界的统治。无论是对于基督徒来说,还是对于非基督徒来说,十字架都代表了特定的信仰内容。对于基督徒来说,它是敬奉和笃信的对象;对于非基督徒或无神论者来说,十字架已经成为“特定的信仰信念的象征性表达”及其“传教的标志”。相反,在德国联邦宪法法院看来,单纯把十字架当作西方传统的表现或与特定信仰无关的文化符号并不符合基督教和基督教教会的自我理解。

(三)十字架对学生的影响

德国联邦宪法法院承认,教室内的十字架并没有伴随强迫认同或强迫的敬畏和行为方式,非宗教的专业课程未必会受到十字架的影响,这些专业课程未必以十字架所象征的信仰真理和行为要求为标准。但是,德国联邦宪法法院注意到,学校教育的目标并不止于教授基本的文化技术和发展认知能力,还应该包括使学生的情感和情绪上的禀赋得到发展。因此,学校教育过程以"全面促进学生人格发展",尤其是"影响其社会行为"作为目标。在这个意义上,教室内的十字架对学生的影响就是显而易见的了。"它具有感召的性质,表明了它所象征的信仰内容是模范的和值得遵循的。"联邦宪法法院在被诉裁决中也发现了对"感召"的认知,尽管这种认识并不全面。被诉裁决提到,对于基督徒学生来说,十字架是其宗教信念的重要表现。同时,被诉裁决不认为十字架对于非基督徒学生具有特定的基督教意义。

三、对宗教自由的干涉在宪法上能否被证成

(一)宗教自由的内在限制

在《基本法》上,宗教自由属于没有法律保留的基本权利,但这并不意味着宗教自由完全不能加以限制。延续之前的裁判思路(如梅菲斯特案①),德国联邦宪法法院认为对宗教自由的限制只能出自于宪法本身,也就是说,宗教自由只能受到宪法"内在的限制"。反过来说,凡是宪法没有设定的限制,立法者也无权设立。从这个立场出发,德国联邦宪法法院逐个考察了可能对宗教自由构成限制的、受宪法保护的其他法益。对于宗教自由与其他受宪法保护的法益之间的冲突,德国联邦宪法法院强调依据"实践调和原则"来处理。这一原则的基本要求是,"不能偏袒与最大化地强调冲突的任何一方,而是所有人都能得到尽可能圆满的平衡"。德国联邦宪法法院最终认为,在本案中能够证成对宗教自由的干涉的理由并不

---

① 参见赵真:《梅菲斯特案》,载张翔主编:《德国宪法案例选释》(第2辑),法律出版社2016年版,第25页以下。

存在。

(二)对国家的教育委托作为对干涉的证成?

《基本法》第7条第1款授予国家以教育委托。由此,国家不仅有权组织学校事务和建立学校,还有权确定教育目标和培养进程。在执行该委托时,国家是独立于父母的。因此,学校教育和家庭教育可能产生冲突。而且学生之间以及学生的父母之间不同的宗教和世界观信念,在学校中发生激烈碰撞的可能也是存在的。冲突各方均为宪法保护的法益,那么,这些冲突在宪法层面应该如何解决呢?德国联邦宪法法院的方案是实践调和原则。通过实践调和,使不同的法益得到平衡。

所谓"平衡"并不意味着国家"完全放弃它与宗教和世界观的关联",所谓"宗教和世界观的中立"也并不能隔绝那些在文化上传递的、植根于历史的价值信念和观念。德国联邦宪法法院认为,在这个意义上,基督教信仰和基督教教会有发挥其影响力的空间。"源于此的思想传统、意义经验和行为模式对于国家来说不可能无关紧要。"对于肩负"传递和更新社会的文化基础"的使命的学校来说,尤其如此。德国联邦宪法法院还强调,《基本法》允许国家考虑那些希望子女接受有宗教特色的教育的父母的宗教自由。比如,《基本法》允许建立国家的世界观或宗教学校,而且使宗教课成为正式课程。

既然国家与宗教或世界观的关联是被允许的,那么,结合"国家中立义务"和"多元社会"的背景,国家在组织公立义务学校时岂不是要顾及所有的教育观念?联邦宪法法院认为,这在事实上是不可能的。尤其是,积极的宗教自由和消极的宗教自由要在同一个国家机构(如学校)内实现。

那么,积极的宗教自由和消极的宗教自由之间的紧张关系究竟应该如何解决？联邦宪法法院指出，拥有立法权的州立法者应该按照“包容”的要求来处理，在公共的意志形成过程中找到对所有人都合理的妥协方案。至此，德国联邦宪法法院在国家与宗教的关系这一问题上的立场已经很明显：既不是国家与宗教的绝对分离，也不是国家机械地或平均主义地考虑所有的宗教或世界观，而是在制度安排上寻求一个具有充分包容性的妥协方案。具体来说，州的立法者可以遵循的原则有两个：第一，在学校事务领域，宗教和世界观的影响是被允许的（《基本法》第7条）。第二，在决定学校形式时，尽可能地排除宗教和世界观上的强制（《基本法》第4条）。从这两个原则出发，德国联邦宪法法院得出结论：“州的立法者在组织公立学校时可以引入与基督教有关的东西，但前提是，它们仅具有必要之最低限度的强制要素。”这尤其是指学校不能以传教的方式理解自己在宗教和世界观上的任务，不能要求基督教信仰内容的约束力。在区分“文化”和“信仰”的基础上，德国联邦宪法法院认为，学校可以承认有塑造作用的文化和教育要素，但不能支持特定的信仰真理。包容地对待有不同想法的人恰恰属于基督教的文化要素。如果不是传递信仰，而是追求自主的人格在宗教和世界观领域的实现，那么，面对有基督教色彩的世界图景不会导致对非基督教的世界观的歧视性贬低。

审查标准一旦建立，德国联邦宪法法院就可以运用它来检讨本案的情况：在教室内安放十字架，已经逾越了学校在宗教和世界观上的界限。德国联邦宪法法院认为，十字架并不能被除去与基督教信仰内容的特定关联，它不能被还原为西方文化传统的一般象征。它代表了基督教的信仰信念的本质核心。基督教的信仰信念虽然以多种方式塑造了西方世界，但没有被所有的社会成员所分享。相反，许多人通过行使《基本法》第4条第1款的基本权利拒绝了它。

联邦宪法法院最后得出结论:只要不是基督教的信仰学校,在国家的义务学校安放十字架就违反了《基本法》第4条第1款。

(三)积极的信仰自由作为对干涉的证成?

德国联邦宪法法院认为,有基督教信仰的父母和学生的积极的信仰自由不能证成十字架的安放。第一,不只是基督徒,所有学生和家长都同等地享有积极的宗教信仰自由。由此产生的冲突,不能通过多数决原则来解决。也就是说,不能因为巴伐利亚人民绝大多数信奉基督教,就可以在教室中安放基督教的象征十字架。这实际上是重述上文确立的国家中立义务:国家要平等地对待不同的宗教和世界观,数量上多寡、社会重要程度等都在所不问。德国联邦宪法法院提醒说,信仰自由的基本权利恰恰是为保护少数者而设立。第二,《基本法》第4条第1款,并没有赋予信仰自由的享有者毫无限制地要求在国家的机构中实现其信仰信念的权利。如果学校允许宗教课程、学校祷告或其他宗教活动,那么这些活动必须具备自愿的特点,而且有不同想法的人必须具有合理的、非歧视的偏离的可能。而对于教室内的十字架来说,非基督徒无法躲避十字架的存在和要求。第三,除了宗教课程或自愿膜拜之外,即使在非宗教课程上,学生在十字架下也会学习到基督教的信仰。这完全压制了有不同想法的人的感受,与实践调和原则的要求不符。

涉及的重大理论问题

一、国家与宗教的关系

在德国,国家与宗教关系是在《基本法》所设定的基本框架内展开的。《基本法》第4条第1款对宗教和世界观自由、良心自由予以确认:“信仰和良心自由以及在宗教和世界观上表白的自由不受侵犯。”宗教自由带来的是一个具有现代意义的政教分离体制。正如伯肯弗尔德(Böckenförde)所言,现代国家的产生是一个世俗化的过程。在吸取了十六七世纪宗教战争的教训之后,现代国家拒绝就某种真理和事实的标准含义做出回答,而只提供一个能够保证信仰共存的和平与安全的秩序。这在霍布斯关于现代国家的最初设想中得到了最直接的体现。

在纳粹统治期间,教会受到全面压制、打击和改造。纳粹将教会纳入其无孔不入的国家体系,将基督教改造为顺服与支持纳粹的“日耳曼人的基督教”,以服务于其意识形态。

在1949年讨论《基本法》的制定时,当时的制宪会议在宗教自由的保护上没有多少分歧,但对于教会未来能在多大程度上介入公共生活争执不下。最后的结果是,制宪会议议照搬了《魏玛宪法》①的规定:“1919年8月11日的德国宪法第136条、第137条、第138条、第139条和第141条是本基本法的组成部分。”(《基本法》第140条)《魏玛宪法》的这些规定是妥协的产物:一边是世俗化的新共和国,另一边是在德国很多地区具有至高地位的基督教。由此,德国的政教关系具有与其他国家不同的底色:明确赋予宗教在公共领域中的角色,例如,宗教课程是公立学校的正式科目,允许设立宗教学校,允许设立具有基督教色彩的公立学校,宗教团体在国家的帮助下征收宗教税等。因此,国家和宗教既不是绝对地相互区隔,也不是合而为一,而是在政教分离的基础上保持一定程度的合作关系。

德国的宪法理论和实践,也强调国家在宗教和世界观上的中立性。实际上,《基本法》第4条所确立的作为民主政治正常运转的前

---

① 即1919年8月11日的德国宪法。

提条件的宗教自由证立了国家在宗教和世界观上的中立义务。此外,统观《基本法》第3条第3款、第33条第3款和第140条结合《魏玛宪法》第136条第1款、第2款的规定,也可以得出这个结论。本案的异议法官准确地指出:"中立的要求是在国家与教会和宗教团体合作的意义上提出的。"德国政教关系的这种状况源起于新教和国家紧密联系的传统。马丁·路德的宗教改革过于依赖德意志诸侯的力量。"路德的神学前提使他不仅必然要攻击教会的管辖权力,而且要相应地维护世俗当局,从而填补前者造成的权力真空。"①

当前应该如何理解这种特殊的政教关系?首先,不得设立国教。联邦宪法法院在本案中指出,"支持某一信仰的决定是个人的事务而非国家的事务,国家不得规定信仰某一宗教"。在世俗化的现代世界,大部分国家不再设立国教。然而,在国家和宗教合作的背景下,国家的中立义务还意味着国家不能与宗教团体合二为一。"国家可以支持宗教的自我组织,但不得取代宗教。"②其次,国家必须平等地对待不同的宗教和信仰,这一点也是《基本法》第3条第3款③的要求。现代国家面临宗教和世界观多元化的局面。为了确保不同的甚至对立的信仰和世界观和平共处,国家必须保持中立,不得优待特定的信仰以及排挤其他的信仰,无论其数量的多寡以及社会影响力的大小。本案的异议法官提出:"州立法者可以考虑在其领域内生活的大部分国民属于基督教教会的事实。"然而,这个事实

① [英]昆廷·斯金纳《近代政治思想的基础》(下卷),奚瑞森、亚方译,商务印书馆2002年版,第21页。

② [德]克里斯托夫·默勒斯:《德国基本法:历史与内容》,赵真译,中国法制出版社2014年版,第127页。

③ 《基本法》第3条第3款规定:"任何人不得因其性别、血统、种族、语言、籍贯和出身、信仰、宗教或政治见解而受歧视或优待。任何人不得因残障而受歧视。"

不足以证立公立学校的教室中安放十字架的规定。宗教自由恰恰是为了保护少数者而存在的——其他基本权利也是如此。最后，国家应该以“包容”的心态对待不同的宗教。国家提供了向所有宗教开放的合作形式，为不同宗教的世界观主张提供了舞台。① 就此而言，国家的中立性就不仅仅在分离和消极的意义上理解，而是包含了开放的和积极的维度。有时候，国家中立性的这种概念区分是与不同的国家行为联系在一起的。

本案所发生的场所，是公立学校这样一个特定领域。公立学校与宗教的关系应该如何规制？除了宗教学校和宗教课程，宗教要素到底能在多大程度上出现在公立学校？通过分析十字架案以及联邦宪法法院的相关裁判，至少可以得出一个一般的答案和一个特殊的答案。

一般的答案是，公立学校可以结合宗教要素，但是这种结合只能包含最低限度的强制要素。学校不得主张宗教内容的约束力，不接受这些内容的群体必须有避开的可能。也就是说，学校事务如果涉及宗教要素的安排，必须以“自愿”为基础。在十字架案中，无论多数意见还是反对意见都认可，学校在可以影响孩子信仰与良心自由的范围内只允许包含最低限度的强制要素。在这一点上，二者的分歧在于教室内安放十字架是不是普遍强制的。多数意见正是以“持有不同想法的学生无法逃避十字架的存在和要求”为由否定了这个安排的合宪性。异议法官认为，单纯十字架存在于教室内并没有强迫学生为特定的行为方式，十字架并没有改变基督教共同学校的特征，在教室内安放十字架也没有排除在课堂上对其他宗教和世界观内涵和价值的关照。与十字架案形成对照的是，联邦宪法法院

① 参见[德]克里斯托夫·默勒斯：《德国基本法：历史与内容》，赵真译，中国法制出版社2014年版，第126页。

在学校祷告案中判定,学校祈祷这一安排在宪法上没有问题,因为祈祷是自愿参加的,并不具有强制性。

此外,特殊的答案是,学校中的基督教成分如果不是对信仰内容的真理性主张,而是对文化和教育上有塑造作用的要素的承认,那么它就是合宪的。学校肩负着传递和更新社会的文化基础的使命,而基督教恰恰与一些文化上传递的、根植于历史的价值和观念具有密不可分的联系。与其说这些价值和观念属于信仰,不如说它们是文化的一部分。信仰和文化的区分决定了哪些内容可以进入公立学校,哪些内容将被拒之门外。基于此,德国联邦宪法法院在并轨学校案中认定巴登传统的基督教共同学校符合《基本法》的要求。十字架案的多数意见和反对意见也都认可这一区分。二者的分歧在于,前者把十字架理解为基督教信仰的象征,后者则把它当作文化和教育上有塑造作用的内容的象征。在学校祷告案中,德国联邦宪法法院不认为祷告属于传递文化的活动,而将它视为宗教活动。

十字架案的多数意见将国家的中立义务直接应用于公立学校,但没有仔细论证公立学校属于国家领域。对此,异议法官提出了一个有力的质疑:公立学校虽然由国家负责,但却是一个国家行为和公民自由互相交会的领域。这个领域有别于原始国家公权力作用的领域,因此,宪法对它的拘束也有所不同。在这个意义上,教室中的十字架和法庭中的十字架是不能比拟的。异议法官没有详细展开这种不同。倒是伯肯弗尔德对学校祷告案的评论说得更清楚:"在公立学校这样的社会领域,国家应该为各种信仰创设框架以使得公民的宗教自由得以开展,中立原则此时应该是开放的中立。"①

① Böckenförde, Vorläufige Bilanz im Streit um das Schulgebet: zum Urteil des BVerwG vom 30.11.1973, in DÖV, 1974, S.255 f.

二、消极的宗教自由与积极的宗教自由

德国联邦宪法法院在本案中阐明："不只是信仰的拥有属于信仰自由，根据自己的信仰生活和行为的自由也属于信仰自由。尤其是信仰自由保障对确定信仰和表现信仰之文化活动的参与，反过来说，则是远离其所不赞成的信仰的文化行为。"这里提及的"远离其所不赞成的信仰的文化行为"即属于消极的宗教自由。

实践中，德国联邦宪法法院将《基本法》第 4 条第 1 款和第 2 款解释为"统一的"基本权利。经过这种宽泛的解释，所有形式的宗教和世界观被一体纳入《基本法》第 4 条的保护范围之中（可称为"宗教自由"）。[①] 首先，宗教自由的保护不仅包括不受国家影响地拥有和形成、选择或更改一定的信仰或世界观，即"内在的自由"，而且包括为自己的宗教或世界观信念所需要的所有行为，即"外在的自由"。其次，宗教自由的保护不仅包括积极意义上的信仰或世界观的拥有和实施，而且包括消极意义上对其他信仰和世界观的拒绝和远离。因此，这种消极回避不仅指向内在的自由，还指向外在的自由。通常认为，消极的宗教自由主要表现为三种方式：不持有一定的信仰或不放弃实施一定的良心决定，不表白信仰，以及不参与宗教仪式的表达或宗教、世界观信念的其他表达。

马丁·莫洛克（Martin Morlok）认为，只有从一定的意义体系（Sinnsystem）出发，消极的宗教自由与积极的宗教自由之区分才是可能的。对于无宗教或反宗教的世界观，消极自由和积极自由的区分并不明显，消极自由恰恰是这种世界观的内容。例如，从无神论者的角度，不祈祷是符合其信念要求的生活方式。有学者认为，宗

---

① 宗教和世界观具有相通之处。宗教本身也是一种世界观，它代表了特定的对世界的理解。当然，宗教和世界观并不完全相同。世界观通常被作为宗教的和非宗教的（无宗教的或反宗教的）意义体系的上位概念。

教自由首要的是防御国家侵害的自由,也就是消极自由;也有学者认为,消极的信仰自由并不优先于积极的信仰自由,因为基本权利是为了实施(Ausüben)才受保障的。

对消极宗教自由的妨害,需要由相同位阶的宪法规定予以正当化。对于本案中消极宗教自由和积极宗教自由的冲突,消极的宗教自由并不具有"自动的"优先地位。从联邦宪法法院的立场来说,如果二者之间产生了冲突,则需要根据"实践调和原则"进行权衡。在这个过程中,"不能偏袒与最大化地强调冲突的任何一方,而是各方面都能得到尽可能圆满的平衡"。在本案中,联邦宪法法院认为,在教室中安放十字架未能在公立学校这个特定的领域协调地解决消极宗教自由和积极宗教自由之间的冲突,这显然更多地维护了那些信仰基督教的学生和家长的积极宗教自由。

消极的宗教自由和积极的宗教自由的概念区分,并不等同于宪法学上常用的消极权利和积极权利的类型区分。消极权利和积极权利的界定是从权利和义务的关联性出发的。正如霍菲尔德所指出的,(最严格意义上的)权利就是通过它的不变的关联项"义务"来得到定义的。这个观点可以表述为:X对Y有一个Y做或不做某事的权利,当且仅当Y对X有一个做或不做该事的义务。因此,消极权利意味着要求国家不做某事的权利,积极权利意味着要求国家做某事的权利。

这两对概念不是对应关系,而是互相交叉的。从理论上说,可能体现为以下几点:(1)积极的宗教自由可以是消极权利,如我信仰某宗教,国家不得干涉;(2)积极的宗教自由也可以是积极权利,如我信仰某宗教,国家对此予以支持。消极宗教自由也是如此。(3)它可以是消极权利,如我不信仰某宗教,国家不得强迫我信仰该宗教;(4)也可以是积极权利,如我不信仰某宗教,国家保护我免受该宗教的侵犯。其中,(1)(3)体现防御权功能,(2)体现受益权功能,(4)体现国家的保护义务。在本案中,诉愿人请求国家移除教室中的十字架,表达了对十字架及其所象征的宗教的不认同,这具有消极的宗教自由的意义。另外,他请求国家移除十字架,是因为在此之前国家(学校)安放了十字架,所以这个请求同时又以消极权利为基础。诉愿人可否主张在教室内安放自己的宗教象征?也就是说,诉愿人可否以积极权利为基础去实现积极的宗教自由?联邦宪法法院对此持否定态度:"《基本法》第4条第1款原则上并没有赋予个人与宗教团体以国家支持表达其信仰信念之请求权。"因此,从实践来看,宗教自由在主观权利层面并不包含积极权利意义上的请求权。

后续影响

在巴伐利亚,天主教信仰具有悠久的传统和支配的地位。在2014年,52.1%的巴伐利亚人笃信天主教,19.5%的巴伐利亚人归属于福音教会。20多年前,德国联邦宪法法院的十字架判决震惊了基督教世界,尤其是巴伐利亚。它激怒了教会和巴伐利亚的长期执政党基督教社会同盟(CSU),许多教徒感到内心和灵魂受到了伤害。大约256,000名愤怒的抗议者冲到了联邦宪法法院。灯光抗议、示威、静默游行此起彼伏。抗议活动持续了数月之久。批评者认为,这个裁判是对基督教西方的精神基础的最高层级的攻击。枢机主教约瑟夫·拉辛格(Joseph Ratzinger)(后来的教皇本笃十六世)在罗马表态:"我当然很愤怒,因为在我看来它的理由是颇成问题的,我一直确信的是,在我们之间,存在如此之多的基督教的共同点,这个标志在我们的学校里其实是有意义的。愤怒的原因还有,我相信多数人的共识应该得到尊重。"州总理埃德蒙·施托伊贝尔

(Edmund Stoiber)在慕尼黑音乐厅广场的示威中大声疾呼:“十字架像山峰一样属于巴伐利亚。谁要将基督教赶出公共领域,谁就动了我们文化的命根子。拿走十字架,并非实现了中立,而是清空了一切。”基社盟主席西奥多·魏格尔(Theodor Waigel)要求:“联邦宪法法院以后的裁判必须以2/3多数通过。”这其实表达了他对十字架判决的不满,因为,十字架判决是在5位法官①意见一致的情况下作出的,这个比例只有62.5%。

20多年过去了,十字架判决几乎没有实际效果。在巴伐利亚州的教室中,一直都安放有十字架,只有很少的十字架被摘走。在十字架判决作出后的几个月,州议会即着手修改了《巴伐利亚教育和教学事务法》。十字架安放的规定仍然保留其中:“鉴于在历史和文化上对巴伐利亚的影响,十字架在每一间教室中都应被安放。”这看起来是对联邦宪法法院的不服从,是对其裁判的抵制。这部新法律将十字架理解为纯粹的文化符号,德国联邦宪法法院的理解——耶稣受难和统治的象征——则远远超越于此。不过,立法者也补充了一个冲突规定:“如果十字架的安放由于信仰或世界观的重大且明显的原因被有权教育者反对,校长应该尽力做好协调。如果协调不成,校长必须在向教育主管部门通报情况后针对个案作出决定:哪些人应该尊重反对者的信仰自由,并使教室中所有人的宗教和世界观信念达到合理的平衡。其中,需要考虑多数的意愿,如果多数的意愿是可能的。”由于这个冲突规定的存在,这个法律规定才得以保留至今,因为这里蕴藏着一种可能:十字架在例外情况下会被摘走。

有人对法律的修改提起了诉讼,但其诉讼请求被巴伐利亚州宪

① 这5位法官是亨舍尔(Henschel)、格林(Grimm)、屈林(Kühling)、赛贝特(Seibert)和耶格尔(Jaeger)。

法法院驳回。德国联邦宪法法院并没有受理类似宪法诉愿并作出决定,它只是在1999年就争议问题表态,判定巴伐利亚的法律是合宪的。

十字架判决在过去和今天,对于德国的宗教和国家关系具有指导性意义。在文化和宗教日渐多元化的国家,如何尊重其他信仰者和无信仰者,这无疑是一个重要的裁判。十字架判决开启了通向头巾判决之路。前者的要旨在于全面、概括的命令(在教室中安放十字架)是不被允许的,后者的要旨在于全面、概括的禁令(禁止教师佩戴头巾)是不被允许的。

十字架问题也成为欧洲范围内的争议问题。在奥地利,在瑞士,在天主教的西班牙,虽然大部分的十字架得以保留,但是引起了宗教政治的大辩论。在2009年,争议再次升级。在天主教的意大利,一位母亲因为她的两个儿子教室中的十字架而起诉,经历了所有的诉讼层级,最终欧洲人权法院小法庭作出判决:必须移除十字架。后来,无数的抗议和请愿使斯特拉斯堡作出了修正。在2011年3月18日,欧洲人权法院大法庭判决:"是否在教室内安放十字架属于国家判断的范围,在公立学校是否出现宗教符号的问题上,欧洲委员会的成员国不需要统一。"它还指出:"安放在公立学校教室中的基督教十字架并没有侵犯基本权利——既没有侵犯《欧洲人权公约》第一公约议定书第2条(教育权),也没有侵犯《欧洲人权公约》第9条(思想、良心和宗教自由)。"该判决又将十字架问题这只"烫手山芋"抛还给成员国,而对于成员国来说,这个争议的妥善解决既需要法律技术,也需要政治智慧。

耶和华见证人法人团体地位案

刘　权

案例名称　耶和华见证人法人团体地位案

（Körperschaftsstatus der Zeugen Jehovas-Urteil，BverfGE 102，370，2000 年 12 月 19 日）

关 键 词　耶和华见证人　公法社团　宗教自由　平等　宗教与世界观中立原则　忠于法律　宪法基本原则　第三人基本权利保护　国家忠诚

案　情

诉愿人耶和华见证人，自 19 世纪末即在德国积极活动。1927 年以"国际圣经研究者协会"的名义，登记于马格德堡地方法院的社团名册中。在纳粹时期，耶和华见证人被迫害，社团登记亦被注销。1945 年以新成立社团的名义，重新登记于马格德堡地方法院。1950 年，耶和华见证人遭到东德内政部的禁止。

1990 年 3 月 14 日东德宗教事务局部长会议基于"东德的耶和华见证人"的申请，作出其获得"国家承认"的认定。1990 年 10 月 23 日诉愿人以书面方式请求柏林市政府与参议院，证实其公法社团的法律地位，并提交了东德部长会议 1990 年 3 月 14 日的文件。1991 年 4 月 8 日诉愿人申请依据《基本法》第 140 条以及《魏玛宪法》第 137 条第 5 款第 2 句，赋予其法人团体权利。1993 年 4 月 20

日柏林市政府文化事务部作出决定拒绝该申请，认为东德部长会议所公布的承认并非赋予其公法社团的地位，所以诉愿人无法据此请求依据《基本法》第 140 条以及《魏玛宪法》第 137 条第 5 款第 2 句赋予其法人团体权利。

于是，诉愿人向柏林行政法院起诉，请求确认其为公法社团地位，并附带请求课以柏林赋予其公法社团法律地位的义务。1993 年 10 月 25 日，柏林行政法院作出判决，[①]驳回了诉愿人的主要请求，支持了其附带请求。1995 年 12 月 14 日，柏林高等行政法院作出判决，[②]驳回诉愿人与柏林提起的上诉，认为诉愿人尚未拥有公法社团的地位，但得请求柏林赋予其此项地位。柏林不服上诉至三审。1997 年 6 月 26 日，联邦行政法院作出判决，[③]推翻了柏林行政法院与柏林高等行政法院的判决，认为课予柏林赋予诉愿人的公法社团地位的义务应被废弃，诉愿人的请求不应得到支持。

裁判要旨

1. 宗教团体要想成为公法社团(《基本法》第 140 条以及《魏玛宪法》第 137 条第 5 款第 2 句)，必须忠于法律。

a) 其必须提供保证，将切实遵守现行法律，特别是当其受委托行使国家公权力时，只有在符合宪法以及其他法律的规定时，才会行使公权力。

b) 此外，宗教团体要想成为公法社团还必须保证，其将来的行为不会危害《基本法》第 79 条第 3 款所规定的宪法基本原则、国家

① NVwZ 1994, S. 609 ff.

② NVwZ 1996, S. 478 ff.

③ BVerwGE 105, (117).

所托付保护的第三人基本权利以及《基本法》中有关宗教自由与国家宗教法的基本原则。

2. 除此之外,《基本法》不另外要求宗教团体的国家忠诚义务。

裁判理由与论证

本宪法诉愿主要涉及宗教团体获得公法团体地位的条件问题。联邦宪法法院首先认定宪法诉愿程序合法,诉愿人有权提出本宪法诉愿,其宗教自由权可能被侵犯。接下来,联邦宪法法院主要论证了以下四个方面的主要问题:(1)宗教公法社团的意义与内涵;(2)宗教公法社团必须忠于法律;(3)宗教公法社团忠于宪法的义务;(4)宗教公法社团是否必须对国家忠诚。

一、宗教公法社团的意义与内涵

国家赋予一个宗教团体公法社团地位,首先必须在宪法的基本价值范围内,其次还应符合《基本法》第140条和《魏玛宪法》第137条第5款第2句并未明确表达的条件。

《魏玛宪法》并没有完全失去效力。德国《基本法》第140条规定:"1919年8月11日德国《宪法》第136条、第137条、第138条、第139条及第140条之规定,为本基本法之构成部分。"所以,对于宗教自由,《魏玛宪法》的相关条文是《基本法》的构成部分,其解释应受《基本法》的价值引导。[①]《基本法》所规定的宗教自由不受法律保留的限制,属于有直接拘束力的基本权,因而相对于《魏玛宪法》中的宗教自由权来说,《基本法》所规定的宗教自由权具有更强势的地位。[②]《魏玛宪法》中的宗教条文具有功能性作用,其建立在

① BVerfGE 19,226(236);BVerfGE 53,366(400).

② Vgl. BVerfGE 33,23(30f.).

对宗教自由基本权的需要与实现上。

《魏玛宪法》第 137 条第 5 款规定:"宗教团体具有公法性质者,为公法社团。其他宗教团体,若依其章程及社员人数,能确保其长期存在者,得依其请求,给予其同样的权利。如果几个这样的公法宗教团体联合成为一个大团体时,此团体亦为公法社团。"符合条件的宗教团体之所以可以根据此规定获得公法社团地位,结合《基本法》的文本语境来看,其目的是促进宗教自由。换言之,宗教团体获得公法社团地位是促进宗教自由发展的手段。

公法社团的地位具有支持宗教团体自主性与独立性的功能。公法社团地位的宗教团体与私法形式的宗教团体,具有相同范围的基本权利能力。相对于国家,它们都是社会的一部分。宗教团体不受国家的干预与影响,自由活动,这是宗教团体在国家与社会的基础上能有所贡献的前提。

因而,在宗教与世界观中立、不承认任何国教的国家中,具有公法社团地位的宗教团体不同于一般的公法社团,它与行政法和国家组织法上的公法社团有本质上的区别。

公法社团地位的宗教团体不执行任何国家任务,不属于国家组织的组成部分,不受国家的监督。

同一般理解的公法社团概念相比较,《魏玛宪法》第 137 条第 5 项第 2 句所使用的公法社团概念,具有"斗篷概念"(Mantelbegriffs)的功能。[①] 但是,这并不意味着它只是一个空洞的形式,因为具有公法社团地位的宗教团体与私法上的宗教团体存在区别:具有公法社团地位的宗教团体可以行使特定的国家权限,其不仅在面对其成员

① BVerfGE 83,341(357).

时享有如课税的权利与担任雇主的权利,而且有为他人做奉献的权利。此外,具有公法社团外表的宗教团体,本身可以在社会中获得特别地位。

公法社团地位所带来的这些特殊优惠可以减轻宗教团体的负担,使其获得必要的资源如财政收入,从而使其能够自主地去架构自己的组织,并自主地开展自己的活动。

公法社团地位是方便与发展宗教自由的手段,其赋予宗教团体某些特殊法律权限。然而,具有公法社团地位的宗教团体在享有特殊权限的时候,也有滥用权能的高度危险,可能侵犯其成员的宗教自由,也可能损害其他宪法利益。因此,宗教团体要想成为公法社团,必须满足一定的条件。设置某个宗教团体获得公法社团地位所应具备的条件,是《基本法》施加给国家的责任。

国家应当尊重与保护人的尊严,是基本的宪法原则,是自由民主基本秩序的最高基本价值。同时,国家具有维护与保护宪法基本价值的义务。

《魏玛宪法》的宗教条文属于《基本法》的组成部分,但制宪者在接纳这些条文时,并没有考虑赋予宗教团体以公法地位所应具备的条件问题,亦未将其注意力放在《魏玛宪法》第137条,如何在实体上适应《基本法》的秩序的问题上。

二、宗教公法社团必须忠于法律

一个宗教团体要想成为公法社团,必须忠于法律。其必须保证,将切实遵守现行法律,特别是当其受委托行使国家公权力时,必须具有宪法以及其他法律的依据。

《基本法》第20条第3款规定:“立法权应受宪法之限制,行政权与司法权应受立法权与法律之限制。”由此可以得出：

> 所有的国家权力都应受宪法、法律与法的拘束，一个具有公法社团地位的宗教团体必须确保，其被委托的国家权力将以符合宪法及其他法律规定的方式行使。

虽然被授予公法社团地位的宗教团体在行使被托付的国家高权时是为了达成自己的目的，这与一般受委托者为了完成国家任务的情形不同，但其仍受法治国的拘束，因为在《基本法》之下，行使任何国家权力均须受宪法与法律秩序的拘束。

当然，在高权行为以外的领域，被授予公法社团地位的宗教团体也应该忠于法律。像每个国民一样，任何团体均负有遵守法律的国民义务。如若违反，只能以相关法律的明确规定追究责任。而禁止某个团体必须符合《基本法》第 9 条第 2 款的规定。

《基本法》第 9 条第 2 款规定：“结社之目的或其活动与刑法抵触，或违反宪法秩序或各国共识者，应禁止之。”如果私人团体违反了《基本法》第 9 条第 2 款的禁止规定，其不应被授予公法社团地位。

> 对于一个以公法型态出现的团体，应该可以期待的是，其首先并不是在国家制裁与强制机制的威胁下才能合法地从事行为。否则，国家不仅应该忧虑，该团体将以不合法的方式行使被委托的国家高权，而且国家更应深思和负责的是，该团体的公法行为不应该侵害到第三人的权利，即使此种公法归类仅具有形式意义。

当然，并非宗教团体一旦具有抵触权利与法律的行为，即认为其不忠于法律。被授予公法社团的宗教团体在个案中就宗教自由、宗教自主决定权等问题，可以与国家机关持不同的见解，可以将相关争议提交法院去解决。

此外,许多原则上承认国家法律权威的宗教,也会提出一项有利于其思想并基于其信仰的例外保留,在不可避免的冲突情况下,它坚持要优先遵从其信仰的要求,而非法律的规定。宗教团体的此类保留,系属于宗教的典型的绝对性信仰。在旧的与新的宗教团体中,都会发现此种现象,但在个案中,其仍然可能获得《基本法》第4条的保护。

考虑到《基本法》第140条与《魏玛宪法》第137条第5款的规定,赋予宗教团体公法社团地位的最终目的乃是促进宗教自由,因此,只要当宗教团体原则上已准备好将遵守权利与法律并适应合宪性秩序时,则其无论如何均得不受阻碍地被授予公法社团地位。

三、宗教公法社团忠于宪法的义务

宗教团体要想成为公法社团还必须保证,其将来的行为不会危害《基本法》第79条第3款所规定的宪法基本原则、国家所托付保护的第三人基本权利,以及《基本法》中有关宗教自由与国家宗教法的基本原则。

(一)遵守宪法基本原则

对于受《基本法》永久保护的基本原则进行系统性的侵害或威胁,是国家所无法容忍的。同样,如果这种侵害或威胁来自具有公法社团地位的宗教团体,亦是不能容忍的。

因此,宗教团体要想成为公法社团,必须遵守以下条文所确立的宪法基本原则。

《基本法》第79条第3款规定:

本基本法的修正不得影响联邦之体制、各邦共同参与立法或第1条与第20条所确立的基本原则。

《基本法》第 1 条规定：

(1)人性尊严不可侵犯，尊重和保护人性尊严是一切国家机关的义务。(2)德国人民信奉不可侵犯与不可转让的人权，是所有人类社会以及世界和平与正义的基础。(3)下列基本权利直接拘束立法、行政与司法。

《基本法》第 20 条规定：

(1)德意志联邦共和国为民主、社会之联邦国家。(2)所有国家权力来自人民。由人民以选举及公民投票，并由立法、行政及司法机关行使之。(3)立法权受合宪性秩序的约束，行政权与司法权应受法律与法的约束。(4)对于企图破坏上述秩序的人，如别无其他救济方法，任何德国人皆可反抗。

德国联邦行政法院在三审中认为，耶和华见证人虽然原则上不会怀疑国家存在的基础，基本上也积极配合国家事务，但原则性地拒绝参与国家的选举。此项拒绝如同拒绝服兵役与替代役一样，是严格遵守信仰的外在表现，与宪法上不得被侵犯的民主原则相冲突。其对公民的选举行为产生了影响或将造成影响，从而会减弱国家权力行使(包括受委托行使公权力)的合法性基础。

在宪法诉愿的过程中，柏林科学、研究与文化行政部认为，民主原则是《基本法》所确立的基本原则，对于拒绝民主合法化的宗教团体，国家不得通过授予国家权力的方式奖助之。所以，当一个宗教团体持续地侵害如民主原则的宪法规定时，其公法社团地位即应被拒绝。那么，耶和华见证人是否违反了民主原则而不应授予公法社团地位呢？

德国联邦宪法法院认为，《基本法》第 20 条以及宗教法与国家教会法所规定的基本原则，从其来源与内容可知，属于国家秩序的结构性规定(Strukturvorgaben staatlicher Ordnung)。所以,这些原则并不包含涉及宗教团体内部结构的规定,具有保护功能。因此,要求一个被授予公法社团地位的宗教团体应具备民主的内部结构,实际上侵犯了宗教自由。

耶和华见证人拒绝参加国家选举,是否也危害了民主原则而不应授予公法社团地位呢?

民主原则,是《基本法》所规定的不可修改的核心原则。在民主原则下,国家任务的履行、国家权力的行使必须获得国民的授权。而此之前提乃人民代表的自由选举。

《基本法》期待其国民,能把握开放的民主参与机会。但其基于如下充分理由,没有将这种先于法律的责任规定为法律义务:国民对于《基本法》所创造的国家秩序的认同,虽然为自由民主所必需,但不能通过课予服从的义务甚或利用制裁的手段强迫国民实现。自由地进行精神上的争论乃民主生活的要素。如此才能创建激励力量,甚至更好地保证国民能够充分地参与民主选举。

诉愿人对国家选举持保留态度,并未触及民主原则的规范性内涵(normativen Gehalten),而仅涉及其事实要件(tatsächlichen Voraussetzungen)。其既非出自政治理由,也非以故意弱化民主为目的。诉愿人并无意以其他的国家形态取代民主制度。它并未设计或追求任何的政治计划,相反,它所追求的反而是一种非政治的生活模式(apolitischen Lebensentwurf)。诉愿人并非反对自由的宪法秩序,而是追求一个政治共同体以外的"基督中立性"生活。

或许有人认为,诉愿人对国家选举所持的态度造成的实际结果,会对民主原则所要求的通过选举建构国家权力的民主正当性产生负面影响。当诉愿人真的达成其目的时,将会使更多的有选举权的国民不去参与国家的选举。事实上,在诉愿人存在的超过百年的时间里,从未出现过这种现象,显然并未对非信徒产生可以感受得到的影响。诉愿人对国家选举的保留态度,虽然在整体考量(Gesamtbetrachtung Berücksichtigung)中可能是一个必须被考虑的观点,但根据其本身,尚不足以认定危害到了不可侵犯的民主原则。

因此,耶和华见证人不参与国家选举并未危害民主原则,仅仅在宗教上拒绝参与国家的选举,尚不足以作为拒绝授予公法社团地位的正当化理由。

(二)尊重国家所托付保护的第三人基本权利

被授予公法社团地位的宗教团体,除了在被委托的领域行使国家权限以外,并不直接受基本权的拘束。但在授予其公法社团地位的同时,亦要求其必须尊重他人的基本权利,这是合宪性秩序的一部分。《基本法》将人的尊严与其他基本权置于宪法的保护之下,因此,国家负有保护人民生命与身体完整不受侵害的义务。[①]

被授予公法社团地位的宗教团体具有公法上的地位,享有特定的国家权限。其可以运用特别的权力手段,在国家与社会中产生较大的影响。因此,相比其他宗教团体,被授予公法社团地位的宗教团体更加负有《基本法》所规定的保护第三人权利的特别义务。

因而,国家基于基本权法益之保护,有权甚至有义务对特定的宗教团体采取干预行动,可以禁止授予某些宗教团体以公法社团地位。

(三)遵守宗教自由与国家宗教法的基本原则

宗教公法社团的行为,不得侵害或危害自由国家宗教法的各项

---

① BVerfGE 56,54(73);BVerfGE 79,174(201f.);BVerfGE 88,203(251).

原则。对于一个无法保证遵守国教禁止原则和宗教中立与平等原则的宗教团体,《基本法》禁止国家授予其公法社团地位。

对于一个申请公法社团地位的宗教团体来说,是否应当授予其公法地位,不能以其信仰,而应当以其外在行为作为判断依据。

宗教与世界观中立原则,禁止国家对宗教团体的信仰与学说进行评价。中立的国家在缺乏认识与没有依据的情况下,不得对宗教领域进行规定与决定。但这并不禁止国家依据世俗的标准判断一个宗教团体或其成员的事实行为,尽管该行为出于信仰动机。至于该宗教团体对外宣称的信仰与学说是否会成为其未来行为的依据,则属于个案问题。

通过以上分析可知,一个宗教团体要想成为公法社团,必须确保其遵守宪法。宪法的基本价值,决定是具有公法社团地位的宗教团体自由行动的界限。这些宪法的基本价值,决定包括正当化并强化宗教自由的《基本法》第140条与《魏玛宪法》第137条第5款,禁止国教的《基本法》第140条与《魏玛宪法》第137条第1款,以及宗教与世界观的国家中立原则、宗教平等原则等。

根据某个宗教团体的实际行为与预期行为判断其是否符合这些条件,必须先进行一项复杂的预测(komplexe Prognose)。虽然无法达到数学上的精确性,但也需要收集无数要素,并对之进行评估。因此,需要专门的法院对判断公法社团地位相关的一切因素,进行一项典型的整体观察与整体评估(Gesamtbetrachtung und Gesamtwürdigung)。

四、宗教公法社团是否必须对国家忠诚

德国联邦行政法院提出了"国家忠诚"这一条件,要求宗教团体只有对国家负有忠诚义务才可授予其公法社团地位。柏林科学、研

究与文化行政部在宪法诉愿中认为，耶和华见证人以完全冷漠的态度面对国家，将国家理解为“撒旦的工具”，但同时又请求国家给予优惠。那么，“国家忠诚”是否应当作为授予宗教团体公法社团地位的条件之一呢？

德国联邦宪法法院认为，对于申请授予公法社团地位的宗教团体，还要求其必须对国家忠诚，这既非保护宪法基本价值所必要，也不符合宪法的基本价值。被授予公法社团地位的宗教团体，当宪法上无限制性规定时，其行为与地位受《基本法》第 4 条第 1 款与第 2 款的规定保障。

从国家的角度观察，基本权的自由乃形式上的自由。基本权利人无须以国家的利益作为其行为的准据。要求宗教团体的行为必须“忠诚地”去达成国家的目标、适应国家的宪法秩序与该秩序中所规定的价值是不妥的。

此外，要求被授予公法社团地位的宗教团体必须对国家忠诚，在法律上并不容易操作。因为“忠诚”是一个不确定性的法律概念，具有无数解释的可能性。例如，宗教团体必须将特定的国家目标作为自己的目标，或将自己当作国家的代理人。换言之，“忠诚”这一概念以内的计划、思想为目的，而不仅仅是针对外在的行为。

因此，将对国家忠诚作为授予宗教团体公法社团地位的条件之一不仅会危害到权利的安定性，还会导致宗教团体与国家不分的现象，这是不符合《基本法》的。

涉及的重大理论问题

耶和华见证人法人团体地位案主要涉及宗教自由、国家中立以及二者之间的关系问题。

一、宗教自由

宗教信仰作为一种客观存在,主要有以下四方面的原因:第一,服从神的意志会产生一种无与伦比的安全感。人作为大自然生物链的一环,或许自知难以逃脱"一物降一物"的命运,本能地具有的一种自身不能克服的恐惧,所以需要宗教。第二,人不仅在品质上需要神的约束,而且在智力上也需要神的引导。第三,人是一种充满欲望的动物,不仅物质欲望无穷无尽,而且精神追求永无止境;不仅要享受丰富的物质生活,而且要享受高品位的精神生活。第四,宗教信仰是人类作为有思想的高级动物对内省视(追问灵魂)和对外省视(探索宇宙)的必然结果。①

宗教自由是一项基本权利,世界上绝大多数文明国家都在宪法文本中明确规定了宗教自由。例如,德国《基本法》第4条规定:"信仰与良心自由、宗教与世界观表达自由不可侵犯。应保障宗教活动不受妨碍。"美国《宪法》第一修正案规定:"国会不得制定关于下列事项的法律:确立国教或禁止信教自由……"我国《宪法》第36条第1款、第2款规定:"中华人民共和国公民有宗教信仰自由。任何国家机关、社会团体和个人不得强制公民信仰宗教或者不信仰宗教,不得歧视信仰宗教的公民和不信仰宗教的公民。"

在规范内涵上,宗教自由包括两个方面:宗教信仰自由与宗教行为自由。宗教信仰自由,包括信教或不信教的自由、信仰何种宗教的自由、改变原有宗教信仰的自由等方面;宗教行为自由,包括宗教结社自由、举行宗教仪式的自由、宗教集会自由、传教自由、宗教捐赠自由和接受宗教捐赠自由等方面。

在性质上,宗教自由可以分为消极的宗教自由和积极的宗教自

① 参见马岭:《宗教自由内涵探析》,载《法治论丛》2009年第2期。

由。从消极自由的角度来看,国家应当遵守消极义务,不侵犯合法的宗教活动;从积极自由的角度来看,国家负有积极义务,应当为实现与促进宗教自由提供各种便利。

然而,值得注意的是,宗教自由并非绝对的自由,而是一种相对的自由。宗教团体的活动不得违反国家法律,不得损害社会和他人的利益。对于一些违反宪法的极端的宗教团体,国家应当积极予以取缔。例如,德国《基本法》第9条第2款规定:“结社之目的或其活动与刑法抵触,或违反宪法秩序或各国共识者,应禁止之。”我国《宪法》第36条第3款、第4款规定:“任何人不得利用宗教进行破坏社会秩序、损害公民身体健康、妨碍国家教育制度的活动。宗教团体和宗教事务不受外国势力的支配。”2015年我国发布的《刑法修正案(九)》新增加了利用极端主义破坏法律实施罪和强制穿戴宣扬恐怖主义、极端主义服饰、标志罪。实践中,我国开展了一系列打击极端宗教势力的活动。

二、国家中立

为了保障宗教自由权的有效实现,国家对宗教应坚持中立原则。国家中立,意味着国家对不同的宗教团体持超然态度,不偏不倚,平等对待。

就国家中立涉及的场合而言,可将宗教自由的国家中立分解为三个方面,即立法中立、行政中立与司法中立。国家宗教立法中立,要求立法者对任何宗教都应当予以同等保护,不允许对不同的宗教加以区别性甚至歧视性对待;国家宗教行政中立要求作为宗教事务管理机关的行政机关必须坚持中立的立场,不能在不同宗教之间厚此薄彼;国家宗教司法中立意味着法院应超脱于当事人双方,不得偏袒一方当事人。①

宗教自由与国家中立是相辅相成的。一方面,国家中立可以保障宗教自由;另一方面,宗教自由可以促进国家中立。详言之,只有国家对宗教坚持中立原则,不干涉宗教事务,对不同教义的宗教都持尊重态度,让它们在社会中进行充分的竞争,才能有效实现宗教自由。如果国家动辄支持或随意打压某个宗教,势必造成整个宗教的畸形发展。因为一些宗教团体为了获取更多的资源,可能使用一些正当或不正当的手段主动向国家"示好",国家为了实现某个政治目的,也可能利用某个宗教。这样一来,必然造成国家与宗教不分,导致世俗权力与神权的混同,最终必将损害宗教自由。国家不中立、政教不分曾给人类带来了深重的灾难。因此,没有国家对宗教的中立,宗教自由最终难以得到实现。同时,只有宪法等法律明确规定宗教自由,赋予公民个人和宗教团体相应的宗教权利,才能实现宗教权利对国家权力的监督制衡,从而才能消除国家对某个或某些宗教团体的偏袒和不平等对待,最终能够有效地实现国家中立。

然而,宗教自由并非任宗教自生自灭,国家中立也并非表明国家对宗教应当持消极态度。国家负有促进并保障宗教自由实现的积极义务。国家应当创设各种条件,使公民个人能够自由地选择不同的宗教信仰,使宗教团体能够自主地开展各项宗教活动。对于符合法定条件的某些宗教团体,国家可以依法赋予其一些特殊地位,如德国对符合条件的宗教团体授予公法社团地位。

---

① 参见杨合理:《论宗教自由法律保障的基本原则》,载《郑州大学学报》(哲学社会科学版)2013年第5期。

后续影响

耶和华见证人法人团体地位案具有重要的影响，德国联邦宪法法院在此案判决中首次明确了授予宗教团体公法社团地位的条件，为国家的宗教事务服务与管理提供了更为具体的依据。

并非所有宗教团体都具有公法社团地位。一些宗教团体可能只是民法上登记的普通社团，要想成为公法社团，必须经过申请。授予符合条件的宗教团体以公法社团地位，是促进宗教自由发展的手段。正如德国联邦宪法法院所认为的，公法社团的地位具有支持宗教团体自主性与独立性的功能。但是，授予宗教团体公法社团地位的条件并不明确。《魏玛宪法》第137条第5款规定："宗教团体有公法上之性质者，为公法社团。其他宗教团体，若依其章程及社员人数，能确保其长期存在者，得依其请求，给予其同样的权利。"此条规定过于宽泛。《基本法》第140条虽然引进了此条，但并没有作出进一步的具体规定，所以导致缺乏授予某个宗教团体以公法社团地位的具体标准，从而在实践中引发了很多纷争。

在耶和华见证人法人团体地位案中，德国联邦宪法法院提出了以下具体条件：宗教团体要想成为公法社团，则必须忠于法律。所以宗教团体首先必须保证，将切实遵守现行法律，特别是当其受委托行使国家公权力时，只有在符合宪法以及其他法律的规定时，才会行使公权力。此外，宗教团体要想成为公法社团还必须保证，其将来的行为不会危害宪法基本原则、国家所托付保护的第三人基本权利以及《基本法》中有关宗教自由与国家宗教法的基本原则。另外，为了防止国家对宗教团体提出不当要求，德国联邦宪法法院还特别从否定的角度提出，除了法律忠诚义务以外，《基本法》不另外要求宗教团体的国家忠诚义务。因而可以说，耶和华见证人法人团体地位案具有开创性意义。

牲畜屠宰案

查云飞

案例名称　牲畜屠宰案（Schächten-Urteil，BVerfGE 104，337，2002年1月15日）

关 键 词　宗教信仰自由　动物保护　不经麻醉屠宰　职业自由　合宪性解释

案　情

本案诉愿人是信奉伊斯兰教的土耳其人，在德国长期居住并经营一家肉店。为了向穆斯林顾客供应肉品，诉愿人按《动物保护法》第4a条第2款第2项第2选项，向主管行政机关申请允许不经麻醉屠宰（Schächten）的例外许可。因为联邦行政法院此前就类似案件作出过否定判决，诉愿人的申请未获行政机关批准，随后的行政诉讼均告失败，诉愿人以多项基本权受损为由提起宪法诉愿，尤其涉及职业自由（《基本法》第12条第1款）、宗教和世界观自由（第4条第1款和第2款）以及平等权（《基本法》第3条）。

本案涉及的宪法和法律条款包括：

《基本法》第2条第1款规定：

人人享有人格自由发展的权利，只要其不侵害他人权利，不违反合宪性秩序或者道德法则。

《基本法》第3条第1款和第3款规定：

(1)法律面前人人平等。

(2)……

(3)任何人不得因性别、家庭出身、种族、语言、籍贯和来源、信仰、宗教或政治见解受到歧视或优待。任何人不得因残疾受到歧视。

《基本法》第4条第1款和第2款规定：

(1)信仰和良心自由、表达宗教和世界观的自由不得侵害。

(2)保证宗教活动不受阻扰。

《基本法》第12条第1款规定：

(1)所有德国人均有自由选择职业、工作岗位和培训场所的权利。从事职业的行为可通过法律或者依据法律予以规范。

《动物保护法》第4a条第1款结合第2款第2项规定：

(1)温体动物只得在放血前已被麻醉的情形下才允许被屠宰。

(2)以下情形不适用前款规定：

1)……

2)主管行政机关已颁发无须麻醉的屠宰例外许可；只有在必要情形下在本法适用范围内为满足特定宗教团体成员的特定需求才可以颁发例外许可，即所属宗教团体的教义对此有强制性规定或者禁止享用麻醉屠宰的动物肉品。

裁判要旨

1. 为迎合顾客享用不经麻醉屠宰所得肉品的信仰确信,非德国籍的伊斯兰教屠宰商在不经麻醉情形下屠宰动物的行为,在宪法上得依据《基本法》第2条第1款结合第4条第1款和第2款进行判断。

2. 鉴于上述宪法规定,《动物保护法》第4a条第1款结合第2款第2项第2选项应当被解释为信仰伊斯兰教的屠宰商可以获得不经麻醉屠宰的例外许可。

裁判理由与论证

关于是否允许不经麻醉屠宰温体动物,[①]德国的立法经历了百年的历史演变。[②] 20世纪初,德国各州允许犹太教信徒采取不经麻醉的屠宰方法,在纳粹时期为了迫害犹太人又普遍禁止此种方式,[③]尤其体现于1933年4月21日颁布的关于屠宰的帝国法律。[④] 直到1986年修订《动物保护法》才在该法第4a条第1款处原则上禁止不经麻醉情形下宰杀温体动物,同时于该条第2款作出了例外规定。[⑤] 本案涉及其中的一种例外,即出于宗教原因,主管行政机关可

① 不经麻醉屠宰的具体方式,参见 Kuhl/Unruh, Tierschutz und Religionsfreiheit am Beispiel des Schächtens, in DÖV 1991, S. 95。

② 详细参见 Schwarz, Das Spannungsverhältnis von Religionsfreiheit und Tierschutz am Beispiel des „rituellen Schächtens“, 2003, S. 14。

③ BGH, Urt. v. 27. 4. 1960 – IV ZR 305/59, S. 8ff.; Lorz, Tierschutzgesetz, 3. Aufl. 1987, § 4a Rn. 9.

④ RGBI. I S. 203, 212.

⑤ 立法进展简述,参见 Kuhl/Unruh, Tierschutz und Religionsfreiheit am Beispiel des Schächtens, in DÖV 1991, S. 95。

颁发无须麻醉屠宰的例外许可。

本案诉愿人主张,行政机关根据《动物保护法》第4a条第2款第2项第2选项不予颁发例外许可的行政行为侵害了自己的职业自由、平等权以及宗教和世界观自由。因此,联邦宪法法院围绕这三项基本权展开了详细审查。

一、职业自由保护

1. 外国人职业自由保护的宪法基础与保护范围

诉愿人并不是德国国籍。作为外国人,他是否能获得由《基本法》第12条第1款提供的职业自由保护?由于《基本法》第12条第1款写明只保护德国人在选择职业、工作岗位和培训场所方面的自由权,即该条并非普遍适用的人权条款而仅为"德国人的基本权"(Deutschengrundrecht),所以从字面上直接排除了该条在本案中的适用。[①] 但是,德国联邦宪法法院在1957年艾尔弗斯案中将《基本法》第2条第1款规定的"一般行为自由"确定为"兜底基本权",[②] 并在之后的判决中予以坚持,所以外国人的职业自由虽不能援引《基本法》第12条第1款,具有补充效力的一般行为自由却可能为其提供同等保护。

2.《动物保护法》作为限制外国人职业自由的合宪性秩序

外国人源自《基本法》第2条第1款的职业自由权必须受到该款设定的条件限制,即"不侵害他人权利、不违反合宪性秩序或者道德法则"。同样在艾尔弗斯案中,德国联邦宪法法院将"合宪性秩序"界定为"在实质上和形式上都符合宪法的一般法秩序"。[③] 本案

---

① BVerfGE 78,179(196 f.).

② 张翔主编:《德国宪法案例选释》(第1辑),法律出版社2012年版,第6页以下。

③ BVerfGE 6,32(66 ff.);96,375(397 f.). 参见张翔主编:《德国宪法案例选释》(第1辑),法律出版社2012年版,第7页以下。

中,行政机关根据《动物保护法》第4a条第1款结合第2款第2项第2选项的规定拒绝颁发不经麻醉屠宰动物的例外许可,乃是对屠宰商行使自由职业的限制,该限制所依据法律是否为"在实质上和形式上都符合宪法的一般法秩序"成为宪法法院在本案中重点讨论的疑难问题。鉴于该条款在形式合宪性即立法权限和立法程序上无可指摘,因此特别审查其实质合宪性,比例原则是为关键标准。

(1)可能被限制的基本权

《动物保护法》第4a条第1款结合第2款第2项第2选项设置了允许不经麻醉屠宰动物的例外许可,不考虑个案情形,该条可能在一般意义上限制权利人的职业自由,尤其考虑到权利人的宗教信仰,其职业自由可能受到损害。

(2)该限制条款的合法保护目的

人类视动物为共同被创造之生物,因此得担负保护其生命和幸福感的责任,这便是《动物保护法》的立法目的。正如该法第1条所规定:"任何人都不得无合理理由地对动物施加任何痛苦、灾难或者伤害。"《动物保护法》第4a条第1款结合第2款第2项第2选项,正是受到了此种以道德为基础的立法保护目的影响,通过对温血动物屠宰前的麻醉强制促进了这一保护目的,该目的合法。

(3)措施的适当性和必要性

为实现上述合法保护目的,《动物保护法》原则上禁止对温血动物进行未事先麻醉的屠宰,在满足该法第2款第2项第2选项的情形下可获得例外许可。此处并没有明显违背措施适当性和必要性的嫌疑,所以宪法法院在此并没有具体展开相关分析,仅强调得考虑宪法赋予立法者在选择实现规范目的手段时的预测空间(Einschätzungsspielraum),该预测必须建立在事实基础之上。第一,立法者认为屠宰前进行麻醉将减轻动物所承受之痛苦,该认识大致符合各方意见和其他法律规定；第二，立法者对此设置了例外许可保留，其意在于由国家控制不经麻醉的屠宰，在宗教团体有强制拘束力规定或者禁止享用不经屠宰动物肉品的例外情形下允许颁发许可，也考虑到了如犹太教、伊斯兰教的特殊情况，所以立法者在此设置的例外许可保留符合事实。总体而言，《动物保护法》第4a条第1款结合第2款第2项第2选项规定的措施对于实现保护目的是适当而有必要的。

(4)措施的狭义比例性

在审查狭义比例原则时，须衡量措施追求目的与因此造成权利人负担之间的关系，两者不能显失均衡。狭义比例原则的具体判断步骤为，首先尽可能周全地列举各种追求目的以及可能负担，然后综合衡量得出结论。

如上所述，《动物保护法》所关涉条款为追求人类保护其同伴生物之公共利益。但这并不意味着《动物保护法》对动物采取了绝对保护模式，让其免除一切伤害，而是"不得无合理理由地对动物施加任何痛苦、灾难或者伤害"。此时，不经麻醉屠宰动物的"合理理由"不仅包括该法第4a款第2款第2项第2选项，还包括本案未涉及的紧急屠宰(该法第4a条第2款第1项)、授权法规命令规定的家禽屠宰(该法第4a条第2款第3项结合第4b条第1句第3项)、依据具体情况可以预见和避免痛苦的情形(该法第4条第1款第1项)以及如打猎、合法对抗有害动物和其他被法律规定许可等各类情形。

立法者知道，如果毫无例外保留一律禁止不经麻醉屠宰动物，将严重限制如穆斯林的职业自由。权利人将被迫放弃屠宰商的职业，或者不得不改为进口符合规定的肉品，又或者如果坚持自己屠宰则必须按规定先予以麻醉。另外，考虑到屠宰商的宗教信仰，采取未麻醉屠宰乃是为了遵守自己的信仰,《基本法》所保障的宗教信仰自由提升了限制信徒行使该职业自由的强度。不仅如此,此项禁令还涉及信奉伊斯兰教的肉店顾客,其采购不经麻醉屠宰肉品乃是基于自己认为具有拘束力的信仰确信,其宗教和世界观自由因此可能受到损害。结合屠宰商和顾客可能遭受的基本权损害,如果不规定例外许可,则赋予了保护动物之公共利益单方面的优先地位。《动物保护法》基本平衡了所涉及的基本权和动物保护利益(公共利益),在第4条第2款第2项第2选项规定了例外许可,从而在不放弃以道德为基础的动物保护原则和保护义务的前提下,周全顾及了如伊斯兰教信徒的相关基本权。

接下来的问题便是,应当如何理解例外许可的两个要件——"宗教团体"和"强制性规定",如果对此的解释非常不利于信众,则该法所保护的公共利益仍可能失衡于所造成基本权之限制。

(1)联邦行政法院的第一次认定

如案情所述,德国联邦行政法院曾在1995年6月15日就此问题作出了关键性判决,本案所涉行政机关正是受该案影响而拒绝颁发例外许可。故有必要简单回顾一下联邦行政法院的观点,德国联邦宪法法院在本案判决中也给出了大量铺垫。

在1995年的判决中,行政诉讼之原告是一家清真寺食堂的运营人,他同时为在餐厅之外就餐或购物的其他穆斯林供应肉品。运营人申请供应不经麻醉屠宰肉品的例外许可被拒绝,一路起诉至联邦行政法院。

德国联邦行政法院认为,行政诉讼之原告并不符合《动物保护法》第4a条第1款结合第2款第2项第2选项的要求。原因有二:第一,原告并不属于"宗教团体",团体必须是在外部得以清晰与其他团体界分、内部有强制性规定的宗教联合体,仅仅属于伊斯兰教分支——逊尼派并不满足该要件;第二,“强制性规定”必须客观存在,仅凭当事人主观认为受教义约束并不足以确认“强制性规定”的存在。针对后一原因,学界存有争议,反对声音认为如果允许国家(包括借助其他团体的鉴定)对“强制性规定”作出判断,将直接导致“外行评判内行”甚至国家作为中立主体判断宗教事务的错误局面,正确的路径应当从当事人对教义的理解出发。对此,联邦行政法院详细解释了《动物保护法》第 4a 条第 1 款结合第 2 款第2 项第 2 选项。

从文义解释出发,该条的表述并非是宗教团体成员“基于宗教理由”从而认为不被允许享有不经麻醉屠宰的肉品,而必须是“所属宗教团体的教义对此有强制性规定”。正是出于某些宗教团体颁发相关强制性规定的考量才制定本条,此处完全排除了考虑个人宗教信仰确信的空间。

从该条的目的和意义出发,《动物保护法》的立法目的在于要求视动物为共同被创造之生物的人类承担保护其生命和幸福观的责任,“任何人都不得无合理理由地对动物施加任何痛苦、灾难或者伤害”(该法第 1 条)。该目的同样体现于原则上禁止不经麻醉屠宰的限制上。如果允许扩大解释,即从个人主观出发判断是否存在“强制性规定”,该条的保护目的将无法实现。

从该条的发生史也可以说明“强制性规定”应当客观存在。在 1986 年法案修改咨询过程中,德国联邦议会的法律委员会明确主张,必须在宗教团体有强制性规定时方可豁免不经麻醉屠宰。当时负责起草条款的联邦食品、农业和林业委员会以国家介入宗教事务违背中立的民主法治国原则为由明确拒绝了法律委员会的意见。德国联邦议会一开始全部采纳了联邦食品、农业和林业委员会的意见,但德国联邦参议会为此召集调查委员会专门对此进行了抵制,

并认为:

不经麻醉屠宰应当只在《基本法》第4条强制允许的情形下得以进行。此种屠宰在有些国家被简单视作屠宰方法而已,这点必须予以考虑。仅仅在某些情形下,此种屠宰才是宗教表达的真正组成部分,并因此成为本身具备世界观属性的行为。与之相反,《基本法》第4条并不包括那些虽然表现宗教基本态度自身却并不包含宗教活动的行为。①

德国联邦参议会的抵制虽然没有全面成功,但联邦食品、农业和林业委员会的意见最终也没有被完全采纳,所以最后的文本仍然保留了"宗教团体的教义……或者禁止享用不经麻醉屠宰的动物肉品"。从历史解释的角度判断,联邦参议会的意见似乎略占上风。所以,无论是"规定"还是"禁止"都要求具备"强制性",而且必须在客观上得以确定。

通过上述对相关条文的详细解释,联邦行政法院在该案判决中认定行政机关拒绝颁发例外许可的行政行为并未损害原告的宗教信仰自由。②

(2)德国联邦行政法院的第二次认定

2000年11月23日,德国联邦行政法院在另一起行政诉讼中作出了观点调整。

该案当事人是一个属于伊斯兰教已登记社团的成员,该社团兼容并蓄地囊括了各派穆斯林,旨在成为所有穆斯林的信息、对话和

① BVerwGE 99,1(6).

② 该案的详细分析,参见 Trute, Das Schächten von Tieren im Spannungsfeld von Tierschutz und Religionsausübungsfreiheit, in Jura 1996, S. 462 ff.; Müller-Volbehr, Religionsfreiheit und Tierschutz: Zur Zulässigkeit religiös motivierten Schächtens, in JuS 1997, S. 223 ff。

行动平台，尤其希望借此促进州立学校开展伊斯兰教课程。该社团设置了一个专家和法律鉴定的内部机关，其认为屠宰动物之前进行麻醉与《古兰经》教义不符，该社团董事会遂宣布该鉴定约束所有成员。在此背景下，相对人仍然未能成功向行政机关申请屠宰例外许可，最后由德国联邦行政法院作出了终局判决。

在该份判决中，德国联邦行政法院在界定何为“宗教团体”以及“强制性”时有所松动。其认为，宗教信仰自由禁止在狭义或者绝对形式意义上理解例外许可的法律规定。所以，不应将“宗教团体”简单地理解为法律意义上的团体，即《魏玛宪法》第 137 条第 5 款意义上的公法社团（öffentlich-rechtliche Körperschaft）或者《基本法》第 7 条第 3 款意义上有权参与宗教课程授课的团体，此处的团体只要由拥有共同信仰确信的成员组成即可。此外，也不应简单将“强制性规定”界定为准法律标准（quasi-gesetzliche Normierung），只要是被信仰团体视为具有绝对约束力的行为规则即可，关键在于是否能够客观证明成员拥有对此种约束力的严肃认识。

在该案中，行政诉讼原告隶属于不分派别的伊斯兰社团，因该社团内部派别林立，宗教观亦不相同，所以并不属于《动物保护法》所要求的“宗教团体”。此外，由于伊斯兰教内部对不经麻醉屠宰是否属于强制性教义这个问题并没有一致认识，所以该伊斯兰社团的鉴定客观上并不约束所有穆斯林，并不存在“强制性规定”。因此，德国联邦行政法院并没有支持相对人的诉求。

（3）德国联邦宪法法院的不同看法

德国联邦宪法法院在两次联邦行政法院判决的基础上，即对先前“宗教团体”和“强制性规定”的理解基础上，通过合宪性解释予以论证。

首先，德国联邦宪法法院采纳了联邦行政法院在第二个判决中修正后的意见,认为“宗教团体”并不被要求必须是公法社团或者有权参与宗教课程授课的团体,只要申请人属于一群有共同信仰确信的团体即可。只有如此理解才符合宪法要求,而且特别考虑了《基本法》第4条第1款和第2款所保护的宗教和世界观自由。

其次,德国联邦宪法法院在“强制性规定”的判断上也运用了合宪性解释,并跟随了联邦行政法院在第二个判决中提出的观点。综合衡量,是否存在“强制性规定”不得任凭个人主张,否则就存在滥用,可能阻碍落实《动物保护法》的立法目的,应当由主管行政机关或者在争议时由法院对该构成要件进行审查并作出决定(个案判定)。然而,鉴于宗教自由的考量,只要能以事实证明(substantiiert)或者事后可验证(nachvollziehbar)当事人作为宗教团体成员存在此方面的共同信仰确信即可。因此,国家在审查和决定是否存在“强制性规定”的问题上应当放弃评价,转而不得不顾及宗教团体对此的自我理解[BVerfGE 33,23(30)]。而且,同样鉴于宗教自由的考量,此项审查并不必然以伊斯兰教或者该教会之下逊尼派抑或什叶派的见解为准,应该从具体的或者从一个信仰流派中存在的宗教团体中寻找答案[vgl. auch BVerwGE 112,227(236)]。

所以,经过合宪性解释,《动物保护法》的该条规定并没有违背狭义比例原则,加之前述分析整体上符合(广义)比例原则,该法为实质合宪的法律。

3. 个案中具体措施的合宪性

在适用作为限制外国人职业自由的合宪性秩序——《动物保护法》之例外规定时,采取的具体措施即本案中拒绝颁发例外许可这一行政行为是否符合宪法要求,考量标准同样为比例原则。由于措施的合法目的、适当性以及必要性并无明显瑕疵,重点仍然在于狭义比例原则的审查。

遵循上述合宪性解释的思路,本案诉愿人基于共同信仰确信为顾客提供不经麻醉屠宰的动物肉品,其共同构成了一个具体的“宗教团体”。至于共同信仰确信是否为“强制性规定”,得考虑该宗教团体的自我理解,且能以事实证明或者事后验证即可。伊斯兰教整体或者逊尼派是否视不经麻醉屠宰为教义虽有争议,但就本案中的“宗教团体”而言,如果不存在其他拒绝的理由,即应该给申请人颁发例外许可。可以通过附加(行政行为的)附款予以监督,还可以在不经麻醉屠宰的特别技能方面审查申请人的专业经验和能力,确保和尽力维护动物保护利益。如此,拒绝颁发例外许可的行政行为并没有不合比例地限制诉愿人的基本权。所以,诉愿人的职业自由并未受到损害。

二、平等权

本案诉愿人主张放血屠宰禁令与《基本法》第 3 条第 1 款保护的一般平等原则相抵触,因为犹太教的肉贩商可以因其信仰获得例外许可,不应在相同情形下给予逊尼派穆斯林不同对待。而且,诉愿人还认为判断“宗教团体”概念时不考虑个人的信仰确信直接违反了《基本法》第 3 条第 3 款的禁止歧视规定。

德国联邦宪法法院支持诉愿人的主张,认为本宪法诉愿之前作出的相关行政机关决定和行政法院判决没有就《动物保护法》的例外规定作出符合宪法的解释。如果采纳合宪性解释,诉愿人将获得例外许可,而且一般平等原则和禁止歧视规定都将得到遵守。

三、宗教和世界观自由

行政机关以及行政法院对《动物保护法》的例外规定未作出合宪性解释,因此,在适用该条屠宰禁令的例外规定时对诉愿人的宗教和世界观自由造成了不合比例的限制,因而损害了诉愿人由《基本法》第2条第1款结合第4款第1款和第2款保障的此种基本权利。

四、结论

因各级行政法院判决损害了诉愿人受《基本法》保护的职业自由、平等权以及宗教和世界观自由,故撤销各判决,发回行政法院重新审理。

涉及的重大理论问题

战后随着外来移民(尤其是穆斯林)增加,德国社会宗教信仰逐渐多元化,打破了先前基督教的单一影响局面,牲畜屠宰案便是联邦宪法法院在此背景下作出的诸多关涉宗教与信仰自由的经典判决之一。在该案之前,联邦德国各级法院已经作出大量判决,观点林立,莫衷一是。① 虽然本案案情简单,仅涉及穆斯林屠宰商向行政机关申请不经麻醉屠宰动物的许可问题,从中却折射出民主法治国对待动物保护以及宗教信仰自由的审慎关切,并可一窥德国处理不同宗教和文化的包容态度,而这一切都建立在有效运作的宪法秩序之上。抛开伊斯兰教整体对德国宪法的宏观影响不谈,本案涉及的重大理论至少包括两个方面:如何界定宗教信仰自由保护范围以及如何运用合宪性解释。

一、宗教信仰自由的保护范围

德国《基本法》第4条第1款保护宗教和世界观自由,第2款与

① 战后至20世纪90年代的判决介绍,参见 Kuhl/Unruh, Tierschutz und Religionsfreiheit am Beispiel des Schächtens, in DÖV 1991, S. 95 ff.;90年代初期的判决介绍,参见 Kuhl/Unruh, Religionsfreiheit versus Tierschutz: Anmerkungen zum Schächten, in DÖV 1994, S. 644 f。

开展宗教活动有关，可以进一步划分为信仰自由、表达信奉自由以及宗教活动不受阻扰，德国联邦宪法法院以及通说认为这两款共同构成了统一的宗教和世界观自由基本权。[①] 不仅保护公民个人拥有或者形成特定的信仰确信（信仰自由），即内部自由（forum internum），还保护基于信仰的表达、行动或者宣传等各类行为（表达信奉自由和宗教活动不受阻扰），即外部自由（forum externum）。[②] 正如德国联邦宪法法院在第二次头巾案中总结的那般，该基本权“不仅涉及信仰和不信仰的内部自由，即持有、拒绝、脱离既有、转向其他信仰，还涉及表达、传播、宣传自己的信仰以及招揽其他信仰人员的外部自由……因此不仅包括宗教活动、行使和遵守宗教习惯，还包括宗教教育以及其他宗教和世界观生活的外部形式”。[③]

由此看出，宗教与信仰自由的保护范围极为宽泛，如果毫无限制，将导致权利保护范围毫无边界，从而产生权利实质丧失的危险。其中，宗教与信仰自由的外部表现——宗教活动不受阻扰——最受威胁，所有公民个人或者法人，都可能主张其行为受宗教信仰影响或者驱使并因此满足“宗教活动”的要件。然而，自从1965年德国联邦宪法法院作出废物间活动案（Lumpensammlerentscheidung）以来，[④]就一直倾向于宽泛理解“宗教活动”的含义。该案中，天主教青年运动通过收集和贩卖旧物筹集慈善款项，被界定为受基本权保护的宗教活动，而且可以考虑宗教和世界观团体的自我理解。[⑤] 然

---

① BVerfGE 24, 236 (245)；不同意见参见 Muckel, Schutz von Religion und Weltanschauung, in: Merten/Papier (Hrsg.), HGR, Bd. IV, 2011, § 96, Rn. 63 f.。

② Morlok, Art. 4, in: Dreier (Hrsg.), GG-Kommentar, 3. Aufl., Rn. 32; BVerfGE 12, 1.

③ BVerfG, NJW 2015, S. 1359, 1361.

④ BVerfGE 24, 236.

⑤ BVerfGE 24, 245 ff.; Kästner:《宗教自由基本权利的肥大症——关于宗教和世界观自由与一般权利有效性请求的关系》，载《南京大学法律评论》2011年第2期。

而,为避免权利丧失实质,有必要限定“宗教活动”的含义:它应当是具体的而非边缘性的、真正的以及与各自宗教信奉有持续关联的活动。[①] 德国学界因此提出了诸多限定“宗教活动”含义的建议,[②]这些建议都旨在从保护范围中剔除那些虽受宗教驱使却外在地表现为宗教中立的日常行为。[③] 然而,限缩宗教信仰自由保护范围的危险在于,一方面,国家将逐渐替代宗教团体以及信徒自身界定何种行为属于“宗教活动”;[④]另一方面,也将直接导致全面保护宗教信仰的愿望落空,因为《基本法》同样保护少数成员,决定因素并非是宗教团体的通说或者官方学说,而应当是基本权主体的个人理解。[⑤] 在第二次头巾案中,德国联邦宪法法院就宗教和信仰自由的保护范围问题提出了权利人主观认识加国家客观判断的双重标准,该标准与本案中对宗教“强制性规定”的界定完全一致。[⑥]

为了满足顾客以及自身基于宗教信仰食用不经麻醉屠宰动物肉品的需求,肉店经营者从事的屠宰行为本身是否属于“宗教活动”?一致的意见认为,明确带有宗教仪式意味的屠宰(rituelle Schlachtung),如宰牲节时所进行的屠宰,毫无疑问属于“宗教活动”。然而,多数学者认为,如本案情形下的屠宰并不属于带有宗教

---

① Kästner, Art. 4, in: Stern/Becker, GG-Kommentar, 2. Aufl. 2015, Rn. 63.

② Badura, Der Schutz von Religion und Weltanschauung nach dem Grundgesetz, 1989, S. 54 f.; Mager, Art. 4, in: v. Münch/Kunig, GG-Kommentar, 6. Aufl., Rn. 17.

③ Menzel, Verfassungsrechtsprechung, 2. Aufl. 2011, S. 694.

④ v. Campenhausen/de Wall, Staatskirchenrecht, 4. Aufl. 2006, S. 53 ff.

⑤ BVerfGE 32, 98 (106); 33, 23 (28); 41, 19 (49); Heckel, Religionsfreiheit und Staatskirchenrecht, FS 50 Jahre BVerfG, Bd. 2, 2001, S. 379; Classen, Religionsfreiheit und Staatskirchenrecht in der Grundrechtsordnung, 2003, S. 38, 50; Korioth/Augsberg, Neue Religionskonflikte und staatliche Neutralität, in JZ 2010, S. 828 f.; Müller-Volbehr, Religionsfreiheit und Tierschutz: Zur Zulässigkeit religiös motivierten Schächtens, in JuS 1997, S. 223 ff.

⑥ BVerfG, NJW 2015, S. 1361 – Kopftuch Ⅱ.

仪式意味的屠宰,应当排除于保护范围之外。[①] 此种屠宰目的在于供应宗教人士肉品,即便食用不经麻醉屠宰动物肉品受到教义约束或者基于宗教信仰,也无法推导屠宰本身便意味着开展"宗教活动"。该屠宰毋宁为满足顾客需求,乃出于商业经营之考虑,其行使了职业自由而非宗教信仰自由。[②] 然而,德国联邦宪法法院在本案中倾向于将不经麻醉屠宰定性为"宗教活动",认为肉店经营者作为逊尼派穆斯林已视屠宰本身为宗教义务并借此表达了宗教基本态度。[③] 随后又(妥协地)补充道,即便不认为屠宰为宗教活动行为(Akt der Religionsausübung),对诉愿人职业自由的保护也应当因其宗教信仰自由得以加强。[④] 可以看出,德国联邦宪法法院无论在审查诉愿人的职业自由还是单独审视其宗教信仰是否招致公权力损害时,在宪法规范上皆援引了职业自由结合宗教信仰自由且重点落于前者之上,说明法院就该疑难问题采取了不无争议的回避方案,借助宗教信仰自由加强职业自由保护强度的创举更是备受争议。[⑤]

二、合宪性解释

按照凯尔森的位阶理论(Stufentheorie),在解释低位阶规范时

---

① Kästner, Art. 4, in: Stern/Becker, GG-Kommentar, 2. Aufl. 2015, Rn. 66.

② Muckel, Schutz von Religion und Weltanschauung, in: Merten/Papier (Hrsg.), HGR, Bd. IV, 2011, § 96, Rn. 86; Stern, Das Staatsrecht der Bundesrepublik Deutschland Bd. IV/2, § 118, S. 952 f.

③ BVerfGE, 104, 337 (346);瑞士、奥地利以及欧洲人权法院都将不经麻醉屠宰置于宗教信仰自由之下讨论,参见 Classen, Religionsfreiheit und Staatskirchenrecht in der Grundrechtsordnung, 2003, S. 40。

④ BVerfGE, 104, 337 (346).

⑤ 对此的批评参见 Kästner, Das tierschutzrechtliche Verbot des Schächtens aus der Sicht des Bundesverfassungsgerichts, in JZ 2002, S. 493; Schwarz, Das Spannungsverhältnis von Religionsfreiheit und Tierschutz am Beispiel des „rituellen Schächtens", 2003, S. 35 ff.。

应当避免与高位阶规范发生冲突,①合宪性解释即服务于维持宪法作为法律之上高位阶规范的效力。如果按文义、目的、系统、历史解释法律规范时存有多种含义可能,则应当选取最为符合宪法标准的解释选项,②因此,合宪性解释属于法律解释而非宪法解释方法。③在司法实践中,合宪性解释多用以"解救"可能因违宪而因此无效的法律法规。④

另外,合宪性解释虽发挥"解救"功能却不得被用以规避条文的违宪性。德国联邦宪法法院时常使用合宪性解释,但强调在与条文的文义和清晰可见的立法者原意相悖的情形下应当排除此种解释,应当直接判定其违反宪法从而使其无效。⑤ 否则,德国联邦宪法法院作为司法机关将直接限制立法机关的权限,并因此违反法治国下的三权分立原则。⑥

特别予以强调的是,应当区分合宪性解释与以宪法为指向的解释(verfassungsorientierte Auslegung)这两个范畴,⑦两者的区别至少体现在以下两个方面:第一,所有国家机关适用法律时都借助以宪

---

① F. Bydlinski, Juristische Methodenlehre und Rechtsbegriff, 2. Aufl., 1991, S. 456.

② BVerfGE 8, 210(221).

③ Starck, Maximen der Verfassungsauslegung, in: Isensee/Kirchhof (Hrsg.), HStR, Bd. XII, 3. Aufl., § 157, Rn. 5.

④ Hesse, Grundzüge des Verfassungsrechts der Bundesrepublik Deutschland, 20. Aufl. 1995, Rn. 80.

⑤ Rüthers (Hrsg.), Rechtstheorie, 8. Aufl. 2015, Rn. 764 ff.; Stern, Das Staatsrecht der Bundesrepublik Deutschland Bd. I, § 4, S. 136; Hesse, Grundzüge des Verfassungsrechts der Bundesrepublik Deutschland, 20. Aufl. 1995, Rn. 80.

⑥ Starck, Maximen der Verfassungsauslegung, in: Isensee/Kirchhof (Hrsg.), HStR, Bd. XII, 3. Aufl., § 157, Rn. 40.

⑦ Schlaich, Das Bundesverfassungsgericht-Stellung, Verfahren, Entscheidung, in JuS 1982, S. 442.

法为指向的解释，而合宪性解释只为宪法法院和普通法院所使用；[①]第二，黑塞指出，合宪性解释的背后理念并不在于"遵守基本法的价值秩序"，而仅仅是为了维护"法秩序的统一"。[②]

回归"牲畜屠宰"的相关案件，针对不经麻醉屠宰的例外许可条件中的"宗教团体"和"强制性规定"要件，德国联邦行政法院在1995年判决中通过文义解释说明"宗教团体"必须是外部得以清晰与其他团体界分、内部有强制性规定的宗教联合体；又借助文义解释、目的解释和历史解释论证了"强制性规定"客观存在的必要性，不得根据当事人的主观认识加以确认。

德国联邦宪法法院在本案中跟随了联邦行政法院2000年的判决思路，通过合宪性解释得出了与德国联邦行政法院在1995年的判决截然不同的观点。[③] 鉴于诉愿人的宗教信仰自由，"宗教团体"应当作扩大解释，即不应限定为公法社团或者有权参与宗教课程授课的团体，一群有共同信仰确信的成员即可组成团体。在有关"强制性规定"的判断上，德国联邦宪法法院同样考量了诉愿人的宗教信仰自由：一方面，不得任凭个人主张其主观上认为的宗教约束性，应当由行政机关或者法院进行审查；另一方面，在审查时得顾虑具体宗教团体对此的自我理解，只要信仰团体视为具有绝对约束力的行为规则即可，并且这种约束力能以事实证明或者事后可被验证。

尽管德国联邦宪法法院在判决中强调此番合宪性解释遵守了法律条文的文义以及立法者的原意，但通过与联邦行政法院于1995年作出的第一份判决对比，本案判决是否遵守了合宪性解释应有的

---

① Stern, Das Staatsrecht der Bundesrepublik Deutschland Bd. I, § 4, S. 136.

② Hesse, Grundzüge des Verfassungsrechts der Bundesrepublik Deutschland, 20. Aufl. 1995, Rn. 80.

③ 早在1989年，汉堡行政法院（VG Hamburg）就已经在类似案件中进行了合宪性解释，参见 VG Hamburg, Urt. v. 14. 9. 1989 - 9 VG 703/89。

边界还值得商榷。学界对德国联邦宪法法院的过度扩大解释提出了批评,如在“宗教团体”的界定上。所谓宗教团体至少应该是在机构意义上基于共同的宗教共识组成的人的联合体,德国联邦宪法法院的合宪性解释有突破文义解释和目的解释之嫌。①

后续影响

从结果来看,该判决收获的赞誉远多于批评,尤其是德国的穆斯林团体给予了一致肯定。② 但从以上判决理由以及重大理论的介绍中也可以看出,德国联邦宪法法院所作的牲畜屠宰案可圈可点,尤其是该案中合宪性解释的界限问题。正如克斯特纳(Kästner)所评价的,德国联邦宪法法院通过牲畜屠宰案打开了一扇立法者基于动物保护本想关上的大门。③ 虽然行政机关可通过施加行政行为的附款尽可能周全动物的保护利益,此种迂回规避的做法以及判决结果都说明了德国联邦宪法法院有意借助规范分析解决政治和社会议题的意图。判决中,德国联邦宪法法院所作出的合宪性解释并不让人全然信服,立法者本来设置的例外许可经过合宪性解释反而成为常规许可,原本的选择裁量(Auswahlermessen)因基本权保护的考量限缩为零,实际上成为羁束裁量(Entschließungsermessen)。④ 本案中更具说服力的做法应当是,德国联邦宪法法院判决所涉条款违宪,从而让立法者重新审视并修改《动物保护法》。

---

① Muckel, Schutz von Religion und Weltanschauung, in: Merten/Papier (Hrsg.), HGR, Bd. IV, 2011, § 96, Rn. 85; Kästner, Das tierschutzrechtliche Verbot des Schächtens aus der Sicht des Bundesverfassungsgerichts, in JZ 2002, S. 494 ff.

② Oebbecke, Islamisches Schlachten und Tierschutz, in NVwZ 2002, S. 302.

③ Kästner, Das tierschutzrechtliche Verbot des Schächtens aus der Sicht des Bundesverfassungsgerichts, in JZ 2002, S. 495.

④ a. a. O., S. 495.

2002年7月26日德国修改《基本法》加入第20a条动物保护的规定，将动物保护作为国家目标在宪法上予以固定，在基本权教义学上则意味着在衡量相关权利或者法益时得在宪法层级上考量动物保护利益。[①] 本案于2000年由德国联邦宪法法院作出，这是否意味着2002年之后法院再遇到类似案件时，鉴于《基本法》第20a条的规定应当作出与本案不同的判决？2006年德国联邦行政法院在另一案件中正面回答了该问题，其认为涉及《动物保护法》的相关条款已经周全地兼顾了动物保护的利益，所以这些条款按合宪性解释符合宪法要求。而且按照《动物保护法》的规定，行政机关也应当严格监管屠宰是否符合法定要求（包括该法以及《动物保护—屠宰法规命令》），如其专业程度如何。尤其自2013年以来，为更好地保护动物以及减轻动物因宰杀濒死的痛苦，根据欧盟相关条例规定，所有屠宰都被限制在专门的屠宰场进行，[②]进一步（在结果上并非在教义学上）通过严格监管平衡了宗教信仰自由和动物保护利益。

---

① HessVGH, ESVGH 55, 129; BVerwG 127, 183(186)；教义学上围绕不经麻醉屠宰与动物保护的宪法权衡，参见 Schwarz, Das Spannungsverhältnis von Religionsfreiheit und Tierschutz am Beispiel des „rituellen Schächtens“, 2003, S. 27 ff。

② Verordnung(EG) Nr. 1099/2009 des Rates vom 24. September 2009.

第一次头巾案

周　育

案例名称　第一次头巾案（Kopftuch-Urteil，BVerfGE 108，282，2003年9月23日）

关 键 词　基本权利　宗教信仰自由　公职义务　国家中立性　法律保留

案　情

出生于阿富汗的诉愿人是一位女性穆斯林，她从1987年开始便在德国生活，并取得了德国国籍。在通过了第一次国家教师资格考试以及见习服务之后，她参加了第二次国家考试，最终取得了在小学和初中任教的资格。1998年她向巴登—符腾堡州下属的斯图加特教育局申请相关职位时遭到了拒绝，理由是她不愿意放弃在课堂上佩戴头巾，而坚持佩戴头巾的行为不符合国家的中立要求。诉愿人则将其视为基于信仰自由的基本权利，佩戴头巾不仅是她个性的标志，而且是其信仰的展现。在先后上诉至劳动法院以及德国联邦行政法院复审无果的情况下，诉愿人向德国联邦宪法法院提起诉讼，认为其包括信仰自由在内的诸项基本权利受到了侵害。德国联邦宪法法院于2003年6月3日进行了言词辩论并于同年9月24日作出宣判，认为德国联邦行政法院判决和巴登—符腾堡州的职能部门侵害了诉愿人基于《基本法》第33条第2款（结合第4条第1款、第 2 款的信仰自由权利)和第 33 条第 3 款规定的平等就职权。

《基本法》第 4 条第 1 款、第 2 款规定：

(1)信仰和良心的自由以及信奉宗教和世界观的自由不可侵犯。

(2)不受干扰地从事宗教活动受到保障。

第 33 条第 2 款、第 3 款规定：

(2)所有德国人根据其资格、能力与专业水平享有同等担任公职的机会。

(3)市民权与国民权的享有、进入公职的录取以及在公共服务中所获得的权利不受宗教信仰的影响。任何人不得因信奉或者不信奉某种宗教教义或者世界观而受到歧视。

裁判要旨

1. 禁止教师在学校和课堂上佩戴头巾的禁令在巴登—符腾堡州现行法律中缺乏充足的法律依据。

2. 立法者应当以社会发展中宗教日益增长的多元化为契机，重新确定宗教事务在教育事业中的容许程度。

裁判理由与论证

在详细介绍德国联邦宪法法院的判决论证之前，有必要简单介绍一下本判决的背景。近 20 年来，德国社会在精神文化层面经历了深刻的变迁。社会文化和宗教的多元化对原有的社会价值体系带来了不同程度的冲击和挑战。如何对待周遭出现的不同宗教文化现象,成为经济与社会生活中的普遍问题。随着西方传统宗教以外的各宗教流派的信徒越来越多进入德国各行各业,与宗教服饰有关的劳务纠纷也逐渐增多。① 在此背景下,2003年年初,德国联邦宪法法院确认了"私营企业主不允许以在工作期间佩戴头巾为由辞退员工"的法律规则,被视为近年来国家在宗教宽容态度上的显著表现。②

如今,在德国各中小学校任教的穆斯林女性数以百计,她们中有些人接受佩戴头巾的宗教戒律。因此,教师能否在校园内佩戴头巾绝非个别事件。然而,与教师在校园内佩戴头巾相比,前者只涉及私人间的经济关系,而后者要求的宗教服饰宽容涉及国家的另一项重要原则即宗教中立性要求(die religiösen Neutralität des Staates),使矛盾冲突变得更为棘手。此案也因此从一开始就获得公众的广泛关注,在等待判决的过程中引发了一场社会大讨论,几乎穷尽了所有支持或反对的意见。与此同时,学界的普遍共识是教师作为公职人员,其外在形象应当与国家宗教中立性保持一致。在此背景下,支持诉愿人诉求的宪法法院判决横空出世,舆论哗然。在8位法官中只获得了5票而险胜,可见其内部争论激烈。事实上,在持主流观点的3位异见法官看来,本判决不亚于一次"意外判决"(Überraschungsentscheidung),不仅在内容上无视公职人员的宗

① 头巾问题由来已久,典型讨论及判决可见 R. Zuck, Nur ein Kopftuch? Die Schavan-Ludin-Debatte, NJW 1999 2948f.; VG Stuttgart, NVwZ 2000, 959 ff.; VGH Mannheim, NJW 2001, 2899 ff.; BVerwGE 116, 359 ff.;以及 VG Lüneburg, NJW 2001, 767 ff.; OVG Lüneburg, NVwZ-RR 2002, 658 ff。

② 原判决 BAG, NJW 2003, 1685 ff.;经联邦宪法法院确认 BVerfG, NJW 2003, 1685 f.;类似的判决还包括幼儿教师佩戴头巾 Arbeitsgericht Dortmund Urt. v. 16. 01. 2003, Az.: 6 Ca 5736/02。

教中立要求,更罔顾适当的法律程序。[①] 然而,值得玩味的是,判决铺陈理由之后戛然而止,并没有就案件的事实部分作出实质判决,而是把支持或反对佩戴头巾的立法权交给了州议会。由此看来,囿于案件的政治属性,判决尚有许多未尽之处。尽管如此,判决的论证理由仍然值得一番细细考察。

本案是由诉愿人向巴登—符腾堡申请教师职位引起的基本权利争议案件。诉愿人在中小学教职实习结束后申请入职,因坚持佩戴头巾而遭到当地教育机关的拒绝,理由是认为诉愿人无法胜任(Eignungsmangel)该职位。通常而言,教师入职等教育事务属于各州自行立法的法律保留事项。各州有权决定教师入职需满足的能力要求和条件。然而,德国联邦宪法法院认为,诉愿人佩戴头巾的宗教行为落入基本权利保护范围,教育当局因诉愿人佩戴头巾而拒绝其入职是错误的。不仅如此,宪法法院在本案的说理部分,通过诉愿人佩戴头巾的宗教自由权,围绕学校范围内的宗教事务,进一步向各州议会提出了立法要求。

德国联邦宪法法院在本案中面临的困境是要厘清宪法层面的多个权利义务关系:其一是诉愿人享有的入职平等权(《基本法》第33条第2款)和宗教自由权(《基本法》第4条第1款、第2款,第33条第3款);其二是诉愿人承担的公职义务和国家中立性要求(《基本法》第7条第1款);其三是公民基本权利有可能涉及的第三人,特别是家长的教育权(《基本法》第6条第2款)。德国联邦宪法法院必须对这些宪法权利和义务之间存在的多重矛盾进行衡量与协

---

① 异议法官认为这里涉及的程序瑕疵主要有二:一是根据基本法第103条第1款,公民有权旁听庭审,参见BVerfGE 34,1;BVerfGE 84,188,以及BVerfG E86,133。二是在判决之前至少应先给予州议会适当的时间补充立法,参见BVerfGE 33,1;BVerfGE 58,257。

调。在权衡过程中,德国联邦宪法法院力排众议,一是通过扩张解释将教师的宗教行为纳入《基本法》第4条宗教自由权利的保护范围,认为教师虽然必须遵守国家中立性要求,但其个人宗教自由的权利仍落入《基本法》的保护范围,即国家公职人员亦享有信仰自由权利;二是督促州立法机关以宗教日趋多元、社会情势变迁为契机,对宗教事务在学校领域的许可范围重新立法。如此一来,德国联邦宪法法院的多数意见大胆突破主流观点,进一步扩大了宗教自由权主体的范围,还产生了一项基本法上并没有规定的法律保留。这不仅招致了少数法官的强烈异议,而且引发了学界的广泛讨论。

一、教师的入职平等权

教师的入职平等权不因信仰而受到消极影响。

法院以《基本法》第33条第2款的公民入职平等权作为论证起点:“每一位德国公民,根据其资格、能力与专业水平,享有同等担任公职的机会。”《基本法》第33条第3款更是明确表达了“取得公职的权利不受宗教信仰的影响。任何人不得因信奉或者不信奉某种宗教教义或者世界观而受到歧视”。因此,法院认为:“公职录取和宗教信仰之间没有任何联系。”

上述法条在公职录取方面提供了一个非常宽泛的标准,公职录取不应考虑性别、出身、种族、信仰、宗教或政治观、出生地等客观方面的因素,而只受到主观方面的录取限制。该法条特别指向对某些特定宗教的不平等对待。因此,它明确指出,禁止以违反《基本法》第4条第1款、第2款的事项当作拒绝录取的理由。

在实际的公职录取过程中,政府部门设置的录取条件相当宽泛。对于申请人的资格审查,主管部门要看他在相应的职位上是否能履行职责。合议庭多数意见认为,这种对将来工作能力的预测如果与公职义务有关,那么,此类义务必须以法律方式明确规定,并且必须注意来自宪法基本权利的限制。而此案件所要求的放弃信仰表达的义务不在此列。

进一步说,虽然《基本法》第 33 条第 5 款对公职人员基本权利的行使提出了一些限制,但这是对已经入职的公务人员提出的一般性要求,或者是在特殊岗位上的要求(如军人)。法院认为,如果在入职申请阶段就以该规则认定申请人在以后的工作中无法胜任,那么,该行为缺乏基本权利上的正当化理由。此外,法院还认为,在申请公职的过程中,申请人有权要求获得有关其个人能力的具体而详细的说明鉴定。而主管部门对申请人的能力鉴定仅限于与专业有关的能力,并且需要注意不得侵犯申请人的基本权利。

总之,入职申请的适格条件虽然给立法机关留下了广阔的立法空间,但归根结底仍以不违反相关的基本权利为最终标准。因此,考察各个基本权利在此案件上的权重成为论证的中心问题。合议庭多数意见,选择公民的入职平等权展开论证。这项权利在《基本法》上具有重要地位,其效力等同于一项宪法基本权利,即本身可以提出宪法诉讼(《基本法》第 93 条第 1 款第 4a 项)。然而,多数意见不满足于以此权利作为违宪论证的理由,甚至对《基本法》第 33 条第 3 款给出的明确依据也没有给予相当的重视。至于《基本法》第 3 条第 3 款第 1 句包含的古老的平等原则("任何人不得因其性别、血统、种族、语言、籍贯和出身、信仰、宗教或政治见解而受歧视或优待"),在法院看来亦不足以提供充足的论证理由。最终,德国联邦宪法法院立场鲜明地选择将宗教信仰自由权(《基本法》第 4 条)纳入考察范围,从而使宗教自由权的权利范围成为合议庭多数意见的论证核心。

二、宗教信仰自由权

根据《基本法》第 4 条规定:

(1)信仰和良心的自由以及信奉宗教和世界观的自由不可侵犯。

(2)不受干扰地从事宗教活动受到保障。

《基本法》第4条第1款保障信仰自由、良心、宗教以及世界观自由,第2款保障从事宗教活动的自由。学界通常将此视为一项已臻完备的基本权利。主流观点认为,宗教自由权的保护范围不仅及于内在的良心自由(forum internum),而且包括外在的行动自由(forum externum)。即不仅包括内心是否信仰的自由,也包括外在如何展现宗教的行为。在此整全保护之下,个人有权遵从宗教教义和内心确信而行为。[①] 然而,德国联邦宪法法院慧眼独具,认为第4条的保护范围仍有拓展余地,需要以更广义的整体理解进行解释,从而提供更加严苛的客观权利标准,为此法院需要对一系列概念进行重新解释。

1. 如何理解"头巾"

对于合议庭多数意见来说,宗教自由权能否适用于本案,关键在于"佩戴头巾"是否属于"宗教行为"。如果诉愿人作为基本权利的享有者,出于自身的信仰将"佩戴头巾"视为宗教义务,那么一切难题都将随之迎刃而解。所谓"信仰",是指某种宗教观念为人所确信。因此,法院特别强调信徒本身的"自我理解"(Selbstverständnis)。尽管事实上伊斯兰世界对头巾的看法不一,仍有诸多伊斯兰宗教团体明确规定了妇女的着装戒律。[②] 也有教派援引《古兰经》不承认

---

① 参见 Martin Morlok, in H. Dreier (Hrsg.), Grundgesetz-Kommentar, Bd. I, 3. Aufl. 2013, Art. 4 Rn. 544ff。

② 如在德国的伊斯兰教总协会。参见1998年7月14日发表的声明"Berufsverbot für muslimische Lehrerin 'Kopftuch-Debatte'",载 http://zentralrat.de/14618.php,最后访问日期:2017年10月23日。

妇女有这项义务。合议庭多数意见在此只取基本权利人的“自我理解”,概不考虑其他。只要它并非个别信徒的想法,而是获得了一定数量信众的认同,它就属于信仰自由的一部分。这种主观判断标准也是《基本法》第1条第1款保障的“人的尊严”的体现。“信仰”之所以为信仰,关键在于被人所“信”。国家因此无权规定信仰之内容,而应视其对世界、对源远流长的人类生活的认识,最终也是人的个性的表达。在此问题上,所有普遍客观的判断标准都不足以胜过个人的主观理解。因此,虽然关于头巾的理解众说纷纭,具有多种政治和文化意义,合议庭多数意见仍坚持以诉愿人本人的认识理解为准,将其视为来自诉愿人本人宗教确信的宗教行为,并且特别强调了对于宗教信仰自由的保护,不仅在于宗教信仰的表达,更重要的是保护公民自认为表达宗教信仰的行为。因此,法院认为,女教师佩戴头巾,在内容和形式上都符合伊斯兰教的宗教戒律,有充足的理由受到《基本法》第4条第1款、第2款的保护。

2. 如何理解“公职”

经过合议庭多数意见的阐述,已经完成了“佩戴头巾是宗教行为”的第一步论证。接下来要考察的是,身为公立学校教师的诉愿人,其公职身份能否成为限制其在学校佩戴头巾的理由,即信仰自由是否及于公职关系。教师的宗教服饰与国家的中立性之间之所以存在紧张关系,是因为国家公权力和个人的基本权利在作为自然人的教师身上发生碰撞。一方面,作为公务员的个人,有权援引《基本法》中的各项基本权利;另一方面,作为公共服务人员,教师在公法上对国家有服务和效忠的义务。囿于其公务员身份(《基本法》第33条第4款、第5款)和学校工作的特殊性(《基本法》第7条第1款),教师的基本(信仰)自由权在必要时会受到一定限制。当时学界普遍认为,尽管某些特殊行业的人员(如军警人员)需要承担一定的公职义务,但一般的公职关系无法成为限制信仰自由的基础,然而,对于公立学校教师在宗教自由权上的法律地位并未达成共识。①

有一种看法认为,"公职人员"意味着中立、客观地传达政府的民主意志,公职人员个人的个性表达和发展不得不受到某种程度的限制,而某些职位的职务要求是事先规定的,公民在申请这些职务时已经明确了解需要放弃的权利,因此可视为个人自由选择的结果。这种意见,也是合议庭少数意见的重要论据。然而,合议庭多数意见则倾向于认为,按照《基本法》第4条第1款和第2款的规定,即使从事教师职业也有权享有宗教和信仰自由,这是毫无保留地受宪法保护的权利,即使法律也不得限制。这就意味着在公职关系中,公务员个人的基本权利也具有效力,如果在履行公务期间有必要限制个人的基本权利,那么这些限制只能出于一般性要求或者特定职务的特殊要求。不仅如此,此案的争议发生在公职的申请阶段,如果以未来发生且受到基本权利保护的行为为由拒绝申请,在合议庭多数意见看来,尤其需要针对涉及的基本权利对其进行正当化。既然教师佩戴头巾已经证明是宗教行为,并且教师的公职身份不能成为限制宗教自由的理由,教师佩戴头巾的行为自然落入宗教自由权的保护范围。

3. 如何理解教育主管部门的行为的性质

既然教师佩戴头巾属于宗教行为,且公职关系并不能作为限制教师宗教自由权的理由,那么,教育主管部门所作的决定该如何理解呢?

---

① 试比较 Dreier, in Dreier, GG Bd. 1, 1. Aufl. 1996, Vorb. Rn. 84; v. Münch, in v. Münch/Kunig, GG Bd. 1, 5. Aufl. 2000, Vorb. Art. 1 – 19 Rn. 59f.; Hesse Grundzüge des Verfassungsrechts der Bundesrepublik Deutschland, 20. Aufl. 1995, Rn. 325。

德国联邦宪法法院认为，无论关于佩戴头巾有多少不同的见解，只要诉愿人认可其宗教戒律的效力，就应当认为诉愿人通过佩戴头巾履行宗教义务并表达其自我认同。教育主管部门以禁止佩戴头巾为由拒绝诉愿人的入职请求，实际上是要求诉愿人在学校和课堂上放弃宗教着装规则，从而使作为教职申请人的诉愿人最终陷入要么失去入职机会，要么打破宗教戒律的两难困境，明显加重了诉愿人的义务。合议庭多数意见认定，佩戴头巾属于宗教行为，教师的宗教行为亦落入基本权利保护范围，因此，教育主管部门以限制宗教行为作为申请人入职的必要条件，违反了《基本法》第 4 条第 1 款、第 2 款和第 33 条第 2 款、第 3 款，同时侵犯了诉愿人的信仰自由权和入职平等权，并且没有提供足够确定的法律依据。

法院同时指出，只有在一种情形下，对宗教自由权的限制才有可能得以正当化，具体而言，只有当有意行使宗教权利违反了宪法层面的法益，并且这种对宗教自由权的限制具有充足的法律依据时，才能认为在学校和课堂上行使宗教自由权的行为能够作为判断教师资格能力的条件。在这里，有可能考虑到的与宗教自由权相抵触的宪法权益，包括国家必须在宗教中立的要求下完成教育任务(《基本法》第 7 条第 1 款)、家长的教育权(《基本法》第 6 条第 2 款)和学生的消极信仰自由权(《基本法》第 4 条第 1 款)。合议庭多数意见，依次讨论了教师的宗教信仰自由权与上述各项法益之间的关系。

三、教师宗教自由权与国家中立性要求的关系

1. 国家在开放中保证其宗教和世界观的中立性

按照《基本法》的规定，国家需保持在世界观—宗教上的中立性。对此的基本理解是，国家必须对不同的宗教和世界观团体一视同仁，不引入国教，不支持特定世界观的优先权，不排斥其他信教者。对多种多样的宗教观和世界观保持开放态度,这一理念是以人的尊严和个人自由发展的自我决定和自我责任为基础的。

国家与宗教的这种关系,在公立学校中显得更加重要,因为公立学校中的教师教学活动对于学生的宗教和世界观具有重要的影响。据此,教师作为国家公职人员,理应秉持宗教和世界观上的中立态度。但是,德国联邦宪法法院认为,国家与宗教分离并不意味着疏远,而应当理解为一个开放的、广泛的,对所有的信仰自由保持同样支持态度的中立性。因此,德国宗教事务在公立学校的设置中并非被单纯地禁止,而是学校必须向(基督教以外的)其他宗教的内容和价值保持开放。因此,德国联邦宪法法院认为:“正是在这样的包容中,基本法之下的自由国度保证了它在宗教和世界观上的中立性。”

2. 国家对教师个人行为的容忍并不代表支持其见解

头巾是否被当作宗教表达的工具,取决于它是来自校方的有意推动,还是基于单个教师在行使信仰自由权时作出的个人决定。这个问题至关重要。国家容忍公立学校的教师出于个人决定穿戴明显具有宗教意味的服饰,与以国家法律规定的形式在学校里推广宗教标志,是两种完全不同的行为。因为,国家容忍教师个人的特殊服饰,并没有因此将这种个人的见解视为自己的见解,也不需要认为它是自己有意为之的行为。因此,德国联邦宪法法院认为:“国家容忍教师穿戴宗教服饰,并不违背其保持宗教和世界观中立性的要求。”

四、宗教自由权与第三人宪法权利的关系

除了国家的中立性要求外,学生的消极信仰自由和家长的教育权,也有可能成为限制教师宗教自由的法律依据。法院认为,要在教师的宗教信仰自由与其他宪法权利之间作出选择,必须考虑将容

忍要求(Toleranzbegot)作为一种对人的尊严的尊重。[①] 理由如下:

1. 家长的教育权并不是独占性的。《基本法》第 6 条第 2 款第 1 句保障了家长在养育子女方面的天然权利,其中也包括在宗教和世界观方面对子女的教育权。据此,父母也有权保证儿童远离某种信仰。然而,《基本法》第 6 条第 2 款并没有赋予父母排他性的教育权。除了父母之外,国家也进行独立的教育活动,学校受国家之托,与父母之间存在教学协议。如何具体地完成协议,特别是宗教因素在学校中占据什么位置,根据《基本法》的规定,特别是第 4 条第 1 款和第 2 款,是属于各州的自由处置范围。

2. 教师的着装对学生世界观影响的危险是抽象的。在这里,宪法法院首先承认,如果教职人员把同宗教和世界观有关的事物带到学校和课堂上,的确有可能妨碍国家在中立的立场下完成教育任务,以及家长的教育权和学生的消极信仰自由。它至少有可能对学生产生影响,并且引发与家长的矛盾,这些都有可能使学校的教学任务面临困扰。教师的着装如果按照宗教意义来理解,也会产生类似的效果。

然而,合议庭多数意见坚持认为这些危险只是抽象存在的,并没有引发具体的冲突;如果教师形象已经具有引发危险或冲突的实际可能性,并且该行为不受公职法律管辖,那么如果要对其追究法律责任,则必须存在一项足够明确的法律规定。合议庭多数意见对各州议会提出了立法要求,这在本质上是对原本没有法律保留的《基本法》第 4 条第 1 款、第 2 款创设了一项新的法律保留。在这个问题上,少数意见法官表达了最强烈的反对。

总之,德国联邦宪法法院认为,《基本法》第 4 条让个人自己决

---

① vgl. BVerfGE 41,29 (50).

定接受哪些或拒绝哪些宗教符号,同时也赋予了学生消极信仰自由,从而有权与狂热的宗教行为保持距离。然而,在一个存在不同信仰的社会中,没有哪种权利能够要求疏远某个陌生信仰的展现、礼拜和宗教符号。教师的积极信仰自由和学生的消极信仰自由之间不可避免的紧张关系需要通过国家来解决,国家至少可以对在校学生施加影响,以减轻上述行为带来的后果,并解决与家长之间的矛盾,以保障校园的安宁,促进学校教育任务的完成。

五、州立法:宪法权利与义务之间的均衡

至此,合议庭多数意见经过细致的分析,排除了所有可能使禁止教师宗教行为正当化的理由,但在最终结论上踯躅不前,将决定权交于立法机关之手。法院认为,基本法赋予了各州在教育事务方面广泛的立法空间,特别是各州在公立教育中的宗教事务方面拥有广泛的自主权,可在其主管权力范围内自行安排。教师的宗教自由权利与国家中立性要求以及消极宗教自由权之间的矛盾,也应由各州利用教育事务方面广泛的处置权加以解决。在这里,德国联邦宪法法院虽然给出了明确的价值方向,但没有在法益权衡中直接作出取舍,而是把决定的权力让渡于各州立法机关。

1. 宗教多元作为立法契机

关于宗教多元和社会变迁,德国联邦宪法法院在此提出的重要见解如下:"与日益增长的宗教多元化联系在一起的社会变迁,可以成为一个契机,以重新确定宗教因素在学校中能够被允许的范围。"

合议庭多数意见进一步说明,在学校这个地方,不同的宗教见解不可避免地相互碰撞,这些并存的观点在这里以特别敏感的方式发生作用。这让我们有理由接受学校中出现的宗教多样性,并且把它当作练习相互容忍的工具,为社会融合做出贡献。法院特别指出,容忍不是千篇一律,多种多样的宗教服饰和符号确实会带来抽象的影响，但是国家更需要加强公立学校的中立义务，在总体上拉近与宗教信仰之间的距离。

2. 各州立法机关有权制定规则

法院认为，如何应对变化的情势，行政部门无从决定。这里更需要具有民主正当性的立法机关创设的规则。对此，各个州可能会产生不同的规则，还必须考虑学校传统、居民的信仰状况以及他们或深或浅的宗教根源，寻找可行的中间道路。“各州的民主立法机关要考虑容忍之要求，解决上述紧张关系，要在公共意见的建构过程中寻找一条所有人都能接受的规则。”

六、结论

德国联邦宪法法院最终得出的结论是，头巾是女性穆斯林作为伊斯兰教徒身份的象征，佩戴头巾是其个人身份的表达。以此为由认定其不适合担任中小学教师的做法侵犯了诉愿人平等入职以及宗教自由的权利，且不具备任何合法事由。巴登—符腾堡州禁止女教师在校园中佩戴头巾缺乏有效的法律依据，各州立法机关应对此事项自行立法。原判决撤销，发回德国联邦行政法院重审。

涉及的重大理论问题

与普通基本权利案件不同的是，本案的合议庭多数意见决定将一个原本可以通过权利竞合（Konkurrenzen）解决的争议理解为权利冲突（Kollisionen），足见德国联邦宪法法院试图从正面对“头巾”背后错综复杂的公共和私人权利关系作出决断。在头巾争议中，牵涉到作为客观价值的基本权利体系内部不同权利主体（教师、学生、家长）之间可能存在的冲突。法院因此无法依赖典型的基本权利客观化论证模式，即根据某一项基本权利作为客观权利展开论证，而必须从多个可客观化的基本权利中作出选择。此外,本案的特殊性还在于,基本权利客观化的同时面临国家中立性的要求,而后者不仅有可能将干涉正当化(Eingriffsrechtfertigung),甚至包含了对干涉的许可(Eingriffsermächtigung)。因此,德国联邦宪法法院的核心论点在于,在宗教问题上如何处理基本权利的冲突以及与国家中立性要求形成的特殊张力。

因此,合议庭多数意见的价值衡量,通过加大教师作为个人的基本权利的权重,不仅进一步扩大了宗教自由基本权利的主体范围,而且在理论上推进了对包括国家中立性在内的多个法律概念的重新理解。最终,德国联邦宪法法院通过本次判决,对基本权利的保护范围和国家的容忍义务同时提出了更严苛的要求。

一、基本权利之冲突

所谓"冲突"(Kollision),无外乎是权利人在自由行使"无限制的"权利时可能产生的矛盾。一般来说,立法机关有权通过制定法律为各种权利设置边界,预防"越界"行为可能产生的冲突。然而,在没有法律保留的情况下,立法机关不得介入冲突的解决,只能依赖德国联邦宪法法院的具体判决。在德国宪法学理和司法实践中,具体的解决方式通常包括以下几种:①

1. 限制的转移(Übertragung von Schranken)。这是指在没有法律保留的情况下,借用其他基本权利的限制条件来解决矛盾。实际上就是通过一般与特殊的关系以及子概念与母概念之间的包含关系使其他条款的限制条件成立。然而,如此一来,法律的特殊概念和子概念就没有任何意义了,因此,德国联邦宪法法院曾经明确地否认了这种解决方式,尤其是在对《基本法》第4条第1款、第2款

① Pieroth/Schlink, Grundrechte, Aufl. 31. Rn. 336ff.

的解释上。[①]

2. 体系解释。严格来说,体系解释在这里并不是解决问题的直接方法,而是要求事先以体系解释的方法考察基本权利的保护范围,以确定某项权利的行使是否属于基本权利的效力范围。

3. 如果没有法律保留的基本权利与冲突的基本权利和法益之间,能够达成某种实践上的协调(praktische Konkordanz),则以此作为它的保护范围的边界(kollidierendes Verfassungsrecht als Schutzbereichsbegrenzung)。体系解释的方法在这里依然得以适用。从《基本法》教义学上来看,这种解决办法存在两个明显的学理缺陷:一是基本权利体系的特殊结构会因此丧失功能;二是基本权利保护范围的有效距离变得模糊不清。出于以上两个原因,这种见解通常很少有人支持。

4. 最后一种也是受到最多认可的意见是,同样是借助体系解释,将冲突的基本权利和宪法法益作为内在限制,并且将“越界”的行为(如教师行使宗教自由权)在宪法上加以正当化,最终在实际结果中与其他基本权利和宪法法益(家长、学生)取得平衡。这种办法的特点在于,将“越界”行为正当化,而不是重新界定基本权利的保护范围,确保了基本权利保护范围的结构功能的稳定性。唯一可能受影响的是法律保留的制度功能,本案正是属于这种情形。

二、公共领域内的宗教符号

近年来,对于公共教育领域的宗教符号,德国联邦院宪法法院和欧洲人权法院作出了多个判决。首先是 1995 年著名的十字架案,[②]起因是拜仁州《国民教育法》(Volkschulordnung)要求州内的

---

① BVerfGE 32,98 (107).

② BVerfGE 93,1 = NJW 1966,147.

每个国民教育学校悬挂耶稣受难像或者十字架,经德国联邦宪法法院裁定,该法规因违反宪法而无效。从此,国家和宗教之间的关系成为宪法实践和学理讨论的热点问题,该案也成为一系列宗教符号案件的标志性案件。根据德国联邦宪法法院的判决理由,教室里的十字架作为宗教符号之所以会对学生构成侵权,是因为学生在学习时被迫"面对"十字架。同样地,2009年欧洲人权法院在劳斯蒂(Lausti)诉意大利案中也以类似的论证理由对意大利作出判决,认定其要求在公立学校摆放十字架的法律侵害了学生的消极宗教自由权,[①]违反了《公民权利和政治权利国际公约》。[②] 然而时隔两年,欧洲人权法院又通过一项判决修正了劳斯蒂案的结论,认为十字架不会对学生造成影响。[③] 自此,关于教室中的十字架问题再度陷入争议,至今尚无定论。

鉴于"十字架"和"头巾"在宗教符号意味上的相近性,德国联邦宪法法院于2003年第一次就"头巾"作出判决的时候,首先注意到十字架案对头巾案的借鉴意义,对先例进行了深入的比照考察。然而,此次判决的论证思路却与十字架案存在根本的差异。按照十字架案的论证理由,学生是"在国家的强制下不可避免地面对一个具有传教性质的宗教符号"。[④] 第一次头巾案的论证理由忽略了头巾的宗教性和宣扬性,而是强调十字架与头巾的差别,头巾首先不再被理解为宗教符号,而是女性穆斯林"保持自身身份""按照出身文化安排生活"的工具。[⑤] 在此理解的基础上,"头巾"失去了纯粹的宗教符号意味,而与十字架完全区分开来。因此,在这个问题上,

① EGMR, Urteil vom 3.11.2009, 30814/06.
② 《欧洲人权与基本自由公约》第2条、第9条。
③ EGMR Lautsi vs. Italian, EuGRZ 2011, 677.
④ BVerfGE 93, 1 = NJW 1995, 2477.
⑤ BVerfG, NJW 2003, 3111(3114).

第一次头巾案的判决得出了与十字架案截然不同的结论。

另外,鉴于1995年的十字架判决为国家在宗教事务上划定了严格的界线,2003年头巾案未能突破“分离中立”的既定界线,在国家中立性的要求上局限于“政教分离”的传统理解。直到2015年的第二次头巾案中,合议庭不仅注意到头巾与十字架对于表达自身身份具有不同的意义,并且在此认识的基础上突破“中立即是分离”的陈规旧论,提出“以开放看待中立,以开放学习容忍”的观点,对国家在宗教事务上的态度提出了更高的要求。如此,德国联邦宪法法院在公共教育领域的宗教事务上,完成了从严格分离到“积极中立”(Positive Neutralität)①的理论转变,在学理和实践上都具有决定性意义。有关国家中立性的详细阐述见本辑第二次头巾案。

后续影响

教师能否在课堂上佩戴头巾,由此产生的争议折射出当今德国乃至欧洲多宗教社会中的宗教法律和宗教政策冲突。德国联邦宪法法院的本次判决是首次对头巾事件作出的判决,也意味着法院试图以司法干预的方式终结悬而未决的社会冲突,因此,最重要的任务就是将目光在社会—文化规范与法律规范之间往返流转,平衡公民之间不同的宗教传统,尽可能解决实际生活中的矛盾冲突。客观来说,完全消弭这些矛盾冲突是不可能的,然而德国联邦宪法法院的尝试至少代表了某种努力的方向,即在人类的共同生活中,用开放包容的方式缓解陌生事物带来的不安,保障社会的安宁稳定发展。

① Traub:Abstrakte und konkrete Gefahren religiöser Symbole in öffentlichen Schulen, NJW 2015, S. 1338.

由于本次判决涉及意识形态方面的敏感问题,合议庭多数意见虽然在论述理由中释放了多重政治信号,但在最终结论上模棱两可,尤其是它没有直接支持任何一方的诉讼请求,而是抛出了一个多元社会中的立法契机问题,将自由裁量的空间交由州议会填满。正是由于此次判决在态度上模糊不清,各州议会的理解和反应大相径庭。事实上,被发回重审的联邦行政法院没有接受该判决论理中有利于诉愿人的基本判断,而是中止诉讼程序,在等待巴登州出台禁止佩戴头巾的法律规定后,最终作出了不利于诉愿人的判决。不仅如此,有些州的立法机关以更加保守的方式理解联邦宪法法院的态度,认为在宗教服饰上保持克制是可能的,只需借助合乎宪法的法律规定。勃兰登堡、巴登符腾堡、拜仁、黑森、萨尔、柏林和下萨克森7个州先后以法律形式明确禁止女教师佩戴头巾,还有一些州以公告的方式宣布。[①] 然而,随着10多年立法实践和社会的发展,德国联邦宪法法院最终将一个更加坚定明确的立场,展现在2015年的头巾案判决中。

---

① Kopftuch in der Schule-Sieben Länder wollen ein gesetzliches Verbot. In Süddeutsche Zeitung,10.10.2003.

柏林基督降临节期间的礼拜日案

张　慰

案例名称　柏林基督降临节期间的礼拜日案（Adventssonntage Berlin-Urteil，BVerfGE 125，39，2009 年 12 月 1 日）

关 键 词　政教法条款　周日、法定节日的宪法保障　制度性保障　宗教自由　国家的保护义务

案　情

2006 年德国的第一次联邦制改革之后，有关商店关门事项的立法不再属于联邦与州的竞争性立法事项，而成为州的立法事项。此后，除巴伐利亚州之外，各州相继制定了自己的商店关门法。柏林也在 2006 年 11 月 14 日制定了《柏林商店开门法》（BerlLad-OeffG）。这部法律于 2006 年 11 月 17 日正式生效，2007 年 11 月 16 日进行了第一次修改。各州的立法基本维持了联邦原有的商店关门法的主要内容，而柏林立法的特别之处则在于它规定了商店每年总计 10 个可开门的周日和节日，并且没有像《联邦商店关门法》（LadSchlG）第 23 条那样，配以严格的前提条件和有个案相关性的例外条款。

柏林—勃兰登堡联合石勒苏益格上卢萨蒂亚的基督教会（Evangelische Kirche Berlin-Brandenburg-schlesische Oberlausitz）以及天主教柏林大主教区（Erzbistum Berlin），就此提起了宪法诉讼。

有争议的法条主要涉及:(1)在基督降临节期间的4个周日的13点至20点,允许销售场所开门营业(§ 3 Abs. 1 Alternative 2 BerlLadOeffG)。(2)如果12月24日碰巧也是督降临节期间的周日,经营食品和享乐用品的场所可以从7点营业至14点,在周日、节日以及基督降临节期间的周日,生产者可以从7点至20点销售易腐烂的水果和蔬菜,如果12月24日恰好是督降临节期间的周日,可以从7点营业至14点(§ 4 Abs. 1 Nr. 4, Abs. 2 Nr. 1 BerlLadOeffG)。(3)基于公共利益的考虑,经由一般处分(Allgemeinverfügung)意义上的行政许可后每年还可以再多批准4个开门的周日和节日,且没有具体营业时间方面的限制(§ 6 Abs. 1 BerlLadOeffG)。(4)基于个别事由方面的考虑,主要是指周年庆和街区庆典等,在事前通告(Anzeige)的前提下,营业场所还可以再额外多出2个开门营业的周日和节日,营业时间限于13点至20点(§ 6 Abs. 2 BerlLadOeffG)。特定的节日,主要是指元旦节、劳动节、耶稣受难日、复活节、圣灵降临节、哀悼日、亡灵纪念日和圣诞节,被明确排除了前述第三项和第四项所列举的情形之外(§ 6 Abs. 1 Satz2, § 6 Abs. 2 Satz3 BerlLadOeffG)。

本案所涉及的基本法条文主要包括:

《基本法》第4条第1款规定:

信仰与良心自由及宗教与世界观信奉的自由不受侵犯。

《基本法》第4条第2款规定:

宗教活动应保障其不受妨碍。

《基本法》第140条结合《魏玛宪法》第139条规定:

周日和国家确认的节日继续作为休息和心灵提升的日子受到

法律的保护。

裁判要旨

1.《基本法》第140条结合《魏玛宪法》第139条(Art. 140 GG i. V. m. Art. 139WRV)所推导出的对周日和节日客观法意义之上的保护委托(Schutzauftrag)具体化了《基本法》第4条第1款和第2款所规定的基本权利中立法者的保护义务(Schutzverpflichtung)。

2.《柏林商店开门法》(BerlLadOeffG)第3条第1款有关基督降临节期间周日的规范,没有满足宪法对在周日和节日停止工作的保障要求。

裁判理由与论证

德国联邦宪法法院首先明确了诉讼的可受理性(Zulässigkeit):诉愿提起人,即宗教团体是提出诉愿申请的适格的权利主体(beschwerdefähig)、[①]具有诉愿权(beschwerdebefugt)并且诉讼已满足了穷尽法律救济途径(Rechtswegerschöpfung)的要求。

德国联邦宪法法院的判决主要分为以下几个层次:(1)基本法第140条结合《魏玛宪法》第139条(Art. 140 GG i. V. m. Art. 139WRV)对周日和节日的客观保护任务具体化了《基本法》第4条第1款和第2款所规定的基本权利中立法者保护义务的详细内容。(2)立法者必须提供对周日和节日的最低保障。(3)《柏林商店开门法》中涉及周日和节日法律保障的条款应被区别对待:有关基督

① 教会和其他具有团体地位的宗教团体享有无限的基本权利能力和提出申请的能力。可参见[德]克劳斯·施莱希、斯特凡·科里奥特:《德国联邦宪法法院:地位、程序与裁判》,刘飞译,法律出版社2007版,第213页。

降临节期间周日的条款不符合宪法中最低保障的要求;通过一般处分(Allgemeinverfügung)意义上的行政许可而批准的可开门的4个周日和节日的条款经过限制性解释与宪法的要求相一致;其他有争议的条款合宪。对此判决的论证过程,分述如下:

一、制度性保障

《基本法》中规范周日和节日主题的第140条结合《魏玛宪法》第139条最早可以追溯到魏玛宪法。《魏玛宪法》第139条规定:周日和国家确认的节日继续作为休息和心灵提升的日子而受法律保护。[①]《基本法》通过"一揽子"吸收《魏玛宪法》"宗教与宗教团体"标题下的有关条款,以不变的文字表述维持了对周日和节日的宪法保障。

就体系结构而言,第139条位于《魏玛宪法》的第二部分"德国人民之基本权利及基本义务",[②]但是,魏玛共和国时代的国家法理论从来没有承认第139条作为基本权利条款的特征,[③]而仅仅把它理解为未隐含主观权利的"制度性保障"(Institutionelle Garantie)。[④]直到今天,德国学界的通说仍然认为第139条是具有直接法律效力

---

① Der Sonntag und die staatlich anerkannten Feiertage bleiben als Tage der Arbeitsruhe und der seelischen Erhebung gesetzlich geschuetzt.

② 1919年的《魏玛宪法》第一次规定了关于基本权利的章节,当然它有着明显的功能缺陷:基本权利并不如同现在《基本法》Art. 1 Abs. 3那样是约束国家权力的限制,它只能依据一般法律而被赋予。Jochen Zenthoefer, Staatsrecht 2 Grundrechte, Richter Verlag, 2004, S. 2.

③ Georg Kaisenberg, Artikel. 139. Feiertagsschutz, in: Nipperdey, Die Grundrechte und Grundpflichten der Reichsverfassung, Bd. II, Berlin und Mannheim, 1930, Art. 139, S. 429.

④ Katharina Westphal, Die Garantie der Sonn-und Feiertag als Grundlage subjektiver Rechte? Berlin: dissertation. de, 2003, S. 5ff.

的宪法规范，[①]而且在法教义学上将其归类为周日、节日制度保障的宪法基础。

周日和法定节日制度在传统上具有特殊意义，而且长期存在。从宪法规范文本出发，不难辨认出其保障内容至少由两部分组成：一方面是与周日和节日保护相联系的“休息”要素；另一方面是与周日和节日保护相联系的“心灵提升”要素。制度性保障的本意在于保障制度内容，其强调的是客观法的功能面向。《基本法》第 140 条结合《魏玛宪法》第 139 条明确了对周日和节日的法律规范，具有制度性保障的规范特征。立法者不能将此制度完全废止或对其核心内容加以改变，这也就意味着法条包含着对立法者的保护委托。[②]

德国联邦宪法法院在判决中明确，《基本法》第 140 条结合《魏玛宪法》第 139 条所保障的核心领域主要体现在休息与工作关系上的“一般与例外关系”。[③] 休息为原则，工作为例外，这意味着原则上在周日和法定节日应该停止一切工作日性质的行为，仅在出于维护同样具有宪法位阶的法益时才能解除这个限制，而立法者的行为只有在符合这样的要求时才能满足对周日和法定节日的最低保障标准。[④]

虽然《基本法》第 140 条结合《魏玛宪法》第 139 条本身并不具备限制性的规范内容，但在联邦宪法法院所确立的“一般与例外关系”下，实际上就为规范内涵的确立引入了限制衡量模式。当支持商店在周日、节日开门的理由越不重要，商店开门涉及的地域、行业

---

① 德语中的“Recht”主要从两种意义上来理解：一是客观意义，指规范或客观法(objektives Recht，简称为法)二是主观意义，指主观权利(subjektives Recht，简称为权利)，且两种意义相互关联，共同构成“Recht”。

② BverfGE 87，363(393).

③ BverfGE 87，363(393)；111，10(53).

④ BverfGE 111，10(50).

及商品种类上的范围越广,“一般与例外关系”的作用就显得越重要。比如,对于那些全面开放的情况,就需要特别重大的理由来证明它作为例外的正当性。在“休息日”的原则与例外关系上,德国联邦宪法法院还特别强调,单纯出于经营者的商业利益(Umsatzinteresse)和日常购物利益(shopping-Interesse)原则上并不足以突破这一限制。①

《基本法》第140条结合《魏玛宪法》第139条被理解为并未隐含主观权利的“制度性保障”,这会给以保障主观权利为目标的宪法诉愿带来一个最为明显的理论挑战——作为客观法意义上的宪法保障欠缺了主观的请求权。

从历史、体系以及目的解释的角度来看,《基本法》第140条结合《魏玛宪法》第139条既包含社会国含义,也包含宗教含义。德国联邦宪法法院在有关商店关门时间(Ladenschlusszeit)的判决②中也确认,尽管周日和节日宪法保障的内容并没有被限制在宗教和世界观的意义上,但在周日和节日实施宗教活动的可能性是包含其中的。所以,《基本法》第140条结合《魏玛宪法》第139条所规定的对周日和法定节日的制度保障可以视为与宗教自由相关的制度性保障,二者之间具有规范性的联系。

二、作为国家保护义务的基本权利

按照德国学界通说,基本权利具有主观权利和客观法的双重面向:前者主要体现在基本权利作为防御权和社会权的功能面向上;后者主要表现为基本权利作为客观价值秩序、制度性保障、组织与

① BVerfGE 125,39 (87).

② BVerfGE 111,10 (51).

程序的保障以及国家的保护义务等。[①]

与主观权利相对应,客观法的功能在于为国家保障基本权利的落实提供义务依据。作为国家保护义务的基本权利特别强调,国家有义务保护公民,使其在实现基本权利时足以对抗第三人的侵害,尤其是其他私人所造成的损害。[②] 也就是说,基本权利的国家保护义务意味着国家站立于侵害者和被侵害者之间,为了保护基本权利而积极行为。[③] 在此,国家要面对的其实是基本权利冲突背后的利益衡量问题。传统的国家保护义务是以"不足禁止"(Untermassverbot)[④]为标准,来确定国家在一般法上的立法要求。事实上,由于基本权利的国家保护义务的实现取决于不同的法律和事实状况,国家机关往往享有广泛的裁量和形成空间,也就是说,只有当立法者根本未作任何保护措施或者措施完全不适当、不充分时,才会导致国家保护义务的违反,除此之外,在多数情况下,最终还是交由立法者决断。[⑤]

德国联邦宪法法院通过判例确认,宗教自由的基本权利不仅限于传统的主观防御权,还可以从中推导出国家的保护义务。[⑥] 这就意味着国家需要提供充分且必要的预防措施,原则上这属于对立法

---

① Bodo Pieroth/Bernhard Schlink, Grundrechte Staatsrecht Ⅱ, 24. Aufl. Heidelberg, 2008, Rn. 57ff.

② 参见许育典:《宪法》,台北,元照出版股份有限公司2006年版,第106页。

③ Harmut Mauer, Staatsrecht, Beck, 2005, § 9 Rn. 25.

④ 国家不得采取不足以达到保护目的的保护手段(不足禁止),同时国家在选择干预手段时则负有"过度禁止"的义务。立法机关在制定一般法时,如果涉及协调两个冲突的法益间的关系,那么对其中一个的保护对另一个就意味着是干预,因此国家在采取保护措施时必须要受到"不足禁止"和"过度禁止"的双重拘束。两者间的关系具体可参见Chien-liang, Lee, Grundrechtsschutz unter Untermassverbot?, in: Die Ordnung der Freiheit, FS fuer Christian Starck zum siebzigsten Geburtstag, Tuebingen 2007, S. 303f.。

⑤ Harmut Mauer, Staatsrecht, Beck 2005, § 9 Rn. 26.

⑥ BVerfGE 41, 29(49).

者的要求,但同时也承认立法者对此享有广泛的裁量和形成权。所以,单纯从《基本法》第4条第1款和第2款的教义中并无法直接推导出立法者对周日和基督教节日特定的法律保障义务。[①]

柏林商店开门法针对的是销售场所的经营者,并未直接涉及宗教自由。但是,如果允许商店开门,工作合同产生的义务会使教徒不能在周日和节日做礼拜。解决冲突的唯一方案是制定限制雇主权利的法律,这涉及的不是宗教自由上的原初的请求权,而是建立在教徒(雇员)、雇主和国家三方关系上的一般保护义务(Schutzpflicht)的教义学问题。

三、《基本法》第140条结合《魏玛宪法》第139条与《基本法》第4条第1款和第2款的关系

德国联邦宪法法院在判决中明确,《基本法》第140条结合《魏玛宪法》第139条所规定的周日和节日保障以宪法所确定的价值作用于《基本法》第4条第1款和第2款的解释,因此,在确定《基本法》第4条第1款和第2款的保护义务时,《基本法》第140条结合《魏玛宪法》第139条的内容就等于是对立法者保护义务的具体化,即《基本法》第140条结合《魏玛宪法》第139条对立法者的保障委托以最低保障标准的形式明确了《基本法》第4条第1款和第2款有关基本权利的保障内容。

通过《魏玛宪法》第139条对《基本法》第4条的具体化实际上建构起了基本权利意义上的周日保护,因而德国联邦宪法法院运用到了与宗教相关的论证。周日、节日条款承担了对宗教自由的国家保护义务予以具体化的任务,这还意味着以司法压力为立法者的政治空间确定了更明确的约束和限制。在《基本法》的背景下,周日和

---

① BVerfGE 125,39 (79f.).

法定节日制度应被视为实施宗教自由的外部条件，并以此支持和补充宪法中宗教活动自由的内涵。[①]

（一）主观权利问题

德国联邦宪法法院和学术界的主流观点至今都坚持认为，《基本法》第 140 条结合《魏玛宪法》第 139 条并未直接赋予个人相应的主观权利。[②] 实际上，客观的法律规范获得主观权利的保障资格，主要依赖于个人权利保障的趋势，[③]也就是“有目的地调整到个人利益或法益的保护上”。具体来说则是，以宗教自由作为解释概念，运用“保护规范理论”（Schutznormtheorie）使周日、节日保护条款具备了个人保障的品格。[④] 因而，教会和宗教团体只有依据《基本法》第 4 条第 2 款所保障的基本权利才具备提起相关宪法诉讼的权利。

国家有义务保障基本权利及其中所包含的价值判断，因此，基本权利不但可以用来被动地防御国家行为，在基本权利受到第三人威胁时，它也为国家设定了主动作为的保护义务。但是，在如何以及采取何种措施来履行其保护义务时，国家拥有广泛的判断空间。只有国家根本不履行保护义务或采取的措施明显不足以履行义务

---

① Karl-Hermann Kaestner, Verfassungsbeschwerde vom 10. November 2007, in: Axel Frhr von Campenhausen, „Tag der Arbeitsruhe und der seelischen Erhebung“, Frankfurt am Main 2010, S. 20f. 在关于宗教团体“耶和华见证人”（Zeuge Jehovas）要求承认其公法人（Koerperschaft des oeffentlichen Rechts）的法律地位的判决中联邦宪法法院指出：“对魏玛宪法中的教会条款（Kirchenartikel）的保障在功能上是为了宗教自由基本权利的需求和实现。”

② Stefan Korioth, in: GG Kommentar, Maunz/Duerig u. a. (Hrsg.), München 2003, Art. 140 GG/Art. 139 WRV, Rn. 4 mwN.

③ Daniel Couzinet/Andreas Weiss, Das Verhaeltnis von Art. 4 GG zu Art. 140 GG i. V. m. Art. 139 WRV, ZevKR54(2009), S. 46.

④ 参见 Peter Unruh, Die Kirchen und der Sonntagsschutz, ZevKR 52(2007), 1(7ff.) mwN，当一个公法规范不仅规定了客观的国家义务而且被确定用来保护私人利益时，依据规范保护理论就出现了主观公权利。

时,相关人员才能基于客观性保护义务提起诉讼以主张请求权。[①]通过明确《基本法》第140条结合《魏玛宪法》第139条与《基本法》第4条第1款和第2款之间的联系,使对立法者是否已经满足宪法制度性保障具体要求的判断,可以用来审查立法者是否已实现了对基本权利的保护义务,相关权利主体当然也就可以基于基本权利的客观性保护义务履行不足而提起诉讼。

(二)基本权利限制的法教义学

《基本法》第4条第1款和第2款的基本权利限制的教义学有以下要点:首先,限制只能发生在相互冲突的宪法权利之间,也就是基于第三人的基本权利或者享有宪法位阶的其他的法益;其次,只有当限制是依据法律基础且符合比例原则的要求时,才能在宪法法律上证明其正当性。

确认了对周日和法定节日的制度性保障是对宗教自由的立法保护义务的具体化,也就等于明确了周日和法定节日制度是实现宗教自由的外部条件之一。德国联邦宪法法院通过周日和法定节日制度性保障中的"一般与例外关系"为明确《基本法》第4条的规范内涵重新引入了新的限制衡量标准。

基于周日和节日保护在宗教自由保护义务维度上的法教义学基础,对其进行限制的问题是否可以追溯到宗教自由基本权利的限制教义学上?对此,德国联邦宪法法院并未予以明确。

四、最低保障标准

《基本法》第140条结合《魏玛宪法》第139条具体化了立法者对宗教自由的保护义务的客观内容,这也成为衡量相关立法是否合宪的最低保障标准。《基本法》第140条结合《魏玛宪法》第139条

---

① 参见伯阳:《德国公法导论》,北京大学出版社2008年版,第86页。

所保障的核心领域主要体现在休息与工作关系上的“一般与例外关系”。这一比例关系中的“例外”意味着受宪法保障的周日和法定节日制度具有吸纳社会发展和生活变迁的空间,但“一般”又意味着不能突破周日和法定节日在一般可感知意义上的休息日特征。

虽然《柏林商店开门法》具备了形式合宪性,德国联邦宪法法院还是依据最低保障标准对引起合宪性争议的法条逐条进行了实质审查,得出了不同的审查结论:(1)就《柏林商店开门法》第3条第1款第2项(§ 3 Abs. 1 Alternative 2 BerlLadOeffG)规定的基督降临节期间销售场所在周日开门营业的规则而言,立法者并未充分履行源自《基本法》第4条第1款和第2款的保护义务。(2)基于“公共利益”的考量,经由一般处分意义上的行政许可之后再批准4个开门的周日和节日的第6条第1款(§ 6 Abs. 1 BerlLadOeffG),在限制性解释的前提下合宪。(3)在事前通告(Anzeige)的前提下,营业场所还可以再有2个开门营业的周日和节日的第6条第2款(§ 6 Abs. 2 BerlLadOeffG)等其他被诉条款被认为符合了宪法的基本要求。[①]

《柏林商店开门法》明确了周日和节日作为休息日和心灵提升日而受到法律保护的基本原则,但是与《联邦商店关门法》(§ 23LadSchlG)不同,它并没有采取不限定具体天数而通过一个普遍适用但与个案相关的例外条款来规定例外情况的立法模式。从立法的整体效果来看,相比商店在周日开门对公众感知的影响、影响涉及的人数、工作日营业时间延长后周日休息意义的提升,仅仅基于经营者和消费者的利益无法使其获得正当性。

在此基础上,德国联邦宪法法院认定,把基督降临节期间4个

---

① BVerfGE 125,39 (93f.).

连续的周日排除出周日宪法保障的理由是不充分的。这个例外性的规定没有附加任何前提条件,而且这样的例外占到1年所有周日数量的1/12;如此严重地干预宪法保障的法益,却只是考虑到商业和消费利益,这无法使其获得宪法上的正当性。

对于规定了“基于公共利益”通过一般处分意义上的行政许可批准开门的4个周日和节日的第6条第1款(§ 6 Abs. 1 BerlLadOeffG),德国联邦宪法法院判定只有在限制性解释的前提下才是合宪的。此处的关键首先在于前置的行政决定程序,这就开启了对相关冲突利益进行衡量的可能性。而规范本身还通过一个待解释的不确定的法律概念——“公共利益”,进一步设置了例外性的前提条件。就宪法解释学的角度而言,这其实指向的仍旧是冲突利益之间的衡量,即立法者应该在与宪法对周日、节日的保障相匹配的意义上来进行立法形成。另外,该法律对属于这种情况而被允许开门的周日和节日的营业时间并没有进行具体限制,但从合宪性解释的角度出发,德国联邦宪法法院认为此处可以进行体系解释,即从《柏林商店开门法》的其他例外条款的整体可以推导出类似的营业时间限制同样适用于本条。而且柏林地区的相关实践也进一步佐证了这样的理解。

对于其他争议条款,德国联邦宪法法院认为在具体情况之下均符合了宪法对周日和节日保障的最低标准。

涉及的重大理论问题

一、《魏玛宪法》中宗教条款(Kirchenartikel)在基本法中的效力

延续普鲁士的法律传统,在德国进入现代宪法国家的行列后,周日与节日的问题仍是以宗教相关事务的主题,而被纳入基本法的

规范领域之中。以《魏玛宪法》为例，草案起初虽未涉及周日和节日的主题，其后经德国新教教会委员会（Deutschen Evangelischen Kirchenausschuss）提案，激进和保守政治力量历经多次相互博弈，最终结果凝结于《魏玛宪法》第139条之上。

在制定《基本法》时，议会委员会（制宪会议）在没有太多歧见的情况下就直接把这一条款移植到《基本法》中——Art 140 i. V. m. Art. 139 WRV（可表述为《基本法》第140条结合《魏玛宪法》第139条）成为现行《基本法》中直接调整周日和节日问题的宪法规范。[①] 具体而言，《基本法》通过"一揽子"吸收《魏玛宪法》"宗教与宗教团体"标题下的所有条款，以文字不变的形式维持了对周日和节日的宪法保障。

德国自进入《基本法》时代，较之于魏玛时期最大的变化就是基本权利条款对立法机关的直接约束力以及联邦宪法法院的设立。这意味着宪法的效力高于法律，更意味着司法可以审查立法的合宪性。在此过程中，德国联邦宪法法院一贯强调"现实问题的有解性"，并给出"适当的"解答，这同样对《基本法》第140条结合《魏玛宪法》第139条的宪法内涵产生了决定性的影响。联邦宪法法院首先确认，被《基本法》吸收的《魏玛宪法》中的政教法条款是完全有效的宪法规范，具有与《基本法》中的其他条款一样的宪法层级。[②] 除此之处，虽然周日和节日保障条款未做任何修改地被保留在了

---

① Axel Frhr von Campenhausen, in：Mangoldt/Klein/Starck（Hrsg.），Kommentar zum Grundgesetz, Band 3, Verlag Franz Vahlen, 1999, Art. 140 GG/Art. 139WRV, Rn. 2f. 在德国自魏玛共和国以来，周日条款在宪法上就不是作为政策条款（Programmsatz）而是作为直接有效的法律而产生效力。由于被修饰过的表达所以在立法协商中它被没有引起很多异议或者注意，各方的利益也都在这个表达中得到了满足。具体可参见 Stefan Korioth, in：Maunz/Duerig u. a.（Hrsg.），GG Kommentar, München 2003, Art. 140 GG/Art. 139 WRV, Rn. 9 mwN。

② BVerfGE19, 206（219）.

《基本法》中,但基于《魏玛宪法》的体系解释并不会对《基本法》中相同条款规范性质的判断造成负担——经过新的解释,《基本法》中的同一条款可以形成不同的内容、作用和价值。这时的宪法问题就指向了应该如何在基本法的体系下来理解"周日和节日条款"的具体内涵。

二、制度性保障条款在基本法中的效力

卡尔·施密特建立制度性保障理论的最主要目的是要排除立法者对特定制度的侵犯,因为当时《魏玛宪法》中基本权利条款的效力并不及于立法者。① 魏玛国家法理论引入和捍卫制度性保障(Einrichtungsgarantie)②这一法律概念的动机在于在基本权利无约束力的状态下,通过法律解释来消除宪法的系统性缺失,从而制约立法者广泛干预的空间。③ 基于规范主题的不同,制度性保障(Einrichtungsgarantie)这个上位概念又可细分为私法制度的制度性

---

① 参见 Carl Schmitt, Verfassungslehre, Duncker & Humblot, 1928, S. 170。当时的基本权利观念被两种意识所垄断:一是单纯的纲领;二是被置于法律保留之下,即基本权利的保障完全依赖民意机关所通过的法律。

② "Institutionelle Garantie"以及"Institutsgarantie"这一组名词,虽然还一直在学说与判例中被援用(或是混用),但是原来所谓公法的或私法的区别,也已经不再符合现在通行的认知。因为在卡尔·施米特(Carl Schmitt)原来的设定中,私法制度多是由来已久,具有事实上拘束力的规范群体,如私有财产制、一夫一妻制;公法制度则是由国家所创设形成的制度,如公务员制度、出版自由制度等。然而,如教会制度或大学制度,其乃是承袭於中世纪的传统,但却具有公法性质,因此这组概念区别的一致性已经无法维持。况且,这个区分在今日的讨论脉络中,也已经失去区别的实益,因此,许多学者赞同克劳斯·施特恩(K. Stern)教授之提议,使用"Einrichtungsgarantie"作为此两者的上位概念,而仅就共通的本质来论述其宪法上的保护结构。参见 Stern Klaus, Das Staatsrecht der Bundesrepublik Deutschland, Bd. III, Verlag C. H. Beck, 1988, S. 785 - 760。

③ 《魏玛宪法》中基本权利数量众多,但其只是公民的主观公法权利但无客观的法规范效力,即无法的约束力并不拘束立法者,因而立法者可以通过立法手段任意限制人民的基本权利。具体可参见 Stefan Korioth, in: GG Kommentar, Maunz/Duerig u. a. (Hrsg.), München 2003, Art. 140 GG/Art. 139 WRV, Rn. 20。

保障(Institutsgarantien)和公法制度的制度性保障(Institutionelle Garantie)。

对于周日和法定节日的制度性保障,是魏玛时期宪法留下的重要遗产。当《基本法》取代《魏玛宪法》成为有效的宪法规范后,《基本法》已经从形式上发展成实质上的基本规范,建立起一个自由、民主、社会、法治国家的公共秩序,在《魏玛宪法》的背景下,制度性保障理论所建立起来的对立法者的约束和稳定的功能已经没有继续存在的必要。在新的实证法与法教义学的背景下,实务界和理论界都需要面对制度保障理论是否以及如何存续的疑问。

制度性保障意味着一些公、私法上的制度,因长期存在且基于传统具有特殊意义,从而具有特殊的重要性,立法者不能将此制度完全废止或对其核心内容加以改变。制度性保障的本意在于制度内容的保障,受益的可能只是制度本身,而非这些制度的使用人(自然人)。所以,制度性保障只是客观法之一。[①]

传统的制度性保障理论指向的是一个既存的、规范性的法律制度,进而容易引发基本权利保障方面的疑虑。德国著名公法学者黑贝勒(Peter Häberle)由此出发,在以《基本法》为背景的基本权利理论的脉络下对制度性保障理论进行了重构。他提出了作为基本权利在制度层面的功能延伸的"制度性保障"概念,即制度化的基本权利,强调基本权利的实现还需要国家以立法来形成一定的社会生活规范,即透过这些具体化的客观秩序规范才能使基本权利真正获得实现。在此理解下,"作为制度的基本权利"的重心并非在于维护既有规范状态,其保障对象可以是已形成的具有保护基本权利功能的

① 参见许育典:《宪法》,台北,元照出版股份有限公司2006年版,第116页。

制度,也可以是未来将形成的体制。[①]《基本法》以全盘吸收的方式把《魏玛宪法》中"政教法的机构性规范"纳入《基本法》。在某种程度上,其与《基本法》第4条规定的主观公权利形成了一种对称。当用"制度化的基本权利"来进行解释时,周日和节日制度就被视为实现基本权利的手段,其终极目标并非维护制度本身,而是促进基本权利的最大化实现。

三、集体的(Kollektiv)信仰、世界观和宗教自由

集体的信仰、世界观和宗教自由,不同于个体自由,特指的是宗教和世界观团体(Vereinigungen)作为权利主体所享有的自由。[②] 原则上来说,信仰及世界观自由以及宗教活动自由是人人享有的权利,结合《基本法》第19条第3款的规定,依其性质可以从《基本法》第4条第1款和第2款中直接推导出集体自由权而适用于法人。[③] 但是,在《基本法》的教义学框架之下,第19条第3款并不能支撑起双重的信仰和世界观基本权利(Doppelgrundrecht)。[④] 通说以为,《基本法》第4条第1款和第2款的权利人范围,主要还是由《基本法》第140条结合《魏玛宪法》第137条第2款第2句所特别加以确认的。

《基本法》第140条结合《魏玛宪法》第137条第5款赋予了某

---

① 参见蔡维音:《论家庭之制度保障——评释字第502号解释》,载《月旦法学杂志》2000年第63期。国内有学者把制度保障理论的发展概括为消极的制度保障和积极的制度保障,详见欧爱民:《德国宪法制度性保障的二元结构及其对中国的启示》,载《法学评论》2008年第2期。

② BVerfGE 105,279(293f).

③ 参见伯阳:《德国公法导论》,北京大学出版社2008年版,第104页。

④ 因为这里的权利人不仅包含了作为公法社团但以私法形式组织的教会、宗教和世界观团体(Gemeinschaften)(BVerfGE105,279,293),还包括了那些相对于教会独立的(Vereinigungen),如无法律能力的天主教青年团(Katholische Jugendvereine)(BVerfGE 24,236,247)、私法性质的教会医院(BVerfGE 46,73,85ff;53,366,391f.)等。

些宗教团体(Religionsgesellschaften)以公法人(Körperschaften des öffentlichen Rechts)的特殊身份,就学理角度而言,这通常意味着其与国家领域的内在联系,而这一特征往往会与基本权利的权利人身份之间存在矛盾。这一现象必须放在历史的环境中去理解:宗教团体之所以获得这种特殊的法律身份,源自传统宗教组织认为私法社团的身份有损其形象,并且其对国家并不承担特别的忠诚义务,因此并不能被划归国家权力层面,所以,教会和宗教团体在一般情况下仍被视为基本权利的权利人。①

以《基本法》第4条、第140条结合《魏玛宪法》第137条、第139条等相关条款为核心,立法和司法上的一系列发展共同决定了柏林—勃兰登堡联合石勒苏益格上卢萨蒂亚基督教会(Evangelische Kirche Berlin-Brandenburg-schlesische Oberlausitz)以及天主教柏林大主教区(Erzbistum Berlin),在就周日和法定节日的法律保障问题所提起的诉讼之中成为适格的诉愿提起人。

其实,在承认基本权利客观面向上的国家保护义务的同时,德国联邦宪法法院对于主观面向上请求权的肯定一直保持着谨慎的态度,柏林基督降临节期间的礼拜日案上的司法结论也并未突破这个基本观点。

四、国家的宗教独立、政教分离原则

经过了德国联邦宪法法院的多次判决,第140条结合《魏玛宪法》第139条的宗教内涵不仅没有被削减,反而得到了一定程度的加强。联邦宪法法院的本案判决实际上还建构起了宗教自由基本权利意义上的周日保护,因而运用到了与宗教相关的论证,与周日和节日保护相联系的特定休息时间被用来照顾特定的宗教虔诚,即

① BVerfGE 42,312(321f.);BVerfGE 66,1 (19f).

宗教意义上的“心灵提升”。围绕着这样的宗教内涵,通过在诉讼过程中发表的不同意见,社会的各代表性团体充分表达了对其在宪法政教分离原则上存在的疑虑。①

《基本法》第140条结合《魏玛宪法》第137条第1款明确规定“德国不存在国教”,这从最高法的层面宣示了国家与教会的分离。其实,不但可以从宪法中有关禁止国教的规定,还可以直接从尊重宗教自由的义务和禁止通过国家决策歧视宗教归属的规定中推导出国家应在宗教事务中保持中立地位的结论。这意味着,既不允许国家仅仅积极干涉,即国家体现某一宗教,也不允许国家消极干涉,即歧视某一宗教,国家只能在宗教事务中保留观点,与各种宗教保持等距,即没有任何一个宗教团体享有国家特权。

其实,“中立”并不要求政教严格脱离,②也不禁止二者的接触,更不禁止宗教在公共场所的出现等。③ 周日和基督教节日在德国宪法保障上的优势地位是基于基督教客观存在的长期影响的历史状态而获得的,这不属于宗教的国家化,因而这与国家的中立原则和平等对待要求之间不存在矛盾,这一状况只能通过修宪才能被取消或改变。④

认识《基本法》中所确立的政教分离原则甚至还可以追溯到《基本法》的前言。《基本法》的前言明确提及要“认识到对上帝与人类所担负的责任”,即承认了《基本法》的根源出自于西方基督教

---

① BVerfGE 125,39 (58f.).

② 在魏玛时期,这一原则曾被错误地理解为“禁止两者间任何制度性的联系”,具体可参见 Ernst Forsthoff, Die öffentliche Körperschaft im Bundesstaat, Tübingen 1931, S. 112。

③ 参见 v. Mangoldt, Klein, Starck, Bonner Grundgesetz Kommentar, 4. Aufl., Bd. 3, Franz Vahlen Verlag, Muenchen 2001, Art. 79 – 146, Art. 137 WRV Rn. 2。

④ 当然,在这样的上下文里还必须强调:Art. 139 WRV 尽管与人性尊严的保障和社会国原则非常接近,但并不会进入到出自 Art. 79 Abs. 3 GG 的“永久条款”的范围中。

传统。当面对宗教中立的此类议题时,基督教在历史上与德国国家之间所建立的结构化联系是始终不能被遗忘的前提,因此,具有法律意义的判断应该是要去区分事实上的不平等与有意识的歧视。[①]

后续影响

德国联邦宪法法院在2009年12月1日的判决中展现了清楚的轮廓和边界,因此可被视为对其2004年1月27日判决(BVerfGE 111,10)的进一步具体化。德国联邦宪法法院的相关判决给相关争议提供了一种"正确的解答",使受到大多数学者承认的"通说"得以逐渐清晰。周日和节日的宪法保障不等于必须停留在旧的状况中而不接受任何新的调整,"传统的续造"并未被排除在规范内涵之外。社会发展不会因为没有先例而不具备正当性,此处的考虑集中体现为:这样的改变是不是已经偏离传统体系的理性发展路线。

当下的德国面临社会向消费、休闲形态的转变以及经济全球化之下的巨大竞争压力,社会不同阶层希望放松对公共休息时间的国家管制,但在德国,所有的争议与挑战仍然要在法律框架体系中解决。德国联邦宪法法院的规范理性将相关条款解读为一种受到特定目标限制的衡量过程。《基本法》第140条结合《魏玛宪法》第139条所规定的对周日和法定节日的制度性保障被直接视为宗教自由相关制度的保障,这种对条款近似"所有疑点利益归于教会"的宗教内涵的析出过程是否形成了一种新的基本权利,是否过多干预了经济和社会政策的领域,又是否背离了国家中立的原则要求,这样的体系性疑问在社会生活领域以及理论学界其实一直都存在,因

① 参见[德]克里斯托夫·默勒斯:《德国基本法:历史与内容》,赵真译,中国法制出版社2014年版,第127页。

此,如何接受存在这样一个由联邦宪法法院为整个社会确定的“正确解答”,也成为德国全社会的一个道德问题。

节假日关乎国计民生与公众生活,国家所要做的并非曲意迎合民意,而是要通过一系列法律方法的运用将对民意的尊重转化为法律要求,以规范理性来应对民意。虽然中国宪法没有类似德国《基本法》的“节假日条款”,但同样以“文化国家”“社会主义国家”“基本权利”“制度性保障”等宪法概念与理论,提供着国家制度建构中的根本判断,贯彻到立法层面时即成为体系化建构与重构的理论资源:是否以及如何立法的依据之所在。德国宪法法院的判例再次为我们清楚展现了宪法国家的法治图景——由最高位阶的宪法为特定制度划定一个应然的面貌,通过宪法的体系化思考把假日经济、文化活动、家庭制度、劳动休息、央地关系等多种利益诉求合理纳入节假日制度中,为法定节假日的合理存续及保障提供根本的理论基础,并始终隐含着立法权通过法律促进社会变迁的可能性。

第二次头巾案

周 育

案例名称 第二次头巾案（Kopftuchverbot Nordrhein-Westfalen-Beschluss, BVerfGE 138, 296, 2015 年 1 月 27 日）

关 键 词 基本权利 宗教信仰自由 合宪性审查 比例原则 国家中立性

案 情

两位上诉人都是拥有德国国籍的女性穆斯林。一位是案件号 1 BvR 471/10 的上诉人，从 1997 年起在北威州的公立学校从事社会教育工作，学校主管部门要求她在工作时摘下头巾，于是她用一顶帽子和高领衫代替，被主管部门警告。后上诉至劳动法院无果。另一位案件号 1 BvR 1181/10 的上诉人，于 2001 年在北威州入职。在多所学校教授土耳其语课程。上诉人因拒绝在学校内摘掉头巾，受到了州教育部门的警告，并遭辞退。在劳动法院的上诉同样没有得到支持。

劳动法院作出上述决定的法律依据，为《北威州教育法》第 57 条第 4 款和第 58 条第 2 句（SchulG NW）。按照该法第 57 条第 4 款第 1 句的规定，教师在学校内不得表达有碍国家中立性或者危及校园安宁的政治观、宗教观和世界观；第 2 句特别规定，如果可能让学生和家长认为，教师主张反对人的尊严、平等、自由的基本权利或者自由民主的基本法则,那么这些外在行为是不被允许的;第3句规定,保障教育任务和展现基督教和西方教育和文化价值或传统不在第1句的行为禁止之列。根据该法第58条第2句的规定,以上规定适用于全州所有教师和社会教育工作者。

德国联邦宪法法院在审查劳动法院判决合宪性的过程中,合并审理了两起上诉案件,并附带审查了以上法条的合宪性。德国联邦宪法法院最终认为,《北威州教育法》第57条第4款第3句,因与《基本法》第4条第1款和第2款以及第3条第3款和第33条第3款相抵触而无效。其余法条的合宪性则需要满足特定条件。

《基本法》第4条第1款、第2款规定:

(1)信仰和良心的自由以及信奉宗教和世界观的自由不可侵犯。(2)不受干扰的从事宗教活动受到保障。

《基本法》第3条第3款规定:

任何人不得因其性别、血统、种族、语言、籍贯和出身、信仰、宗教或政治见解而受歧视或优待。任何人不得因残障而受歧视。

《基本法》第33条第3款规定:

市民权与国民权的享有、进入公职的录取以及在公共服务中所获得的权利不受宗教信仰的影响。任何人不得因信奉或者不信奉某种宗教教义或者世界观而受到歧视。

裁判要旨

1.《基本法》第4条第1款和第2款保护信仰和良心自由的基本权利,其保护范围同样及于公立学校的女教师,赋予她们按宗教戒律佩戴头巾的信仰自由权利。

2. 如果佩戴头巾的行为属于宗教信仰的表达,仅因其对校园安宁或国家中立性造成的抽象性危险而在全州范围内发布普遍的宗教法律禁令是不适当的,违反了比例原则。为了在宪法的诸多法益(教师的信仰自由、学生的消极信仰自由、家长的教育权以及国家的教育任务)之间取得适当的平衡,必须对禁令规则进行限制性解释(einschränkende Auslegung),按照这种解释,只有在教师的宗教表达行为至少对宪法法益造成具体危险时,才能以此为由对佩戴头巾的行为普遍加以禁止。

3. 如果在特定的学校或学区,正当的宗教行为产生了实质的冲突,达到了足够具体的危险和干扰程度,且规模较大,则可以依照宪法制定法律,在具体案件中以及特定学校或学区以及特定期间内,对宗教信仰的表达加以普遍禁止。

4. 如果在宗教中立的公立学校,出于保护校园安宁和国家中立性的目的,教育人员表达宗教信仰的自由受到禁止,那么所有的宗教派别都必须不加区别地予以禁止。

裁判理由与论证

通过对劳动法院判决的审查,德国联邦宪法法院附带审查了其法律依据,主要包含一项宗教禁令(《北威州教育法》第57条第4款第1句、第2句,以及58条第2句)和一项宗教特权(《北威州教育法》第57条第4款第3句)。联邦宪法法院的论证任务是对该项宗教禁令的合宪性条件以及该项宗教特权的违宪性加以厘清。因此,判决的论证过程主要分为两个部分:前半部分主要是对禁止佩戴头巾的普遍禁令提出解释和适用上的合宪性限制,通过证明劳动法院解释和适用法条的方法是错误的,最终证明劳动法院判决的违宪性;后半部分则对旨在保护西方基督教文化价值的宗教特权予以否定。在前半部分的说理中,联邦宪法法院充分展示了比例原则在衡量宪法法益时的运行方式,对宪法价值冲突的分析剥丝抽茧,层层推进。下文将予以详细介绍。

一、教师佩戴头巾落入基本权利保护范围

德国联邦宪法法院首先对佩戴头巾的行为能否受到基本权利的保护加以评估。对此,法院认为,《基本法》第4条第1款和第2款规定的信仰和良心自由,其保障范围同样及于在无宗教倾向的公立学校中任教的老师,赋予他们按照宗教戒律着装的自由。至于在具体情况下,何种行为被视为宗教行为,应考虑到相关宗教团体以及基本权利人的自我理解。即使妇女着装规范的内容在伊斯兰学界争议不断,并且其他伊斯兰教派没有这样的规定,这些都不在考虑之列。只要该见解在伊斯兰教派中广泛传播便足以说明这是一种宗教行为,特别是它在《古兰经》中确有记载。

在德国联邦宪法法院看来,上诉人接受的服饰要求对她们来说并不只是一种无关紧要的宗教劝诫,而是具有强制性的宗教命令。她们明确表现出该行为对她们来说关系到在公共场合着装的宗教强制命令,从根本上影响到她们的身份认同(《基本法》第2条第1款,结合第1条第1款),以至于当学校的着装要求与之产生冲突时,她们甚至不惜放弃工作机会,这足以证明在学校范围内普遍禁止佩戴头巾的规定严重地限制了部分穆斯林教师遵从宗教戒律的行为自由。此外,由于相关的教育人员实际上主要是女性,因此,该禁令同时与《基本法》上的女性平等权(《基本法》第3条第2款)之间形成了张力。因此,德国联邦宪法法院认定,教师佩戴头巾的行为受到《基本法》上宗教自由权利的保护,禁止佩戴头巾的法律规定对上诉人的信仰自由权造成了严重侵犯。

二、头巾禁令的合宪性审查

德国联邦宪法法院认为,北威州立法部门有权判断评估具体的事实情况与事态发展,以判断是否普遍禁止教师穿戴宗教服饰。有关这项权力,德国联邦宪法法院给予了充分尊重。然而,因涉及《基本法》上的宗教和信仰自由权,法院认为此项禁令必须与教师从业人员的基本权利保持适当的权重关系,必须在整体衡量时考虑合理的限制。联邦宪法法院认为,按照联邦劳动法院对《北威州教育法》第 57 条第 4 款第 1 句所作的解释,仅以抽象危险或国家的中立性为由禁止佩戴头巾,有违比例原则:“在一项具有重大影响的宗教禁令面前,它必须考虑教职人员享有宗教和良心自由权的重要性和意义。”在此前提条件下,德国联邦宪法法院对联邦劳动法院所依据的相关教育法律进行了重新解释。

1. 如何理解《北威州教育法》第 57 条第 4 款第 1 句中的“表达”?

按照《北威州教育法》包括的这条宗教禁令,联邦劳动法院把教师的宗教服饰理解为教师在“表达”其宗教观点,其目的在于保障校园安宁和国家的中立性,以及保护相对的家长和学生的基本权利,并且避免在公立学校中发生冲突。联邦宪法法院首先承认《北威州教育法》立法目的的正当性,它的诉求在于保护校园安宁和国家中立性,以此确保国家教育任务的完成,学生和家长相对应的基本权利得到保障并且预防有可能出现的冲突。立法目的本身并没有违反宪法。

然而,与联邦劳动法院不同,德国联邦宪法法院将宗教服饰理解为公民行使宗教自由权的必然表现,只要教师不是通过言辞直接宣扬宗教信仰,并试图以超出行为举止之外的方式影响学生,那么,其穿戴宗教服饰的行为只能视为教师个人行使其宗教信仰自由权。因此,佩戴头巾的行为只能理解为遵守宗教戒律的合理结果,不能理解为“表达”出某种宗教观点。此外,佩戴头巾的教师所展现的个人形象,其影响会被具有其他宗教信仰的教师的个人形象冲淡或抵消,无碍于校园安宁。

2. 如何理解“国家的教育任务”(《基本法》第7条第1款)以及“国家中立性”要求?

德国联邦宪法法院认为,虽然国家的教育任务必须在国家中立的要求下进行,但教师通过佩戴头巾所行使的宗教自由权并没有与这项要求背道而驰。只有在教学秩序或者国家中立性面临具体威胁时,才能成为禁止教师行使宗教自由、佩戴头巾的理由。德国联邦宪法法院具体解释如下:

首先,所谓国家中立性要求,是指国家必须满足在宗教观和世界观上的中立性要求(weltanschaulich-religiöse Neutralität)。在此要求下,国家不得有目的地推广某种政治、理念和世界观流派,也无权评价某个宗教或教义,并保持宗教和平。国家对每个公民负有宗教中立性义务,不得引入国教,拒绝给予任何一种宗教以特权。依据联邦劳动法院对法条的解释,公立学校的教师作为国家教育事业的公职人员,面向学生及家长负有国家中立性的义务,是国家中立性要求在校园范围内的实际履行主体。因此,国家在教育事务上的中立性要求被视为限制教师行使宗教权利的主要理由之一。然而,联邦宪法法院认为,中立并不意味着隔离,而是开放与包容。国家中立性作为要求国家在宗教事务上保持中立的信条,不能理解为严格的政教分离,而是要求国家保持开放的姿态,对所有信仰一视同仁,一体保护。“国家通过开放(Offenheit)保持中立。”国家在教育领域的中立性义务,也应按照这样的理解,对教师个人的宗教行为保持开放和中立的态度。教师个人的宗教身份不能因国家的宗教中立性而一概摒除。联邦宪法法院认为,这正是宗教多元化社会在公立学校中的体现。

其次,按照联邦劳动法院对《北威州教育法》第 57 条第 4 款第 1 句所作的解释,仅凭佩戴头巾展现的外在宗教行为,就已经具备危害国家中立性或侵犯其他宪法法益的具体能力。这在德国联邦宪法法院看来是不合比例的(unverhältnismäßig)。法院认为,国家容忍教师个人在校园内佩戴头巾,与国家要求在教室放置十字架的性质迥然不同,前者并不会因此使国家同某种宗教信仰联系起来,也不会影响到国家中立性。相反,禁止教师佩戴头巾,势必会加重上诉人的负担,进而遭受宗教性法律禁令对其带来的限制性后果。只因其对教学秩序和国家中立性存在抽象危险,而在全州范围内对宗教服饰加以严令禁止,这种情形对于受到侵害的基本权利人而言是不合理的,并且对其信仰自由的基本权利造成了不适当的限制。因此,法院认为对该法条的解释应当符合狭义上的比例原则,对该行为是否具备妨碍国家教育任务或国家中立性的能力作限制性理解(einschränkendes Verständnis)。在全州范围内禁止佩戴具有宗教意味的头巾,至少需要存在对法益造成损害的具体危险。

最后,至于学生的消极信仰自由(《基本法》第 4 条第 1 款和第 2 款)和家长的教育权(《基本法》第 6 条第 2 款),德国联邦宪法法院认为,穿戴宗教服饰并不意味着从一开始就损害了学生的消极信仰自由。相应地,家长所享有的保护子女不受宗教影响的基本权利,在宗教自由权的行使面前,仍不足以成为禁止教师佩戴头巾的理由。

综上,德国联邦宪法法院认为,在本案中,“国家教育任务”和“国家中立性”以及学生的消极信仰自由和家长的教育权,皆不足以成为以普遍性立法限制教师行使宗教自由权的理由,法院坚信:“信仰自由权的行使比之于立法者颁布的宗教性法律,具有更显著的重要性。笼统的法律禁止是不允许的。"

3. 立法者以法律形式禁止宗教服饰究竟有无可能?

德国联邦宪法法院指出,只有在一种情形下,即教师的宗教着装对教学秩序或国家中立性造成了具体危险,对宗教服饰的普遍禁止方显合理。只有能够证实,教师的外在形象对学校安宁和国家中立性造成真正足够具体的威胁时,这样的宗教行为禁令才有可能是正当的。

具体来说,法院认为,如果在特定的学校或学区,有关宗教行为造成了实质性的冲突,立法者可以不将其视为个别现象,而考虑大范围的解决方案,在特定学校和学区内、在一定期限内加以禁止。法院特别强调,在对权利加以限制时,必须注意到这些限制措施的方式和程度是否必要和正当,以确保侵权行为与其正当性理由之间的权衡保持在合理范围内。这意味着,即使教师的着装给教学秩序和国家中立性确已带来具体危险,立法者仍然应当首先寻找是否有其他可以替代的教育方式,尽量避免颁布普遍的宗教禁令。联邦宪法法院指出,此时可以运用各种方案,包括时间上、地点上的限制,也可以借助单项命令,同时也必须优先考虑其他教育方式的可能性。如果立法者没有制定多种处理规则,那么对教师宗教自由权的限制只有在与同等重量的法益之间保持平衡时方可作出,且至少存在足够具体的危险。

由此可见,德国联邦宪法法院认为,如果要以法律的形式对宗教服饰加以普遍禁止,需满足以下两个条件:其一,教师的宗教服饰在特定的学校或校区产生了明显的负面影响;其二,立法者确已穷尽其他可能的替代性规则。只有同时满足以上两个条件时,方有可能在宪法的框架内对教师的宗教自由加以适当的限制,对宗教着装在一定的时间和空间范围内普遍加以禁止。因此,法院认为《北威州教育法》第57条第4款第1句必须采用狭义解释，不仅是可能的，也是宪法所要求的。根据本判决给出的理由，它可以被解释为原案事由因不具备具体危险而不满足该法条适用的条件，也可以被解释为佩戴头巾的行为不属于法条适用的范围。

对此，德国联邦宪法法院秉持的观念是，宗教中立的公立学校所承担的任务，正在于培养在校学生对其他宗教和信仰的容忍。通过穿戴宗教服饰，这项理念才能得以永葆。除了头巾以外，宗教服饰还包括犹太小圆帽、修女服或者十字架等象征。仅是穿戴伊斯兰头巾，在一般情况下不会造成严重威胁。佩戴头巾，也不是为了达到宣扬或传教的目的。即使大多数穆斯林妇女并不戴头巾，头巾在德国也并不鲜见。它看起来虽然引人注目，但在学校范围内实在应当被视为个人基本权利保障的必然结果，因为“如果不对其他宗教信仰予以宽容，那么宪法将形同虚设，在此毫无权利主张可言”。

4. 同样的解释方式也适用于《北威州教育法》第57条第4款第2句。

对于《北威州教育法》第57条第4款第2句，德国联邦宪法法院认为也应该以同样的方式加以解释。法院认为，结合《基本法》第4条第1款和第2款来看，原判决错误地认为仅凭佩戴头巾或者穿戴宗教服饰，便足以让学生或家长认为这些教师违背了宪法上的人权及平等原则甚至自由民主的基本规范。德国联邦宪法法院明确指出，如果佩戴头巾是个人衣着的表现，体现了传统或身份或是证明其是女穆斯林，特别是她们将该着装规则视为戒律而严格遵守，则不能把这种情形一概解释为对宪法基本规范的背离。即使是在没有严格规定佩戴头巾的伊斯兰教派里，也不能认为那些佩戴头巾的女性期待或希望违背宪法上的人权、平等权以及自由民主等宪法性规范。因此，德国联邦宪法法院最终认为，联邦劳动法院解释和适用法条错误,因为没有进行严格解释而导致其判决违宪。

三、旨在保护基督教文化的法律违反宗教平等原则

有关《北威州教育法》第57条第4款第3句,联邦宪法法院认为,州议会作为立法者,其本意是要确立一项特权,旨在优先保护西方基督教的教育和文化价值传统。在法院看来,这项特权使其他宗教的信徒由于宗教和世界观的原因而受到了歧视(《基本法》第3条第3款第1句,第33条第3款)。

1. 德国联邦宪法法院认为,从《北威州教育法》第57条第4款整体可以看出立法过程中的意图,立法者似乎希望第3句的"展示基督教文化"不受第1句"禁止表达宗教观念"的限制,从而产生了基于宗教原因的差别对待。在法院看来,给予某种宗教优先地位的差别对待在宪法上是无法得以正当化的。这种区别和对立本身就是违宪的。如果要禁止学校的教职人员表达宗教观点,那么这种禁止应当一视同仁,概莫能外。

2. 至于歧视其他宗教,禁止基督教和西方文化以外的宗教信徒表达宗教观点的理由,在德国联邦宪法法院看来完全不具备说服力。法院认为,即使出现个别现象,教师佩戴头巾并非出于宗教观念的正当展现,而从客观来看是在支持男女在法律上的不平等,并且因此影响到她履行教育职责,则应以个别案件视之,而不允许以立法的方式普遍地加以禁止。另外,这种概括性的禁令也无法对基督教文化传统和所有非基督教文化传统提供明确的区分依据。以这种可能的理由对禁令加以正当化,也只能以合宪性方面的失败而告终。

3. 同样地,优先保护基督—犹太的宗教表达也不可能具有正当性。不能以保障教育任务为由在规定教职义务时偏爱某种特定宗教信徒的公职人员。只要州的宪法性法律规定对学校事务中的基

督教因素另眼相待,就涉及基督教的世俗价值问题。

4. 最终,无论用何种方式对《北威州教育法》第 57 条第 4 款第 3 句进行解释,都不可能得出合宪的结果。即使按照联邦劳动法院的狭义解释,认为这里的"展现"基督教和西方文化传统与第 1 句中的"表达"宗教价值观是两回事,这种解释也不是合宪的。此外,如果按照联邦劳动法院的解释,将"基督教"的概念理解为脱离宗教内涵、来自基督教和西方文化的价值总和,这样的解释不仅违反了规范解释(Norminterpretation)的合宪性要求,而且有悖于法官对法律的忠诚(《基本法》第 20 条第 3 款)。这种解释,与立法者的明显意图背道而驰。德国联邦宪法法院认为,立法者的意图不会因为这种限缩解释的论证结果而发生改变,因为州议会显然已经意识到这项保障宗教特权的法律有可能遭遇违宪的风险。

总之,对于《北威州教育法》第 57 条第 4 款第 3 句中包含的法律规则,联邦劳动法院选择的解释方式需要进一步加以澄清。尽管如此,这种解释仍然使规则获得实际效力,并且按其字面意思可以合理地推测,它为歧视性的行政行为敞开了大门。州立法者并没有在立法过程中剔除这层隐含的意思,而是有意识地将其保留在法律中。因此,《北威州教育法》第 57 条第 4 款第 3 句以及联邦劳动法院根据该法条作出的侵权判决因违宪而绝对无效。

四、结论

本判决认为,《北威州教育法》第 57 条第 4 款第 3 句因与《基本法》第 3 条第 3 款和第 33 条第 3 款相抵触而无效。州劳动法院和联邦劳动法院作出的判决,是对上诉人宗教和良心自由的严重侵犯(《基本法》第 4 条第 1 款和第 2 款),原判决予以撤销。合议庭将案件发回州劳动法院重审,以确保该案件按照宪法要求,对《北威州教育法》第 57 条第 4 款进行狭义解释,重新作出判决。

涉及的重大理论问题

一、比例原则

本案判决充分体现了德国联邦宪法法院如何运用比例原则,对国家司法行为的合宪性进行控制。

比例原则是德国联邦宪法法院判决①对《基本法》第20条第3款包含的法治原则(Rechtsstaatsprinzip)的发展。② 它是国家和公民关系中的合法行为(rechtstaatliche Handlung)的指导原则。它的基本思想是,对自由加以限制的国家措施需要符合一定的目的,其范围和强度必须与之相称。比例原则的诫命在于确保公民不受国家无限制和任意性的处置。③ 特别是在限制基本权利的情形下,比例原则被视为"对限制的限制"。它是对基本权利限制的最重要、最普遍的要求。在大多数此类案件中,它都是最关键的要点。④

比例原则,最早出现在19世纪普鲁士的一般州法(Preußischen Allgemeinen Landrecht)中,它最初是运用于警察法中的标准。主流观点认为它从法治原则(Rechtsstaatsprinzip)发展而来,也有部分学

---

① St. Rspr. seit BVerfGE 7,377(405,407f.);vgl. etwa BVerfGE 23,127(133);89,69(84);90,145(173).

② Maunz/Dürig/Grzeszick GG, Stand:Mai 08, Art. 20 VII, Rdn. 107;Sachs/Sachs GG 5. Aufl. 2009 Art. 20 Rdn. 145;Dreier/Schulze-Fie-litz GG 2. Aufl. 2006 Art. 20(Rechtsstaat) Rdn. 179, jeweils m. w. N.; siehe auch Kloepfer Die Entfaltung des Verhältnismäßigkeitsprinzips in:Schmidt-Aßmann et al. (Hrsg.) FS 50 Jahre BVerwG, S. 329.

③ Grzeszick(o. Fn. 4) Art. 20 VII Rdn. 107;vgl. auch Schulze-Fielitz(o. Fn. 4) Art. 20 Rdn. 179.

④ Sachs(o. Fn. 4) vor Art. 1 Rdn. 135;ders. Grundrechte 2. Aufl. 2003 A 10 Rdn. 32;Stern Die Grundrechte und ihre Schranken in:Badura/Drei-er(Hrsg.) FS 50 Jahre BVerfG 2. Band 2003 S. 1(31).

者认为它来自法律的宪法保留(grundrechtlichen Vorbehalt des Gesetztes)或自由基本权(Freiheitsgrundrechten)。这一原则适用于全部公法领域,并建立了宪法审查的基础性标准,对三大权力皆有效力。[①]

比例原则的审查包括四个审查范式,以目的正当性(legitime Zweck)为出发点,依次审查国家行为对于满足该目标而言的合适性(Geeignetheit)和必要性(Erforderlichkeit),以及措施的强度与追求的目标之间的均衡性(Angemessenheit)。其中,均衡原则(Angemessenheit)也被称为狭义的比例原则(Verhältnismäßigkeit im engerem Sinne)、合适性原则(Proportionalität)或可期待性原则(Zumutbarkeit)。

适当性审查具体分为三个步骤:(1)抽象确定争议的法益及其权重;(2)具体考察各自的利弊;(3)作出衡量。总之,比例原则的适当性审查就是法院对国家行为合理性的一种审查标准,通过宪法利益上的衡量,确保目的和手段之间的平衡。在本次判决中,联邦宪法法院采用狭义的比例原则,也就是适当性原则,对北威州教育法以法律方式普遍禁止教师佩戴头巾的措施给予合宪性审查,尚属首次。至于这是否会成为类似案件的范例,仍需实践上的进一步检验。

二、国家中立性原则

由两次头巾案的冲突要点可知,如果宪法基本权利要在实践层面达成协调,首先需要一个行之有效的容忍标准。对此,德国联邦宪法法院在两次头巾案,特别是后一次判决理由中重新解释了国家

---

① Thomas Reuter:Die Verhältnismäßigkeit im engeren Sinne-das unbekannte Wesen, JURA Heft 7/2009.

中立性原则。[1]

国家中立性原则,又称国家中立性要求或国家中立性诫命(Neutralitätsgebot),最初是在学理上从宪法性法律的数个不同条款中归纳出来的。[2] 其主要内容是禁止国家在宗教和世界观的见解中持有立场,禁止国家代表某种宗教或世界观,禁止国家行为体现出某种宗教或世界观。[3] 国家应当超越宗教和世界观的差异,成为每个公民的家园(Heimstatt aller Staatsbürger)。[4] 根据德国现行宪法学说以及联邦宪法法院提出的要求,国家在宗教—世界观问题上的基本方针是建立中立性的现代国家。如果一个国家体认信仰和良心自由,至少要在包含不同宗教和世界观认识的社会环境中,表现出一种中立的基本态度。[5]

国家中立性原则的理论背景十分广泛,与宪法的关联主要体现在以下四个方面:

1. 宪法给国家设定的基本定位(Fundamentalpositionen)在宗教和世界观问题上对国家有约束力。这里包含了对人权(《基本法》第1条)和人民主权原则的体认。

2. 宪法和法律象征对宗教事务开放。首先是《基本法》序言中的"上帝",其次是在法庭或入职宣誓时的宗教誓言,以及在教室或

---

① 考虑到这个概念的最新流变,此处主要参见 Beck'scher Online-Kommentar, Grundgesetz, Epping/Hillgruber, 30. Edition, 最后修订日期:2016年9月1日。

② Schlaich, Neutralität als verfassungsrechtliches Prinzip, 1972, S. 226ff.; Böckenförde, „Kopftuchstreit" auf dem richtigen Weg, NJW 2001, 723. Huster, Die ethische Neutralität des Staates, 2002.

③ 内容与流变见以下判决:BVerfGE 102, 370(394); BVerGE 105, 279(294 f.); BVerfGE 108, 282(299ff.); BVerfGE 107, 75(80)。最新讨论参见 Heinig JZ 2009, 1136; Huster JZ 2010, 354; Heinig JZ 2010, 357。

④ BVerfGE 19, 206(216); BVerfGE 108, 282(299); NJW 2015, 1359 Rn. 109.

⑤ Herzog, in Maunz/Dürig, Grundgesetzkommentar, Art. 4.

办公室悬挂十字架等宗教标志。然而这一切必须以国家没有被视为代表了某种宗教为限。

3. 宪法在公民自由权以及宗教世界观自由方面的发展面向社会公众(gesellschaftliche Öffentlichkeit)。因此,社会公众会受到不同宗教和世界观的身份认同带来的负面影响。这不能归咎于国家,因为国家要保障这些自由权利的行使,势必会要求他人对此保持克制和容忍。因此,国家借助社会舆论对它进行引导和组织。国家建立公立中小学校推进社会融合和教育事业,开设公立大学推进科学研究,设立公共电台推进公共传媒。

在长期的宪法司法实践中,对国家中立性的理解有"分离说"(distanzierende Neutralität)和"开放说"(offene Neutralität)两种。[①]两种理解对"中立"的要求并不一样,前者预设了对宗教自由权的侵权行为,对宗教自由的侵权行为能够在宪法上得到正当化已足,而后者则从一开始就不允许或只在例外情况下允许这种做法。由于国家中立性原则涉及的宪法依据和宪法法益十分庞杂,在价值衡量上难以对抗客观化的基本权利。因此,借两次头巾案的契机,德国联邦宪法法院首先提出并确立了一个更严苛的中立性要求(strikter weltanschaulicher Neutralität),要求国家以宗教自由权和禁止宗教歧视原则的名义,对宗教事务"积极开放以保持中立"。[②]

---

① 参见 Huster, Die ethische Neutralität des Staates, Tübingen: Mohr Siebeck, 2002, 37f., 119f。

② BVerfGE 108, 282(300), BVerfG NJW 2015, 1359 Rn. 110f. NVsZ 2015, 1434 Rn. 93; Volkmann Jura 2015, 1083(1087).

后续影响

在宗教自由权越来越重要的现代社会,如何对待伊斯兰教的头巾体现了重要的社会意义。自2003年德国联邦宪法法院,确切地说,第二合议庭首次就头巾的宪法问题作出判决以来,[①]至2015年联邦宪法法院第一合议庭对头巾禁令进行违宪审查,理论界和实务界的争论一直没有停止。第一次头巾判决虽然强调了穆斯林女教师的宪法权利,却将立法的权力交给州,事实上没有平息纷争。而北威州对此作出的立法随后受到审查,被德国联邦宪法法院提出违背比例原则的警告,并且留下"具体危险"的问题交由政治解决。两次头巾案件的模糊性和悬而未决带来了不少意见相左的观点,实务和学理上都呈现两极分化的趋势。尤其是意图模糊的第一次判决与立场坚决的第二次判决形成了鲜明对比,很多人都把它看作对2003年判决的推翻,甚至有学者发出"两个宪法法院"的感叹。[②]

然而,通过对两次判决的仔细考察,不难看出两者之间的深刻关联。初看之下,第一合议庭不愿意推翻第二合议庭的表述,不仅在很大程度上因循了2003年判决的论证思路,而且在诸多论点上加以引用,并在理论上进一步加强了国家中立性要求。例如,对宪法诉愿的基本论证、对原法律条文进行限缩性解释的合宪性要求以及狭义的合比例性等。因此,2003年的论证路径基本上得以延续,只是在最终解决方案上,立法主体仍然无所适从,唯一能够确定的是,抽象危险已经不能再通过法律加以正当化。因此,通过第一次判决设置的法律保留的范围,经过第二次判决后只限于具体危险。

---

① 参见本辑第一次头巾案。

② Möllers, Christoph: *A Tale of two Courts*, *VerfBlog*, 2015/3/14, http://verfassungsblog.de/a-tale-of-two-courts/.

这也意味着,既有的公务员法和教育法都面临丧失其法律依据资格的风险。然而,如果没有立法机关的积极立法,那么以后在是否保留伊斯兰校区,如何规制以头巾为工具的传教活动等,都将面临无法可依的困境。因此,第二次判决虽然遵循了第一次判决的主要论证逻辑,并尽力维护第一次判决的有效性,但在实质上是加以限定的。这样的解决方案不仅预设了大量的立法活动,而且引入了一个解决宗教纠纷的特殊场域——比例性审查(Revisionsvorbehalt)。由此可知,结合两次头巾判决的解决方案,单纯信赖政治解决或个案的宪法诉讼都不可行,唯有立法机关对此作出合比例的决定。最终我们能够得出结论,校园里的宗教多元化不仅是宪法性事件,更需要政府司法、立法部门之间的通力合作。

然而,两次判决都包含了一个清晰的重要判断,即国家在多元化社会中更应该秉持开放和容忍的姿态。这也是平衡学生、家长和教师之间不同基本权利地位的最佳路径。不仅如此,欧洲人权法院至今也没有以侵犯宗教自由为由,对德国政府作出不利的判决。这也足以说明,一个国家如果以"所有公民的家园"①自居,就不能只是把宗教行为驱逐到个人的内心世界,而是应积极主动地对待公民宗教自由权的行使。因此,此次判决虽然只审查了《北威州教育法》的违宪性,但也涉及其他颁布头巾禁令的州。因此,对于作为宗教符号和身份归属的头巾,德国联邦宪法法院两个合议庭之间存在的意见分歧既反映了多元社会的复杂性和宗教文化的共生性,也为将来可能产生的宪法冲突埋下了伏笔。德国联邦宪法法院如何以统一的形象应对下一次宗教标志引发的纷争,我们拭目以待。

---

① BVerfGE 19,206(216) = NJW 1966,147.

游泳课案

张冬阳

案例名称 游泳课案（BVerfG，Beschluss der 2. Kammer des Ersten Senats vom 08. November 2016 - 1 BvR 3237/13，2016 年 11 月 8 日）

关 键 词 宗教着装要求 男女混合游泳课 布基尼 宪法诉愿的解释和论证要求

案 情

宪法诉愿人是一名女性穆斯林。在 2011 ~ 2012 学年，当时 11 岁的诉愿人在黑森州的一个国立文理中学读五年级。在第一学期，该中学开设了男女混合游泳课。诉愿人以宗教原因拒绝参加这门课，因为没有参加游泳课，她的学期期末成绩单“体育”只有 6 分（不及格）。在第二学期，诉愿人参加了男女混合体育课，在这门课上她身着长裤长衫且佩戴头巾。

诉愿人就读的中学有许多带有移民背景的学生，其中很大一部分学生有穆斯林信仰。据专门法院确认，该校女学生参加五年级和九年级的男女混合游泳课时普遍穿一种布基尼的服装，这是一种为了符合穆斯林着装规定而发展出的全身覆盖泳衣。

诉愿人的父母以全家名义向校长申请免除这名穆斯林少女参加男女混合游泳课的义务，理由是这与穆斯林着装要求不相符。申请书里还附上了一个穆斯林协会开具的证明文件,其表明,作为一名穆斯林信徒,诉愿人有义务将除了脸和手之外的全身(尤其是头部)用衣物覆盖起来。这份证明以《古兰经》、先知和多数信徒的观点为支撑。该中学的校长拒绝了这份申请,认为诉愿人完全可以穿着符合穆斯林教义的服装上课。

诉愿人提起的行政复议,也被地方教育局以缺乏《黑森州学校法》第69条第3款第1句所规定的特殊理由而驳回。法兰克福行政法院、黑森州高等行政法院都驳回了诉讼请求。联邦行政法院也没有支持其诉讼请求。

诉愿人向德国联邦宪法法院提起宪法诉愿,声称自身依据《基本法》所享有的以下基本权利受到损害:第4条第1款和第2款(宗教自由)和第6条第2款第1句(父母教育权)。诉愿人认为,《黑森州学校法》第69条第4款第1句、第5条第1款第2句第n项、第3条第4款第2句和第3句里规定的义务教育并不是必须参加男女混合游泳课的充分法律基础,鉴于德国有越来越多的穆斯林信徒以及男女混合游泳课对基本权的侵害强度,参加义务应当由议会立法者做出决定。

本案涉及的重要法条包括:

《基本法》第4条第1款和第2款规定:

(1)信仰和良心自由、宗教和世界观信奉自由不可侵犯。

(2)保证宗教活动不受干扰。

《基本法》第6条第2款规定:

抚养和教育子女是父母的自然权利,也是父母承担的首要义务。国家机构对他们的行为予以监督。

裁判要旨[①]

1. 父母教育权只能由父母来行使,而不能让孩子通过诉讼担当来主张。

2. 宪法诉愿缺乏有说服力的解释,为何穿着布基尼参加男女混合游泳课仍不符合穆斯林的着装要求。

3. 亦没有充分说明,与男女混合体育课相比,为何游泳课有特别的基本权关联性。

裁判理由与论证

德国联邦宪法法院拒绝受理该宪法诉愿。由于缺乏对黑森州高等行政法院和联邦行政法院判决理由的充分辩驳,该宪法诉愿是不合法的。按照《联邦宪法法院法》第93d条第1款第3句的规定,宪法诉愿在被拒绝受理时,无须给出理由。可能考虑到本案所引起的关注,联邦宪法法院给出了三点拒绝受理的理由。其中,第一点涉及的是诉讼资格问题,宪法诉愿人作为一个穆斯林女学生,不可以自己的名义主张父母教育权受损,该基本权在诉讼中只能由父母本人来行使。德国联邦宪法法院接着论证另外两点理由,即对宪法诉愿人权利保护的必要性和宪法诉愿不合法的具体原因所在。

一、权利保护的必要性

德国联邦宪法法院首先论述了本案中对宪法诉愿人的权利保护是否仍有必要,因为参加男女混合游泳课事发于2011年,如今宪法诉愿人已经升入高年级。"一个合法的宪法诉愿的前提是,对于

---

① 该裁定原文并没有"要旨",此为参考 BeckRS 2016,55410 中编辑所提取的"裁判要旨"。

所争议高权行为的废除或者在特定情形中确认其违宪有权利保护的必要性。联邦宪法法院作出决定时必须仍然存在权利保护的必要性。当高权行为产生的直接负面影响只限定在某个时间段,而在这个时间段中按照正常程序无法得到德国联邦宪法法院决定时,即可认定为存在权利保护的必要。因为如果否定这种情形的权利保护利益,将会严重削弱对宪法诉愿人的权利保护。”联邦宪法法院在多个涉及学校教育的案件中肯定了权利保护必要性的存续。[①]

具体到本案,宪法诉愿人声称九年级仍开设有男女混合游泳体育课,如果她再次因为不参加该门课程而拿到6分,则不仅成绩单难看,而且会对自己的职业生涯产生不利影响。从五年级到九年级,时间长达4年。在这4年中,宪法诉愿人基于穷尽权利救济的要求[②]而无法及时获得德国联邦宪法法院的决定。即使争议决定已经终结(Erledigung),宪法诉愿人对于确认其违宪仍然存在利益。因此,德国联邦宪法法院肯认本案中对宪法诉愿人的权利保护仍然存在必要性。

二、宪法诉愿理由不充分

如果权利保护必要性审查是德国诉讼法上不成文原则,[③]《联邦宪法法院法》第23条则对宪法诉讼申请提出了明确的形式要求,即必须书面提交申请、附具理由和必要的证据。德国联邦宪法法院认为本案中的宪法诉愿申请在理由说明方面不够充分,没有满足《联邦宪法法院法》第23条第1款第2句和第92条的要求,因此拒绝受理。其论述主要从两个方面进行:一方面,宪法诉愿人没有对

---

① BVerfGE 34,165(180);41,88(105);51,268(270). 亦见本辑学校祷告案。

② 参见《联邦宪法法院法》第90条第2款第1句。

③ Bethge in Maunz/SchmidtBleibtreu/Klein/Bethge (Hrsg.), Bundesverfassungsgerichtsgesetz,49. EL Juli 2016, § 13 Rn. 38.

之前诉讼程序法院的判决理由作出充分辩驳;另一方面,宪法诉愿人缺乏对相关法律的全面分析。

1. 理由说明的要求

在宪法诉愿的理由说明方面,除了要满足《联邦宪法法院法》第23条的一般性要求外,还要注意特别程序规定,即该法的第92条。

《联邦宪法法院法》第23条第1款第2句规定:

开启诉讼程序的申请必须附具理由;且指明必要的证据。

《联邦宪法法院法》第92条规定:

宪法诉愿的理由必须说明被侵害了何种基本权,以及诉愿人认为侵害机构或者机关的作为或者不作为。

(1)布基尼的穿着

宪法诉愿人在申请中认为,穿着布基尼并不符合穆斯林的着装要求。但宪法诉愿人自己也表示,伊斯兰世界中并没有相应的强制性着装规则。黑森州高等行政法院已经查明,布基尼这种泳装的特色,就在于其所使用的化纤纺织材料能够有效防止身体在触水后黏附在皮肤上从而露出身体轮廓。对此,宪法诉愿人并没有作出实质性反驳。无法理解的是,为何宪法诉愿人在穿着布基尼时,总要担心衣物滑落或者露出身体轮廓。而且也看不出各专门法院在事实调查上有违宪之处。德国联邦宪法法院还指出,联邦行政法院"如果这名穆斯林少女能够穿着长裤长衫参加体育课,没有出于信仰自由而拒绝,那么看不出为何她要拒绝穿着布基尼参加游泳课,因为即使是体育课穿着宽松裁剪的服装,在运动时仍然会不可避免地显露身体轮廓"[①]的判决理由是正确的,宪法诉愿人对于穿着布基尼

① BVerwG, Urt. v. 11.9.2013 – 6 C 25/12, NVwZ 2014, 81, Rn. 25.

无法维护穆斯林教义这一论点缺乏有说服力的说明。

(2)看到单薄着装的男性

宪法诉愿人在此前诉讼中主张,根据《古兰经》,11岁少女应当避免看到身着单薄泳装的异性。黑森州高等行政法院则认为:"《基本法》第7条第1款作为联邦宪法的职权和组织规范,没有明确列明教育目标,而是授予和要求国家来确立。基于宪法和基本权对于国家权力的约束,《基本法》所包含的宪法教育任务要求将学生塑造成有责任的国家公民,他们能够平等、富有责任感地参与到多元社会的民主进程中。这个教育任务还包括培养与异见者相处的社会能力、宽容、性别平等和开放。"[①]联邦行政法院则明确指出:"这种信仰要求脱离了社会生活实践,因为即使是在学校之外也会出现穿着裸露的男性。在参加学校课程这个问题上,原告的请求表明其刻意地逃离社会常见现象。这会从根本上否定学校的教育任务。除了传授知识,学校应该在受多元和个人主义影响的社会条件下实现不可或缺的融合功能。在这种情形中,信仰自由必须退居到学校教育任务之后。"[②]宪法诉愿人在申请中又声称,日常生活中可以避免看到这些穿着单薄的异性,而男女混合游泳课上几乎不可能。德国联邦宪法法院认为仅此声称是不够的,宪法诉愿人应当进行更多的说明,特别是对联邦行政法院的详细理由进行反驳。

(3)异性的身体接触

宪法诉愿人在此前的诉讼中声称,《古兰经》要求其不得与男性有身体接触。参加男女混合游泳课则会发生与男性学生身体接触的危险。[③] 联邦行政法院则认为:"相应的风险可以通过教师审慎

① VGH Kassel, Urt. v. 28. 9. 2012 – 7 A 1590/12, NVwZ 2013, 159, 161f.

② BVerwG, Urt. v. 11. 9. 2013 – 6 C 25/12, NVwZ 2014, 81, Rn. 30.

③ VGH Kassel, Urt. v. 28. 9. 2012 – 7 A 1590/12, NVwZ 2013, 159, 161.

的课程开展来预防,而且这名穆斯林少女也可以通过自身的防范来减少此类事件发生的危险,毕竟她在日常生活中也必须面对和处理这种事件。”宪法诉愿人在递交给联邦宪法法院的申请中则主张,学校教师有限,不能实现有效预防。联邦宪法法院由此认为,宪法诉愿人忽略了联邦行政法院的“自身防范”这一论点。

2. 对法律的全面分析

宪法诉愿人还提出,《黑森州学校法》第69条第4款第1句、第5条第1款第2句第n项、第3条第4款第2句和第3句,并不能作为必须参加男女混合游泳课的充分法律基础,基于男女混合游泳课对基本权的侵害强度,这一决定应当由议会立法者做出。

《黑森州学校法》第69条第4款第1句规定:

学生尤其负有定时参加课程和学校要求的活动、提交必要的文章以及完成家庭作业的义务。

《黑森州学校法》第5条第1款第2句第n项规定:

学时安排中,下列课程为必修课程

2. 中学

a. 德语

……

n. 体育。

《黑森州学校法》第3条第4款第2句和第3句规定:

学校应当创造条件促进男女平等的实现。原则上女学生和男学生一起上课。

德国联邦宪法法院指出,宪法诉愿人缺乏对上述规定的全面分析论证,特别是联邦行政法院将这些规定作为充分的法律基础来对待。

德国联邦宪法法院认为,鉴于该宪法诉愿意欲以法律保留和重要性理论为支撑,但其并未说明,在现有规定下,为何参加男女混合游泳课义务是一个重要性决定,继而应由议会立法者保留。宪法诉愿人也没有充分地说明,与其他的男女混合体育课相比,为何男女混合游泳课具有更加重要的基本权关联性,以至于需要在《黑森州学校法》第 5 条第 1 款第 2 句第 n 项规定的体育课外另设特别规定,因为“在体育课上穿着服装比日常生活更为单薄,进行体育课团体项目时,男女无意中产生的身体接触的可能性会比游泳课高很多”。

三、结论

最后,德国联邦宪法法院引用《联邦宪法法院法》第 93d 条第 1 款第 3 句“宪法诉愿在被拒绝受理时,无须给出理由”的规定,不再对该宪法诉愿存在的论证缺陷进行列举。由于该宪法诉愿在理由说明上存在诸多缺陷,不满足形式上的受理条件,德国联邦宪法法院拒绝受理。

涉及的重大理论问题

对于德国这样一个移民国家来说,宗教自由和文化融合一直是热门话题。随着德国穆斯林人口的增加和欧洲右翼民粹主义的兴起,[①]穆斯林民众的文化融合有较高的媒体关注度。因为伊斯兰教带有强烈的政治色彩,有学者甚至断言,穆斯林信徒无法融合到欧

① 如德国的“爱国欧洲人反对西方伊斯兰化组织”(简称 PEGIDA),号称“争取保护德国的犹太教—基督教文化”。

洲文化之中。[①] 与其他生活领域一样,[②]伊斯兰教在公立学校方面也产生了一系列的法律问题。这不仅涉及穆斯林教师,[③]还关系穆斯林学生的义务教育问题。原则上学校所有的课程和活动都算义务教育,[④]这可以是性课程、伦理课,也可以是体育课、游泳课和班级旅行。在本案中,穆斯林少女不服联邦行政法院判决而提起的宪法诉愿因缺乏理由说明而被拒绝受理,意味着她必须参加游泳课。结合联邦行政法院对该案的判决,这可能成为司法判例的转折点。[⑤]

一、拒绝受理裁定的法律约束力

拒绝受理裁定(Nichtannahmebeschluss)并不是终局性的决定(unentschieden),[⑥]它不具有《联邦宪法法院法》第31条第1款所规定的实体法律效力和约束力。[⑦] 拒绝受理裁定对原审法院不产生约束力,各专门法院也不受其中的法律观点的约束。[⑧] 不过带有理由的裁定对澄清个别宪法问题起到了帮助作用,实践中也为其他决定所引用。[⑨] 在游泳课案中,德国联邦宪法法院因形式要件不足驳回了宪法诉愿,并没有做出基本权是否受侵害的判断。宗教自由和国家教育权在发生冲突时如何处理这一问题是在联邦行政法院判决中得到详细阐释的。

---

① Karl Albrecht Schactschneider, Grenzen der Religionsfreiheit am Beispiel des Islam, 2010, S. 119.

② 如本辑牲畜屠宰案。

③ 见本辑第一次头巾案和第二次头巾案。

④ Friedhelm Hufen, Staatsrecht Ⅱ, Grundrechte, 5. Aufl. 2016, § 22 Rn 47.

⑤ Arnd Uhle, Ingegration durch Schule, NVwZ 2014, 541, 542.

⑥ Schlaich/Korioth, Das Bundesverfassungsgericht, 10. Aufl. 2015, Rn. 268.

⑦ BVerfGE 23, 191(207).

⑧ Graßhof in Maunz/SchmidtBleibtreu/Klein/Bethge (Hrsg.), Bundesverfassungsgerichtsgesetz, 49. EL Juli 2016, § 93d Rn. 17.

⑨ Schlaich/Korioth, Das Bundesverfassungsgericht, 10. Aufl. 2015, Rn. 268.

二、信仰自由和父母教育权

《基本法》第4条第1款和第2款分别列举了信仰自由、良心自由、世界观自由和宗教活动自由，德国联邦宪法法院将其作为一体的信仰自由来保护。[①] 在很多案件中，父母往往因为自身的宗教原因而拒绝让孩子接受义务教育。德国联邦宪法法院在长期司法实践中认为："《基本法》第4条第1款保护的信仰自由包括按照自身信仰进行生活和行为的请求权。与《基本法》第6条第2款第1句所赋予的父母教育权相联可知，《基本法》第4条第1款赋予父母在宗教和世界观上教育孩子的权利。向孩子传递信仰和世界观问题上的信念，同时让其远离并不赞同的观点是父母的职权。"[②]通过将信仰自由与《基本法》第6条第2款的父母教育权相联系，德国联邦宪法法院强化了对信仰自由的保护。

在多起案件中，对于孩子参加义务教育是否真的触及宗教自由这个问题，联邦宪法法院并没有对其可信性进行审查。[③] 在第一次头巾案中，德国联邦宪法法院就对穆斯林女教师在公众场合佩戴头巾这一行为是否为宗教信仰做出分析。[④] 如果宪法诉愿人只是单方面声称而缺乏相应的证明，法院不经审查就直接认定受宗教自由的保护，这可能违反国家在宗教和世界观上的中立性。[⑤]

---

① Stefan Muckel, Verstoß gegen die Schulpflicht aus religösen Gründen, JA 2006, 829, 830.

② BVerfGE 93, 1(17)；见本辑十字架案。

③ 如在十架案中，一个自称遵循鲁道夫·斯坦纳创立的人智学的父母认为教室悬挂的十字架与其信仰不服，但在决定公布后相关人智学专家反驳事实并非如此。参见 Stefan Muckel, Verstoß gegen die Schulpflicht aus religösen Gründen, JA 2006, 829, 830。

④ BVerfGE 108, 282(298f.)；参见本辑第一次头巾案。

⑤ Nina Coumont, Islamische Glaubensvorschriften und öffentliche Schule, ZAR 2009, 9.

三、国家的教育任务

德国联邦宪法法院一直将信仰自由[①]和父母教育权当作没有法律保留的基本权,对信仰自由和父母教育权的限制只能出自宪法本身。[②] 这其中,包括《基本法》第7条第1款赋予的国家在学校教育上的决定权。

《基本法》第7条第1款规定:

> 国家对学校教育体系予以监督。

这样,宗教自由和父母教育权受到国家教育任务的限制。[③] 国家拥有对学校教育规划和组织的权限,以构建一个符合现代社会需要且适合青少年的教育体系。"这包括学校的组织层次、教育体系框架性构建、确定教育专业和课程目标。负责学校教育的各个州享有宽泛的形成自由。国家履行宪法赋予的教育职能时是独立于父母的。"[④]因此,联邦行政法院肯认,各个州"也有权限决定课程内容以及其外在形式,例如,课程是以男女分开还是男女混合的形式来举行"。[⑤]

1. 抽象层面的实践调和

国家独立的教育监管权,使其在学校教学中不可避免地会与学生和家长的信仰自由产生冲突。对此,联邦宪法法院要求采用实践调和原则来解决,不得偏重某项价值并使其获得最大程度的维护,

---

① 关于信仰自由是否存在法律保留的争议,参见 Michael Sachs, Verfassungsrecht Ⅱ-Grundrechte, 3. Aufl. 2017, S. 348。

② BVerfGE 93, 1(21); BVerfG, Beschluss vom 15. 3. 2007 – 1 BvR 2780/06, NVwZ 2008, 72, 73.

③ BVerfG, Beschluss vom 21. 7. 2009 – 1 BvR 1358/09, NJW 2009, 3151, Rn. 14.

④ BVerfGE 96, 288(303); BVerfGE 93, 1(21); 参见本辑十字架案。

⑤ BVerwG, Urt. v. 11. 9. 2013 – 6 C 25/12, NVwZ 2014, 81, Rn. 11.

而是要使所有的法律价值都能得到最妥善的衡平。[①] 实践调和原则通常用于解决无法律保留的基本权之间的冲突,被放在比例原则审查框架内进行。[②] 冲突宪法价值得到最大程度的维护,实际上也是一个权衡性的决定,这也就意味着在法益权衡时必定有"赢者"和"输者",起决定作用的是相关的论据。[③]

信仰自由、父母教育权和国家教育监管权之间具有平等的宪法地位且互相限制。[④] 联邦行政法院在游泳课案中认为,在第一个层面,信仰自由被国家独立的教育监管权所"稀释":"学校对后代生活的展开和社会的团结有重要的意义。"[⑤]鉴于学校教育的重要性,国家为了履行自身职责,应当能够独立于学生和其父母的希望而按照自身构想来决定教育项目,因为"如果国家在学校和课程构建上遵从少数人的想法,宪法所肯认的学校所起的教育和融合功能就无法得到有效发挥。不同背景的父母所主张的教育权也会形成冲突,直至最终抹杀学校教育"。[⑥]

为了缓和国家行使独立的教育监管权对个人信仰自由的限制,德国联邦宪法法院要求国家在宗教和世界观上负有中立和宽容的义务:[⑦]"国家不得在政治、意识形态或世界观的方向上进行有意识的影响;亦不能通过自身行为明确地或默示地表明特定的信仰或世

① BVerfGE 93,1(21);BVerfG, Beschluss vom 21. 7. 2009 - 1 BvR 1358/09, NJW 2009,3151, Rn. 13.

② Tristan Kalenborn, Die praktische Konkordanz in der Fallbearbeitung, JA 2016,6,8.

③ Tristan Kalenborn, Die praktische Konkordanz in der Fallbearbeitung, JA 2016,6,9.

④ BVerfGE 34,165(183);52,223(236).

⑤ BVerwG, Urt. v. 11. 9. 2013 -6 C 25/12, NVwZ 2014,81, Rn. 13.

⑥ BVerwG, Urt. v. 11. 9. 2013 -6 C 25/12, NVwZ 2014,81, Rn. 14.

⑦ BVerfGE 93,1(22); BVerfG, Beschluss vom 31. 05. 2006 - 2 BvR 1693/04, BeckRS 2009,38783; Rn. 10; BVerfG, Beschluss vom 21. 7. 2009 - 1 BvR 1358/09, NJW 2009,3151, Rn. 15.

界观,继而危及社会内部的宗教和平。"国家在学校教育的中立和宽容义务(Neutralitäts-und Toleranzgebot),能够防止社会产生严重的信仰冲突和国家在特定领域中的"灌输"。①

在游泳课案中,联邦行政法院并没有止步于阐述国家的中立宽容义务,这个义务只能确保学生免受非法的宗教灌输。"信仰自由不仅包括阻挡来自国家的直接灌输,还包括按照自己信仰来选择自身生活方式的权利。如果允许学校在课程构建范围内忽略个人特定的宗教行为方式,上述权利就会落空,两个宪法地位之间的妥善衡平也就无法实现。即使是宗教和世界观符合中立宽容要求的课程,也可能严重地侵害到个别学生的信仰自由。"②所以,联邦行政法院提出,国家还负有在课程上顾及个别学生行使信仰自由的义务(Pflicht zur Rücksichtnahme)。按照实践调和的要求,这种顾及义务并不是没有限制的,否则就会造成个人信仰自由优先于国家教育监管权。③ 国家的顾及义务并不当然意味着,学校课程设计必须取得全体学生的同意,毕竟在一个多元的宗教社会,这是极不现实的。"只有少数群体没有自我隔离且参加可能与自身信仰迥异的课程,方可充分发挥学校的融合功能。"④

国家在学校教育中对宗教利益的顾及义务,又被学校的融合功能所限制,这就要求权利人应当忍受国家行使教育职能时对其信仰自由的妨碍,而不能随意拒绝。综上权衡,课程豁免不能是解决信仰自由和国家教育监管权冲突的常用手段,由于自身宗教信念被学

---

① BVerfG, Beschluss vom 29.4.2003 – 1 BvR 436.03, DVBl 2003, 999; BVerfG, Beschluss vom 21.7.2009 – 1 BvR 1358/09, NJW 2009, 3151, Rn. 15.

② BVerwG, Urt. v. 11.9.2013 – 6 C 25/12, NVwZ 2014, 81, Rn. 15.

③ BVerwG, Urt. v. 11.9.2013 – 6 C 25/12, NVwZ 2014, 81, Rn. 16.

④ BVerwG, Urt. v. 11.9.2013 – 6 C 25/12, NVwZ 2014, 81, Rn. 16.

校课程妨碍而免除义务教育只能是例外情形。[①]

2. 学校教育的功能

黑森州行政高等法院在审理游泳课案时认为,强制参加男女混合游泳课,虽然构成了对穆斯林少女信仰自由的干涉,但这种干涉被《基本法》第7条第1款"学校在社会融合功能上的宪法地位"所正当化。[②] 联邦行政法院对此予以肯认,这一论点也得到了德国主流媒体的赞同。[③] 在长期司法实践中,德国联邦宪法法院对《基本法》所蕴含的融合任务一直有所强调。2003年一个自称属于"坚信圣经基督团体"的父母以宗教原因拒绝将应当接受义务教育的孩子送到学校就读,而是对其进行在家教育(Homeschooling)。联邦宪法法院在此案中明确指出:"适龄儿童到国家小学入学就读服务于实现国家教育任务这一正当目标,是适当且必要的。国家教育任务并不局限于传授知识,而是要塑造有责任的国家公民,让他们能够平等且富有责任感地参与到多元社会的民主进程之中。"[④]虽然国家可以对在家教育的实施情况进行监督检查,但"传授社会和国家公民能力这个目标的实现会大大削弱,因为与异见者相处的社会能力、践行得来的宽容、执行能力和秉持与多数意见不同的自我信念只有通过与定期参加学校教育紧密相连的日常生活体验才能得到有效练习"。

德国联邦宪法法院在此案中尖锐地指出,国家教育任务以及在与之关联的公共福祉,比起义务教育给父母教育权带来的侵害更值

---

① BVerwG, Urteil vom 25. 08. 1993 - 6 C 8/91, NVwZ 1994, 578; BVerwG, Urt. v. 11. 9. 2013 - 6 C 25/12, NVwZ 2014, 81, Rn. 17.

② VGH Kassel, Urt. v. 28. 9. 2012 - 7 A 1590/12, NVwZ 2013, 159, 161f.

③ Stefan Muckel, Keine Befreiung einer muslimischen Schülerin vom koedukativen Schwimmunterricht, JA 2014, 234, 236.

④ BVerfG, Beschluss vom 29. 4. 2003 - 1 BvR 436. 03, DVBl 2003, 999.

得关注:“出于公共利益的要求,必须融合少数群体,防止因宗教或者世界观迥异而产生‘平行社会’(Parallelgesellschaft)。融合并不单指多数民众不能隔离持有不同宗教或者世界观的少数群体,而是要求少数群体不能自我隔离,拒绝与异见人士对话。与少数群体的对话对于多元社会来说是一种促进。”具体到小学的融合任务上,德国联邦宪法法院认为:“小学的一项重要任务就在于练习和实践宽容。一个班集体中存在的多种信仰可以持久地促进学生学会宽容和对话,这也是民主意见形成的基本条件。”在2006年的另一起父母因学校开设性教育课程和讲授进化论而让孩子在家接受教育的案件中,联邦宪法法院引用上述论述强调了义务教育的社会功能,指责父母拒绝义务教育不符合比例原则。[①]

即便是在个别课程的参加义务上,德国联邦宪法法院也坚持同样的标准,国家行使教育监管权以培养有责任的国家公民为己任,他们应当平等地参与到多元社会的民主进程之中,“任何单方面以信仰为由拒绝参加必修课的行为,和将学生同多元社会隔离开来并无两样。对多样观点和意见的开放是自由民主构建国家的根本前提”。[②] 无论是柏林初中的伦理课还是宣传防止性虐待的小学活动都是国家履行自身教育职能的具体体现。[③] 简言之,学生按时参加学校课程不仅对青少年的人格健全发展有促进作用,而且是公共利益的要求。[④] 德国行政实践和司法判例,在免除上课义务这个问题上一直比较谨慎。[⑤]

---

① BVerfG, Beschluss vom 31.05.2006 – 2 BvR 1693/04, BeckRS 2009, 38783.

② BVerfG, Beschluss vom 15.3.2007 – 1 BvR 2780/06, NVwZ 2008, 72, 74.

③ BVerfG, Beschluss vom 21.7.2009 – 1 BvR 1358/09, NJW 2009, 3151, Rn. 18.

④ John Thurn/Franz Reimer, Homeschooling als Option?, NVwZ 2008, 718, 719.

⑤ Friedhelm Hufen, Religionsfreiheit in der Schule, JuS 2013, 666.

四、具体层面的实践调和

为了实现妥善的衡平,实践调和原则要求国家不得过度干涉没有法律保留的基本权,亦不能忽视对与之冲突的基本权的保护。[①]在确定了基本权可能遭受的侵害程度后,应当结合具体案情探求是否存在双方都能接受的替代方案,[②]如果不存在折中方案,方可将一个基本权后置。[③]

在义务教育方面,国家为了发挥学校的融合功能可以对信仰自由做出限制,因坚持个人信仰而拒绝上课只能是例外情形,这是实践调和原则在抽象层面对两个宪法地位的冲突所做出的回应。在具体层面,联邦行政法院要求:[④]"首先要看是否能从组织或者程序构建上寻求一个双方都能接受的解决方案,以期实现个案的宪法地位衡平且不会造成个别基本权利优先的情况。如果有一方拒绝常见的解决方案而导致冲突无法缓解,那么他就不能再坚持主张自身权利的优先地位,而必须忍受相应的后果。"当不存在组织或者程序上妥协的可能性,从而必须做出宪法地位的优先判断时,"必须再次考虑,个人以宗教原因而请求免除参加课程对于保护基本权是否真的不可或缺,以至于国家的教育权不得不例外地退居其次"。[⑤]

1. 体育课案及其后果

1993 年一名 12 岁穆斯林少女提起诉讼,请求法院判令学校免除自己参加男女混合体育课,因为"穆斯林信仰禁止自己与男性学

---

① Tristan Kalenborn, Die praktische Konkordanz in der Fallbearbeitung, JA 2016, 6, 10.

② BVerfG, Beschluss vom 20. 3. 2000 – 1 BvR 1834/97, NVwZ 2000, 909.

③ BVerfGE 35, 202 (225).

④ BVerwG, Urt. v. 25. 08. 1993 – 6 C 8/91, NVwZ 1994, 578, 579; Urt. v. 11. 9. 2013 – 6 C 25/12, NVwZ 2014, 81, Rn. 18.

⑤ BVerwG, Urt. v. 11. 9. 2013 – 6 C 25/12, NVwZ 2014, 81, Rn. 18.

生一起进行参加体育活动”。联邦行政法院在此案中判决:“运用实践调和原则衡平冲突的宪法地位时要注意,国家教育行政部门应当竭尽所有可期待的组织可能性来寻找合适的解决方案,至少本案中可以采用男女分开上课的方法。当国家教育行政部门无法或者不愿采用这种方法来缓和冲突时,即可赋予主张信仰自由的学生以免除参加男女混合体育课的请求权。”①

联邦行政法院虽然肯认体育课对于学生社会能力的积极促进作用,但是要求学校注意学生的不同文化属性和宗教信仰。在审查了穆斯林少女所主张的宗教训诫可信性之后,法院认为男女分开进行体育课教学并不会真正危及国家的教育任务。如果学校拒绝采用这种方式,那么穆斯林少女的信仰自由就享有优先地位。② 如果学校主张男女混合教学有重要的教育意义,它必须承担举证责任,即说明为什么只能采用男女混合教学,而男女分开教学却不可以。

由于学校方面存在举证责任困难,联邦行政法院体育课案判决造成很多学校的穆斯林少女不再参加体育课,抑或男女分开上体育课,不少穆斯林女性也因此遭受运动过少带来的不良影响。德国联邦宪法法院在义务教育豁免上一贯的苛刻态度,在行政法院的相关案件中并没有得到贯彻执行。③

饱受批评的是,北威州高等行政法院在2002年审理的一起穆斯林少女班级旅行案。④ 这名十年级的女生请求不参加班级旅行,并提交了一个伊斯兰教协会的“专家意见”,声称伊斯兰教禁止女性在没有近亲男性的陪同下参加班级旅行。此外,她对班级旅行有着

① BVerwG, Urt. v. 25.08.1993 – 6 C 8/91, NVwZ 1994, 578.

② BVerwG, Urt. v. 25.08.1993 – 6 C 8/91, NVwZ 1994, 578, 579.

③ Friedhelm Hufen, Religionsfreiheit in der Schule, JuS 2013, 666, 667.

④ OVG Münster, Beschluss vom 17.1.2002 – 19 B 99/02, NJW 2003, 1754, 1755.

莫大的恐慌，害怕误食猪肉、担心错过5次祷告和丢失头巾等其他事项。一审法院认为，可以让其兄弟陪同前往，拒绝了其免除上课请求权。但是，一审法院的做法并不符合实践调和原则，因为让其兄弟陪同前往对于学校方面来说并不是合适的替代方案，而且会给学校的男女平等教育带来负面影响。[①] 由于庭审过后其兄弟明确表示拒绝陪同，北威州高等行政法院必须要对是否免除其参加班级旅行的问题做出决定。在缺乏医学证明的情况下，北威州高等行政法院将这名穆斯林少女出于宗教原因产生的恐慌直接界定为法律所规定的“疾病”，从而要求学校免除她参加班级旅行的义务。[②] 北威州高等行政法院忽略了《基本法》第7条第1款所规定的国家教育权，省略了信仰自由和国家教育权发生冲突时复杂的利益权衡，尤其是将班级旅行对培养学生社会行为以及促进其人格健全发展的重要意义纳入权衡之中。[③]

招致批评的，还有联邦行政法院在类似案件上的其他处理。1993年一名家长也要求学校免除女儿参加男女混合游泳课，原因是“泳衣不符合《圣经》对羞耻和贞洁的论述”，联邦行政法院以“所称信仰不够充分客观”没有支持其诉讼请求。[④] 法院在穆斯林学生和持有其他宗教信仰学生的课程豁免上不一致的做法有违背平等原则之嫌。[⑤]

之后，很多州的法院开始修正“慷慨”免除穆斯林学生上课义务

① Nina Coumont, Islamische Glaubensvorschriften und öffentliche Schule, ZAR 2009, 9, 15.

② Stephan Rixen, Krankheit oder Glaubenfreiheit?, NJW 2003, 1712, 1714.

③ Michael Sachs, Befreiung von einer Klassenfahrt aus religösen Gründen, JuS 2003, 1023.

④ BVerwG, Urt. v. 25. 08. 1993 – 6 C 7/93, NVwZ – RR 1994, 234.

⑤ Arnd Uhle, Ingegration durch Schule, NVwZ 2014, 541, 542.

的做法。2009 年北威州高等行政法院,就拒绝了一名 9 岁穆斯林少女免除参加男女混合游泳课的请求。[①] 不来梅高等行政法院在拒绝请求的同时认为,学生在进入青春期后,游泳课应当男女分开教学。[②] 司法实践的不一导致很多学校在穆斯林学生入学就读时就要求其家长签订相关协议书,保证能够服从学校安排上课。

2. 衡平的标准

20 年后,联邦行政法院借助游泳课案改变了原有向信仰自由倾斜的做法,明确表示不再坚持 1993 年体育课案中的审查标准。为了确立信仰自由和国家教育权之间的冲突解决路径,联邦行政法院用了较长篇幅来论证。[③]

(1)免除义务教育的例外性

如果课程免除请求只是个别学生在特定场合下提出的,并不能当然成立"例外"。这个时候法院要看个人所主张的利益是否在相类似的场合中被其他基本权主体所主张,从而使个人利益优先于公共利益。

即使免除请求只涉及课程的个别内容,也不能马上被认定为"例外":课程个别内容对个人基本权造成的侵害程度,被国家履行自身教育职能所"稀释"。"每个学生都应当参加学校举办的活动,因为只有持久强制地参加学校课程才能发挥出所期许的集体效用,这是设立学校的目的,也是国家实行义务教育的原因。这一点对于那些觉得因参加课程而受到妨碍而成为少数地位的学生尤其重要。"相应地,也不能因为个别人在一些课程中受益不大就取消该课

① OVG Münster, Beschluss vom 20. 5. 2009 – 19 B 1362/08, NVwZ-RR 2009, 923.

② OVG Bremen, Beschl. v. 13. 6. 2012 – 1 B 99/12, NVwZ-RR 2012, 842, 843. 本案也是一名 9 岁的穆斯林少女请求免除参加男女混合游泳课。

③ BVerwG, Urt. v. 11. 9. 2013 – 6 C 25/12, NVwZ 2014, 81, Rn. 19ff.

程,因为“考虑到学校的融合功能,不能因为个别课程内容设计就将国家的教育任务置于次要地位”。①

(2)免除义务教育的正当理由

如上所述,课程内容对个人基本权造成的妨碍,原则上仅仅是国家履行教育职能所引起的“附属品”,不能因为课程内容设计不合乎自身意愿,就将国家教育决定权置于次要地位。尽管如此,还要追问的是,何时个人的信仰自由才能具有决定性的作用,从而正当化学生的请求。“只有当侵害情形显示出特别重大的强度,且没有其他可以接受的选择时,方可成立课程免除请求权。只有满足这个条件,基本权侵害才不能被《基本法》第7条第1款从一开始就允许。如果没有满足这个条件,国家的教育监管权则享有优先地位。”不过,即使侵害情形显示出特别重大的强度,也不能自动地将国家教育决定权置后:“此时的判断取决于很多因素,特别是宗教地位的实质特性和学校课程可能带来侵害的方式和范围,因个案不同,宪法也缺乏一个普遍适用的规定。”②

联邦行政法院认为,“侵害情形显示出特别重大的强度”只有在下列情形中才能成立,即对于受影响人来说,宗教行为规则具有强制性特征。“如果数不清的宗教信条只是以没有约束力的方式为个人生活提供指导,那么,绝不能将宗教自由置于优先地位。”对于具有强制效力的宗教信条,国家应当予以相应的尊重,但是,“国家也要注意到,很多宗教团体实际上对信条进行等级划分,并不是所有的宗教要求都具有约束力或者同等地位”。有学者对此提出批评,

① BVerwG, Urt. v. 11. 9. 2013 – 6 C 25/12, NVwZ 2014, 81, Rn. 20.

② BVerwG, Urt. v. 11. 9. 2013 – 6 C 25/12, NVwZ 2014, 81, Rn. 21.

认为联邦行政法院的要求可能造成对宗教信条内容的实质性审查。[①] 但是,联邦行政法院并没有要求行政机关和法官对宗教信条内容作出正确与否的价值判断,只是对当事人所主张的宗教信条是否具有强制力和在整个宗教体系中的地位进行查明,以便进行必要的权衡。

(3)布基尼作为折中方案

具体到本案,联邦行政法院认为,穆斯林少女穿着布基尼参加男女混合游泳课,可以使冲突的宪法地位得到最妥善的衡平。首先,穆斯林女学生所坚持的穿着布基尼展露身形从而违背宗教信仰的论据不具有说服力,因为她之前长衣长裤地参加了男女混合体育课,在运动时也不可避免地会展露身形。其次,穿着布基尼也不会导致宗教偏见和社会排斥,布基尼在德国已经是常见的泳装,“那些在学校课程中坚持自身宗教信念且提请学校兼顾的学生,也必须要接受自身由此成为学校的特殊角色的后果。这种负面影响只有在超出合理限度时才能被认定为不可忍受。实践调和原则要求个案中双方都能放弃自身利益最大化的决心,忍受一定限度的不利益”。[②] 加之有学校教师的监督,并不会出现严重的后果。

在游泳课案中,穆斯林少女援引体育课案中男女分开上课的方案,联邦行政法院明确表示不再坚持原有判决,因为男女分开上课严重违背了学校课程设计的理念,“实践调和原则要求个案中双方都能放弃自身利益最大化的决心,忍受一定限度的不利益。如果折中的方案造成一方利益实质受损,实际使另一方利益置于优先地位,这就超越了实践调和所要求的忍受限度”。最后,联邦行政法院

① Johann Bader, Burkini-oder: Die Rückkehr zum besonderen Gewaltverhältnis, NRV-Info 2014, 10, 15.

② BVerwG, Urt. v. 11.9.2013 – 6 C 25/12, NVwZ 2014, 81, Rn. 26.

不无批评地指出："（避免看到衣着单薄男性的）信仰要求脱离了社会生活实践，因为即使是在学校之外也会出现穿着裸露的男性。在参加学校课程这个问题上，原告的请求表明其刻意地逃避社会常见现象。这会从根本上否定学校的教育任务。除了传授知识，学校应该在受多元和个人主义影响的社会条件下实现对国家来说不可或缺的融合功能。学生通过与社会多样行为方式的接触能够在很大程度上实现公立学校的融合功能，如果课程内容按照主张自身宗教信念的学生来设计，从而排除社会常态，学校的融合功能也会严重削弱。只有在个人宗教信仰从本质上被影响时，才能考虑免除（部分）课程。"①而在大部分情形中，信仰自由必须退居到学校教育监管权之后。

五、对论证过程的评价

联邦行政法院在判决中，强调了学校教育对于社会融合和团结的作用，判决中处处关注社会现实，延续联邦宪法法院的做法，稳固了学校融合功能在宪法的重要地位。与此同时，联邦行政法院并没有忽视信仰自由在学校中的地位，提出学校在课程设计时应当顾及学生行使宗教自由的权利。

值得商榷的是联邦行政法院在本案中解决基本权冲突时所使用的双层模式。② 法院认为，在第一个层面上，信仰自由被国家教育权"稀释"，国家教育权允许对信仰自由的侵害。在第二个层面上，法院才对是否存在"特别重大强度的侵害"导致例外情形的产生进行认定和具体权衡，这种论证导致信仰自由从一开始就被后置。但是，从存在相互冲突的基本权这一情形只能得出基本权可以受到限

① BVerwG, Urt. v. 11. 9. 2013 – 6 C 25/12, NVwZ 2014, 81, Rn. 30.

② Arnd Uhle, Ingegration durch Schule, NVwZ 2014, 541, 545.

制（Einschränkbarkeit）的结论，而非这种限制在宪法抽象层面上就是正当的。对于限制是否正当这个问题，要在限制的限制（Schranken-Schranke）层面进行审查，特别是结合比例原则。联邦行政法院的双层模式，会造成限制与限制的限制两个层面的混淆。

后续影响

因宗教原因而请求不参加课程的学生并不局限于穆斯林信徒，其他宗教也存在类似的问题。在对游泳课案作出判决的同一天，联邦行政法院同时驳回了耶和华见证人父母的诉讼请求。[①] 在本案中，学校组织学生观看电影《鬼磨坊》，而父母认为该电影的"黑魔法"会对孩子产生不良影响。联邦行政法院运用和游泳课案判决类似的理由，强调了学校教育的融合功能和豁免义务教育的例外性。只要课程内容没有以灌输的方式进行，对于严守宗教信条的父母来说，参加课程就是应当期许的。

游泳课案延续了联邦宪法法院在审理以宗教原因而请求免除上课义务的一贯做法，即苛刻地限制免除请求权，在拒绝受理裁定中对宪法诉愿提出较高的论证要求。联邦行政法院对游泳课案的判决说理充分翔实，不仅改变了早期过于强调个人信仰自由的做法，而且为司法实践对例外情形的认定提供了可操作的审查标准。[②] 一个宽容和多元文化的社会不能容许过度主张自身信仰自由，从而忽略学校教育的融合任务、性别平等和学生的身心健康。2017年1月10日，欧洲人权法院在一起穆斯林少女参加男女混合游泳课的

① BVerwG，Urteil vom 11.9.2013 -6 C 12/12，NJW 2014，804.

② Arnd Uhle，Ingegration durch Schule，NVwZ 2014，541，543；Friedhelm Hufen，Religionsfreiheit in der Schule，JuS 2014，379，381.

案件判决中认为,游泳课不仅教授游泳知识,还能促进儿童之间的社会相处能力,不同文化和宗教背景的儿童通过学校教育实现融合是国家的正当目标,瑞士巴塞尔市教育主观部门有权拒绝免除其上课义务,且对其父母进行处罚。[①]

游泳课案对于学校教育实践有重要的意义,过去宽松地免除上课义务的做法应当得到改正,免除参加课程的义务只能是例外情形,且需要令人信服的理由。此外,根据本案中所形成的实践调和原则的适用标准,可以对宗教自由和其他基本权或者国家目标发生冲突时的利益衡平重新进行思考,如未经麻醉而进行的牲畜屠宰以及出于宗教原因的包皮切割。[②] 希望他人尊重自己的宗教价值的人,必须学会尊重其他的宪法价值,并且能够作出适当的妥协。

---

① EGMR,Urteil vom 10.01.2017 –29086/12,Rn.64ff.

② Friedhelm Hufen,Religionsfreiheit in der Schule,JuS 2014,379,381.

图书在版编目(CIP)数据

德国宪法案例选释. 第3辑 / 张翔主编. -- 北京 :
法律出版社, 2018
ISBN 978-7-5197-2136-7

Ⅰ. ①德… Ⅱ. ①张… Ⅲ. ①宪法-权利-案例-德
国 Ⅳ. ①D951.61

中国版本图书馆CIP数据核字(2018)第067333号

德国宪法案例选释(第3辑)
DEGUO XIANFA ANLI XUANSHI (DI 3 JI)

张　翔 主　编
赵　真 副主编

策划编辑 沈小英
责任编辑 沈小英　刘晓萌
装帧设计 李　瞻

出版 法律出版社
总发行 中国法律图书有限公司
经销 新华书店
印刷 固安华明印业有限公司
责任校对 马　丽
责任印制 吕亚莉

编辑统筹 财经法治出版分社
开本 A5
印张 8.625
字数 200千
版本 2018年7月第1版
印次 2018年7月第1次印刷

法律出版社/北京市丰台区莲花池西里7号(100073)
网址/www.lawpress.com.cn
投稿邮箱/info@lawpress.com.cn
举报维权邮箱/jbwq@lawpress.com.cn
销售热线/010-63939792
咨询电话/010-63939796

中国法律图书有限公司/北京市丰台区莲花池西里7号(100073)
全国各地中法图分、子公司销售电话:
统一销售客服/400-660-6393
第一法律书店/010-63939781/9782　西安分公司/029-85330678　重庆分公司/023-67453036
上海分公司/021-62071639/1636　深圳分公司/0755-83072995

书号:ISBN 978-7-5197-2136-7　定价:53.00元
(如有缺页或倒装,中国法律图书有限公司负责退换)